报业转型新战略

陈国权◎著

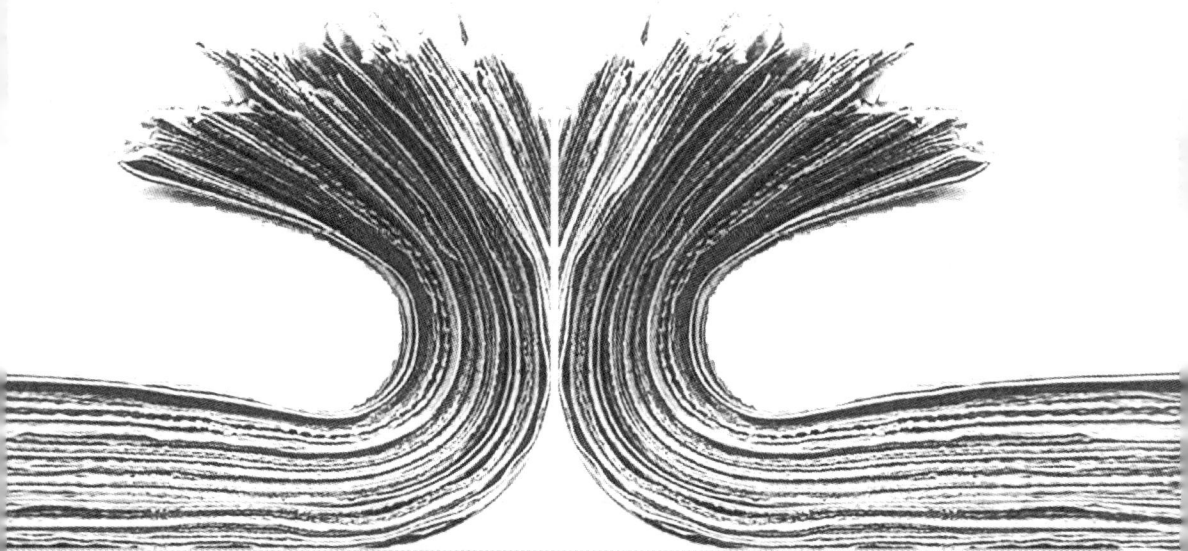

新华出版社

图书在版编目（CIP）数据

报业转型新战略／陈国权著. —北京：新华出版社，2014.5
ISBN 978-7-5166-0959-0

Ⅰ.①报… Ⅱ.①陈… Ⅲ.①报业—产业发展—研究—中国 Ⅳ.①G219.2

中国版本图书馆CIP数据核字（2014）第064514号

报业转型新战略

作　　者：陈国权

出 版 人：张百新	责任印制：廖成华
责任编辑：蒋小云	封面设计：涂鸦文化

出版发行：新华出版社
地　　址：北京石景山区京原路 8 号　　　邮　　编：100040
网　　址：http：//www.xinhuapub.com　http：//press.xinhuanet.com
经　　销：新华书店
购书热线：010-63077122　　　中国新闻书店购书热线：010-63072012

照　　排：李尘工作室
印　　刷：北京文林印务有限公司

成品尺寸：170mm×240mm
印　　张：20.75　　　　　　　字　　数：325千字
版　　次：2014年4月第一版　　印　　次：2014年4月第一次印刷

书　　号：ISBN 978-7-5166-0959-0
定　　价：36.00元

图书如有印装问题，请与出版社联系调换：010-63077101

自序：报业转型的出路

"什么才是对的？"

前一本书《新媒体拯救报业？》出版之后，有人在微博中批评我说："你老说报业这样做不对，那样做不对，那什么才是对的呢？"在我看来，这个批评还是中肯的。作为一本具有明确实践指向的书，也应该如同舆论监督一样，不仅要指出问题所在，还必须要有建设性，要有利于这个和谐社会。

但是，涉及报业的新媒体，我真的没有办法，也没有能力告诉人们"什么才是对的"，或者"谁做对了"。报业的新媒体实践如同《新媒体拯救报业？》一样，"在告诉人们哪些不能做方面功勋卓越，但在告诉人们哪些能做方面则没有建树"。

报业的数字化转型注定就是个败局，不断推进媒介融合，最后的结局就是报业被新媒体融合，而不是报业融合新媒体，这两者有本质的区别。报业在这场融合竞争中会逐渐丢失自己的核心资源，最后找不到自己。我在《新媒体拯救报业？》中对此已经说得比较清楚，这里不再赘述。

而且，我也不想勉为我难，硬要给一个原本就没有什么前途的报业数字化转型戴上美丽而夸张的帽子。如果硬要让我为报业数字化转型唱赞歌，那还不

1

如就此停笔。

《报业转型新战略》是一本探讨报业转型的书。这本书延续上一本书的理念基础：一是对报业数字化的判断，认为报业数字化不能成功；但为了本书的完整性，将报业数字化作为其中一章，增加了对报业数字化困境的一些本质东西的反思。二是对报纸未来的看法，认为报纸未来的趋势是分化，这个方向现在已经确定无疑。所不同的是，《报业转型新战略》整本书都是在回答微博中博友的问题"什么才是对的"。

寻求答案的方法

探寻报业的活路，探讨报业转型的现在与未来，就不能回避报业转型的过去。从历史的角度看，报业转型不是这几年才有的事情，报业一直都在转型。改革开放初，只有党报一统报业江湖；上世纪80年代中期，行业报出现，成为占据报纸数量三分之一的报种；之后是晚报，晚报"四朵金花"何其繁荣昌盛；面对晚报的威胁，部分党报转型出了都市报，都市报转型是报业历史上最成功的转型，借着都市报的巨大赢利能力，报业繁荣了整整20年。报业能有今天这样的局面，可说是完全归功于都市报；但如今，报业需要另一场成功的转型，换言之，就是另一场"范式"转换。

以史为鉴，我们就可以知道，哪些事情我们走了弯路，哪些事情是我们一错再错；哪些，我们做对了，还可以怎么做。纵向的历史的眼光，这是《报业转型新战略》的研究思路之一。

行业内，实践的多年参与观察使我深涉其中；行业外，我也在不断审视。

我发现，受到新媒体冲击的不仅仅是传统媒体。整个社会的生活方式、消费方式、交往方式都被新媒体重构。受到新媒体冲击的还包括很多其他行业，如：固定电话、邮局、百货公司、批发市场，等等。

2013年，一则"北京动物园批发市场将外迁，或带动数十万人转移"的消息令人震惊。北京谁人不知动物园批发市场，曾经人头攒动，熙熙攘攘。"过去的销售额几乎每天都好几万，你再看今年，好的时候只有六七千元，不好的时候一天只能卖三四千元。"商户这样抱怨。在消费业态升级、电商冲击等多重因素影响下，服装批发市场总体萎缩，要么关闭、外迁，要么，就得转型。

网吧也是如此。网吧正在以很快的速度消失。当年一张网络经营许可证在黑市上可被炒到四五十万元；去网吧总是"人等机"……辉煌的都是当年。如今，孩童都会拿着智能手机打游戏、刷微博、聊微信，网吧消失成为必然。

……

现在，可以说是转型的时代，我们所苦苦追寻的报业转型道路，也应该开阔视野借鉴别的行业的转型思路和成功经验。

横向的其他行业的转型借鉴、纵向的报业转型历史眼光，成为《报业转型新战略》的主要方法，贯穿全书始末。

报业的活路：平台再造

本书分为上下两篇，上篇是产业的转型，关键词是平台再造。

传媒一般都肩负两种职能，说得简单一点就是赢利和舆论。其他企业应该也是如此，兼顾赚钱和社会责任。过去的媒介，总是兼顾多种功能，既是赢利平台，更是舆论平台。央视的舆论影响力一流，赢利能力也一流；各个报业集团不仅肩负着繁重的舆论引导重任，也同时具有较强的赢利能力，完全能够自己养活自己，还为国家上缴大量利税。

但时过境迁，现今的多元媒介生态时代，报业面临窘境，报纸的赢利能力衰减，但报业的舆论引导责任不能够减轻。这样一来，报业必须再造一些新的平台，能够担负起报业被衰减掉的能力。当然，这样的平台不应该是一个，在现在这样的媒介竞争格局中，指望一个平台来完成所有的任务不太现实，也不太可能，而应该是多个。报业的数字化平台也可以成为再造的平台，但是它仅仅是众多平台的其中之一，而且，还不一定是赢利平台，它成为舆论平台的条件可能更成熟一些。

报业投资、报业整合、报业地产、产业链的转型等，这些，都是报业产业转型的再造平台，这些平台着眼的都是赢利职能的转移。确实，报业危机最直接最明显的体现就是赢利能力的衰减，报业的赢利能力是报业舆论能力的基础，也是未来报业继续生存发展的基础。赢利平台的再造必须放在非常重要的位置进行考量。

报业的活路：媒介分化

报纸不会消亡，但它会分化；报业的未来就在报纸的分化中。形态转型是下篇的主要内容，关键词是媒介分化，或者说是报纸分化。报纸作为一种媒介形态，依然有其存在价值。形态的转型并不一定就是指要变成数字的，也可能保持形态不变，实现内容的分众化，或者赢利模式的创新。这是报业转型最重要的内容，也是本书下篇的核心所在。

我认为，讨论报纸是否会消亡不能一概而论，有些报纸种类确实会消亡，但有些报纸种类，却仍将发展繁荣。我用媒介形态变迁的规律，包括生物竞争的规律分析报纸的进化分化进程与未来。

人们把报纸称为"媒介恐龙"，它正在走向灭亡。其实，从生物进化的角度，恐龙并没有灭亡。生物界公认的观点，地球上现在繁盛的鸟类就是恐龙进化的后代，一小部分小型恐龙在竞争中分化出来，它们长出了翅膀，在天空中找到了自己存在的价值。从媒介进化的角度，报纸也是如此，一些不能适应环境的报纸种类将灭亡；而一些在竞争中分化出来的新品种由于更好地适应环境而将继续发展。报纸的进化与分化，就像是一棵树，有些枝桠长得好一些，有些枝桠长得差一些；有些枝桠则会逐渐枯萎，而有些枝桠还会有新的树枝被分出来。

都市报、党报、社区报、行业报、地铁报，还有许许多多本书限于篇幅没能分析到的报纸种类，在未来的报业竞争格局中，或生存、或死亡、或勉强度日、或发展得很好。报纸形态的转型并不一定意味着就是要由纸变成其他形态，它可以是依附于纸质上的内容特色化、运营模式多元化、面向的读者分众化、发行范围区域化、舆论影响整合化，等等。这样的转型，很多报纸正在实施；这样的转型，更现实，也更代表了报业未来的方向。

三叶草与路灯花

平台再造、报纸分化，这两个关键词基本上囊括了《报业转型新战略》的所有内容，虽然在未来它们肯定不是报业转型的全部；纵观横观转型的各种实践，成功的转型无不遵循这两个关键词的规律。其实，无论是多么复杂的事情，都应该有解决的办法，有时候，这个办法就是那么简单。更为重要的是，要找到这种规律的内在本质与机理，也就是规律的规律。

报业的现状让人揪心，所面临的困境前所未有，前方的道路就像今天窗外的雾霾一样，即使开着氙气大灯也看不清方向和来车，迷茫而又惊险。在这样的形势下，报业已无法承受过去那种粗放的、业内扩张的发展模式。报业转型的新战略应与以前截然不同，平台再造、报纸分化、增量改革、模式转换、重心下移、专业精耕……这些战略都是在新形势下，对过去报业粗放式发展战略的扬弃。

在"植物大战僵尸"游戏里，有两个道具特别有意思，一个叫做"三叶草"，它能够一下子吹走气球和战场迷雾；还有一个道具叫做"路灯花"，它能让玩家在战场迷雾中看清一小片区域。

本书致力于寻找报业成功转型的规律，试图真正地理解阐释报业转型新战略；致力于报业转型不要再走弯路；致力于成为报业的"路灯花"，照亮报业前行方向的一小片区域，期望能让报业少一点迷茫，少一点惊吓，多一份自信和从容。

目 录
Contents

上 篇
平台再造

第一章 什么是报业转型？ / 27

> 报业转型就是报业战略的革命，当旧的战略无法突破瓶颈时，就必须采用新的报业战略。

第二章 反思报业数字化 / 45

> 这么多年的报业数字化实践只告诉了我们哪些不能做，但是没有告诉我们哪些能做。

第七章　上下游产业链的共转 / 137

"报纸卖不动了，那我们该怎么办？"面对报业危机，原先以报纸作为主要依托的整个产业链也必须转型。

下　篇
报纸分化

第八章　报纸会不会消亡 / 161

报纸是否会消亡不能一概而论，有些报纸种类确实会消亡，但有些报纸种类，在报纸分化过程中，将涅槃重生。

第八章　都市报：最先消亡的报纸？/ 177

种种迹象表明，都市报或许将成为最先死亡的报种！

报业生死关头!

狼来了,狼来了,当孩子喊第三次时,狼终于真的来了。

本章核心观点：

恶性竞争为报纸培养读者，做大市场蛋糕

广告转移阵地意味着媒介功能被替代

第三次危机是"纸"的危机

读报的人正慢慢老去、退出，新的读报者却没有加入

报纸戴上"镣铐"，而新媒体却到处飞舞

报纸借网络扩大知名度和影响力的同时，是以牺牲纸媒价值为代价的

深度是：你有的东西别人没有

2012年以来，报纸广告大幅下滑，人们纷纷惊呼，报纸危机又来了。实际上，由报纸广告普遍大幅下滑而引发的"报纸危机"不是第一次；回溯报纸这些年的经营数据，这样的危机至少已是第三次。将报纸的历史经营数据与当时的宏观经济情况和数字，以及影响报纸经营的各种事件比对分析，就会发现，前两次的"危机"是可逆的，是报业的危机；对报纸最致命的是第三次危机，就是这次。第三次报业危机，是"报纸"的危机。

第一节　第三次报业危机[①]

2005年第一次报业危机：房产"71号令"

2005年，《京华时报》时任社长吴海民提出了"报纸寒冬论"，其立论不仅仅是《京华时报》当时广告的下滑，更是建立在全国大部分都市报广告减少的基础上。

[①]　本节中未注明来源的数据皆来源于崔保国主编的《中国传媒产业发展报告》（2004—2013），社会科学文献出版社。

而在此之前，上世纪90年代中期都市报诞生，直到本世纪初的2002年、2003年，都是中国报纸最火热的季节。每隔一段时间，都会诞生一些新的报纸，这些报纸甫一问世，就开始以各种方式开疆拓土，这样一来，就与先期的"既得利益者"产生了激烈竞争，甚至是"冲突"，新闻大战、发行大战、广告大战，更有甚者是双方的发行员在大街上的"拳脚大战"。这种情况一直持续了很多年。"战争"皆是为了利益，当时的报纸大战建立在能获得即时收益基础上。只要报纸的新闻"好看"，有较高的发行量，广告就源源而来。报纸就有了继续"征战"的动力和必需的资源。

报纸持续地掐架，恶性竞争的局面引起了国家相关部门的重视，2005年8月24日，中宣部、国务院纠风办、国家新闻出版总署发出了《关于开展规范报刊发行秩序工作的通知》，与此同时，报社之间也出于自保，纷纷签订了"停战协定"，以降低报纸间的竞争成本，一些区域性的"发行自律公约"也应运而生。但这一切努力好像都无济于事，过个三两天，报纸就会又打起来。

市场上发生的事情还是应该回到市场中来解决。

报纸之间恶性竞争的局面，直到2004年下半年，情况才开始发生变化。报纸的第一次"危机"来了。

报纸的第一次危机主要源自于国土资源部"71号令"，规定2004年8月31日以后，国内土地市场将不得再采用协议方式出让经营性土地使用权。这就是当时传说中的"土地大限"，此后，房地产新盘供应持续下挫，房价普遍上涨，房地产广告收入明显下滑。2004年年度统计结果显示，报纸广告经营额为230.72亿元，比2003年的243.01亿元下降了5%。下滑主要源自于房地产广告的下滑。房地产广告作为报纸广告投放的第一大行业，根据中广协报委会当时对《广州日报》、《北京青年报》、《深圳特区报》、《北京晚报》等全国知名房地产广告大户的跟踪监测与调查，房地产广告收入均出现了不同程度的下滑，一般下降幅度在10%左右。

这一年，报纸广告没有下降得太多也多亏了医疗广告。主要是由于2003年突如其来、又飘然而去的非典，使人们的健康意识极大增强。2004年迎来了保健品市场的第二春，也刺激了医疗机构广告宣传力度。2004年报纸广告的增长主要来自医疗广告，其中医疗机构的广告投放增长了7倍以上，保健品也增长了60%。药品、医疗和保健品这三个行业的报纸广告增长率排在了前三位，对报纸广告增长的贡献很大。但是这些广告的违规率之高也有目共睹。2005年两会后，各级政府加大了对违规广告的管理力度，2005年这三个行业广告的降幅也排在前三位。这当然是后话，在2004年，医疗广告确实对报纸稳定经营收入起到了至关重要的作用。

但是很快，"71号令"之后的普遍房价上涨招致更猛烈的宏观调控举措：国家又先后下发了《商业银行房地产贷款风险管理指引》、温家宝关于稳定房价的8条意见、《城镇廉租住房租金管理办法》。这些举措，从根本上抑制了房地产的发展资金，并且规范了行业运作。2005年，报纸又由于医疗广告的乱象招致的《虚假违法广告专项整治方案》的出台而遭受重击，工商等管理部门加大了对虚假医疗广告的打击力度。2005年，房地产广告与保健品广告一起急剧下滑，这使报纸的整个广告收入都受到巨大冲击。甚至停刊了许多报纸，如《深圳法制报》、《重庆经济报》、《巷报》、《新民生报》、《球报》、《南方体育》等。这才有了传说中的"报纸寒冬"，报纸遭遇第一次危机。

我们可以看出，这次危机并不是内生型的，报纸外部的社会经济结构以及国家宏观调控政策的变化导致报纸的支柱广告资源发生危机。这并不是报纸本身的危机，一旦社会政治经济环境发生变化，危机将迎刃而解。

这场报纸危机使"报纸大战"成为不太可能，这应该是这次报纸危机带来的正面效果。广告收入的急剧下滑给报纸原先那种亏本发行、打折赠送、恶性竞争的经营模式打了一针清醒剂。在2004年前，报社广告收入高歌猛进，因此，每一个新进入市场的竞争者都不计成本地试图通过提高发行量来换取广告投放。"战争"被挑动起来，低价倾销、赠品打折、发布虚假信息……各报社都使出浑身解数，力求在发行量的竞争中获胜。但是这种经营模式，一旦广告收入出现大的问题，则无法为继。2005年之后，经历过这次危机的报纸们明显理智起来，同城报纸间恶性竞争的场面真的少见了。同城的几张报纸之间的排位基本确定，是老大的稳居老大，是老小的再怎么折腾，也掀不起原来的那种波澜来。报纸大战与广告回报也不如以前那样立竿见影，"战争"也就逐渐销声匿迹了。

没有了发行量大战，2004年、2005年后，发行量增长速度明显放缓。从

1995年到2004年，全国报纸总用新闻纸量每年都保持着两位数以上的增长幅度。而从2005年之后，增长幅度就从来没有超过两位数。

从这个意义上说，报纸那些年的恶性竞争、同质竞争、同城竞争在某种程度上还是有价值的[①]，至少，它们为现在的报纸培养了有阅读报纸习惯的读者。扩大了整个市场的蛋糕。报纸能拥有现在的这个局面，完全是仰仗那些年的恶性竞争，才有这个格局。否则，报纸早就完蛋了。

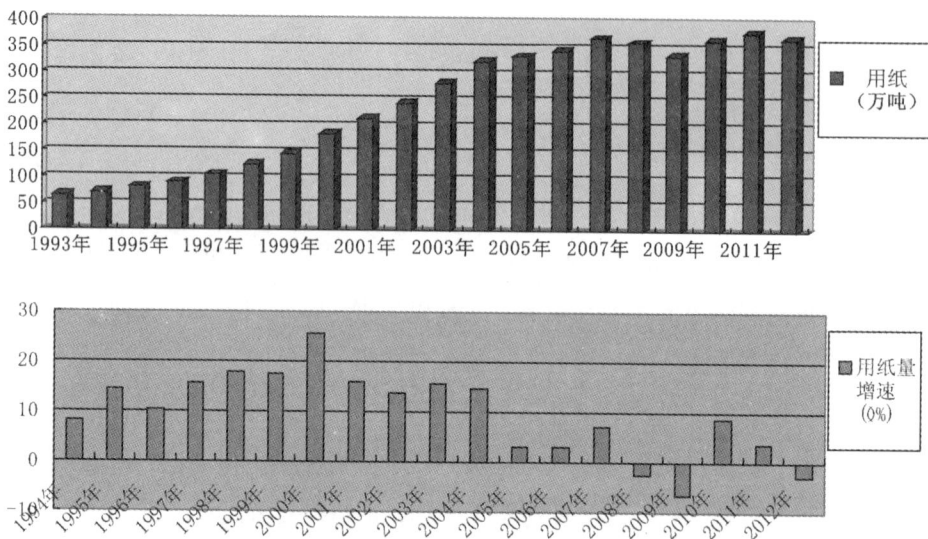

1993年—2012年全国新闻纸用量趋势及增速。（数据来源：中国报业协会）

2008年第二次报业危机：多事之秋

2008年，是中国的多事之秋，也是报纸的多事之秋。这一年，奥运会召开、新闻纸价格暴涨、新的劳动合同法颁布实施、汶川特大地震灾害、金融危机席卷全球……在它们的共同作用下，报纸成本急剧上升，收入下降，报纸的第二次危机不可避免。

1. 成本方面

新闻纸价格上涨，2008年，新闻纸价格由2007年年底的每吨4700—4800元上涨到最高每吨6100—6300元，累积涨幅超过了40%。[②]据测算，在报纸生

---

① 陈国权：《为同质竞争辩护》，《新闻记者》2004年第3期。
② 汪家驷：《新闻纸涨价形势与对策》，《中国记者》2008年第10期。

产成本中，纸张成本大概占到60%—70%。2008年全国新闻纸消耗量达380万吨，若每吨新闻纸价格上涨1000元，意味着整个报业将多承担38亿元的纸张成本。①除此之外，油墨、物流等与报纸相关成本均明显上升。

追根溯源，就会发现，当时各种因素纠结在一起，共同导致了新闻纸价格的暴涨。

国外因素：国内新闻纸原料主要来源于进口废纸和纸浆，造纸厂大多使用美国废纸作为主要原材料。全球废报纸年供应量下降，另外，2008年的美国大选也导致美国国内用纸量大增，这些，都抬高了"美废"（从美国进口的废纸）的价格。2008年1月，"美废"报价已达到250美元／吨。

国内因素：按照国家节能减排规划，2007年全国各地加大了淘汰落后造纸工艺的力度，关停了大量的小造纸和草浆生产线。仅2007年9月，国内就整顿、关停小型制浆企业1500多家。②造成新闻纸整体缺口增大、供求关系紧张、供需失衡。宏观经济环境方面，人民币加速升值，原料及用工成本不断上涨，出口退税减少，突发自然灾害（汶川地震）带来的运力紧张导致新闻纸供给不足，奥运宣传升温导致用纸需求增大……多重因素交织，新闻纸涨价，成为必然。③

还有新的劳动合同法颁布实施，2008年1月1日，新的劳动合同法开始实施。新的劳动合同法以适度倾斜保护劳动者的原则，对我国现有劳资关系做了重大调整，对用人单位的人力资源管理理念、管理制度及经营管理产生了深远影响。④报纸发行是劳动密集型的行业，原来的用工成本极低，发行员大部分是兼职，很多都没有签署劳动合同，招之即来、来之即发。新的劳动合同法实施后，就不能再这样过分了。一旦签署了劳动合同，确立了劳动关系，发行成本就剧增。

2. 收入方面

从2005年、2006年、2007年人们对报纸未来的一些展望文章中，可以非常

---

① 陈国权：《新闻纸涨价：寻找报纸应对策略》，《中国记者》2008年第6期。
② 汪家驷：《新闻纸涨价形势与对策》，《中国记者》2008年第10期。
③ 陈国权：《新闻纸涨价：寻找报纸应对策略》，《中国记者》2008年第6期。
④ 吴彬、蓝晓毅：《报纸发行如何构建和谐劳动关系》，《中国记者》2008年第5期。

清楚地看到报人们对于2008年北京奥运会之于报纸广告增长的热切期盼与希冀。但希望落空了，现实情况是，2008年举世瞩目的奥运会并没有带来人们所希望的那样的广告增长。

2008年8月前，广告商在报纸上普遍加大了投放力度，使报纸广告在前7个月的增长率达到了23.6%。但是，这种突击投放在8月之后就销声匿迹了，企业广告投放明显减少，并由于奥运会刚刚结束即爆发的金融危机而广告投放锐减。[①]这样就基本抵消了上半年的增长幅度。

2008年5月12日的汶川特大地震灾害事件也减少了报纸的广告投放，那么多天，全国的媒体都没有刊登广告。这体现的是媒体的社会责任与自律意识，非常值得赞赏，但对广告收入则影响巨大。

2008年9月，奥运会刚刚结束，席卷全球的金融危机就不期而至。房地产、汽车、金融等行业都开始遭遇困境，而这些行业，都是报纸的支柱性广告来源。金融危机强烈地冲击实体经济，对报纸经济的负面影响相当严重，报纸广告客户厂商面临资金和市场的双重压力，迫使他们压缩开支，导致广告投放减少。2008年，房地产广告增幅下降了7.9个百分点，金融业广告增幅下降了19.4个百分点，汽车广告由2007年的增长8.9%转为负增长0.2%，药品广告下降了16.3%。[②]奥运会以后报纸广告增长缺乏行业资源的支持，进入了下行期。屋漏偏逢连夜雨，报纸进入更深的困境中。

2009年，为摆脱金融危机的影响，政府进行了空前的4万亿投资，原先的房地产紧缩政策也出现松动，在这样的大背景下，房价在2009年3月之后进入了新一轮的疯涨。但是，报纸广告的主要支柱产业却出现了产业景气与广告投放相背离的现象。2009年房地产业对于报纸广告的贡献率只有-1%。房地产广告只增长7.6%。汽车行业也是如此，汽车全年销量达到了1363万辆，增长46%。本来汽车市场这么繁荣时，一定会带来广告的高涨；但2009年的汽车广告市场也产生了背离，厂商仅仅是在完成全年销售任务的情况下，在最后两个月才增加汽车广告投放。这种背离源自于行业的过度景气也会导致广告投放的减少，因为房子汽车都太好卖了，根本不需要做广告。

---

① 崔保国：《2009年：中国传媒产业发展报告》，社科文献出版社2009年，第412页。
② 崔保国：《2009年：中国传媒产业发展报告》，社科文献出版社2009年，第413页。

另外，新媒体的影响开始逐渐凸显。2008年市场的低迷和全球金融危机使汽车厂商对于2009年的广告推广计划普遍保守；更重要的是，汽车行业已经深刻意识到传媒环境的变化和消费趋势的变化，他们开始更多地采用更易于被消费者接受的多种营销传播方式，在洞察消费主体媒介接触习惯变化的同时，更注意利用新媒体。广告预算开始向新媒体倾斜。

这样的情况同样发生在商业零售行业，根据国家统计局的数据，2009年社会消费品零售总额同比增长15.3%，但该行业在报纸上的广告投放同期仅增长了8.3%。这一年，网购、团购开始盛行。

3. 开源节流

2008年的第二次报纸危机对于报纸的将来发展影响非常深远。在成本上升、收入减少的共同压力下，各报社纷纷开源节流，通过强化内部管理和版面控制，降低成本，增加效益；通过寻找更科学合理的营销策略，谋求有效发行；通过开展多元经营、非报经营，寻找和培植新的经济增长点。那些年为应对危机的很多举措与变革，很多被传承下来，一直持续至今。

一是报纸涨价。2007年11月，《南方都市报》在深圳改版加价。2008年3月，南京的《扬子晚报》、《现代快报》、《金陵晚报》定价由0.5元上调至0.7元每份，订阅价格从180元每年上涨到252元每年，而曾经，南京的报纸大战中最低价格只有0.1元每份。随后武汉、成都、上海、北京、昆明、山东等多家都市报上调价格，涨幅50%—100%不等。都采取同城几家报纸共同涨价的联合行动。他们称："实在是成本受不了了。"

二是缩版减张。《广州日报》2009年6月1日期将报面宽度从39厘米减少为37厘米，2厘米的裁减，能使《广州日报》全年节省纸张成本4000万元。《北京晨报》由对开大报改成了四开小报。云南日报报业集团的主要应对措施是减少《春城晚报》版数，平均每天减少4—8版。据测算，拥有30万份发行量的《春城晚报》，减版后每月节省200多吨用纸。湖北日报报业集团对所属《楚天都市报》和《楚天金报》实行控版控彩、减版减彩，努力压缩主要报纸的运营成本，等等。

三是有效发行。报纸发行并不是越多越好，当其广告不能承受时，即为无效发行；当发行对象与广告对象不相匹配时，即为无效发行。《辽沈晚报》对发行量进行了控制，遇到雨雪天气时，减少报纸的零售量。重庆日报报业集团更注重报纸内容的质量，报纸不增版，同时控制发行量。很多报纸也都缩减了发行范围或发行数量。

我们能从2008年、2009年的新闻纸用量分别大幅下降2.45%、6.70%上，清楚地感受到这些举措的结果。

2012年第三次报纸危机：媒介功能替代

报业的前两次危机，都是由于外部的非媒介竞争因素而引起的，宏观经济环境变化而带来的报纸收入的暂时下降或成本的暂时提升，是完全可逆的。一旦宏观经济环境向好的方向变化，报纸还能恢复发展。2010年和2011年，全球金融危机之后的经济飞速发展，报业也实现了前所未有的报复性飞速发展。新闻纸用量2010年大幅提升了8.68%，2011年提升了3.86%；报纸广告2010年、2011年的增幅分别是18.9%和11.2%，报业高歌猛进。

但是很快，到了2012年后，报纸一下子就又"坠入了深渊"。报纸发行方面，2013年，全国报纸总零售量同比下降10.83%。[①]各种广告类型全线下滑，中国广告协会报刊分会、央视市场研究媒介智讯发布《2013年度中国报纸广告市场分析报告》。报告显示，2013年报纸广告刊登额下降8.1%，降幅超过了2012年的7.5%。以往的那种报纸广告与行业增长同步的"铁律"不再起作用。

比如房地产广告。房地产广告的增长与否完全与行业增长正相关，曾有人臆想过房地产越冷清，越没有人买房，房地产商就越要做广告；但无论如何，这种房地产走低时的广告繁荣也只能维持很短时间。一旦这个行业真正进入萧条，广告肯定也随之而去。这是房地产市场与报纸广告的"铁律"，综观前些年房地产市场与报纸房地产广告的关系，一直没有被打破；直到2013年，这个"铁律"不起作用了。

2009年之后，4万亿投资的巨大刺激作用，房价疯涨，大家都快受不了了。到了2010年，国家推出了前所未有的房地产宏观调控政策，4月17日，《国务院关于坚决遏制部分城市房价过快上涨的通知》颁布，请注意"坚决"二字。但市场并没有发生人们期待的根本性变化，开发商、政府、消费者各方

---

① 崔保国：《2014年：中国传媒产业发展报告》，社科文献出版社2014年。

都在博弈。直到一年后，也就是2011年下半年，其对房地产市场的影响才开始凸显。房地产市场的拐点终于到来，房价开始进入下降通道。

整个2012年，房地产市场低迷，房地产广告下滑5.7%。报纸广告也基本上是和房地产市场的销售面积和销售额的变动幅度大概一致。

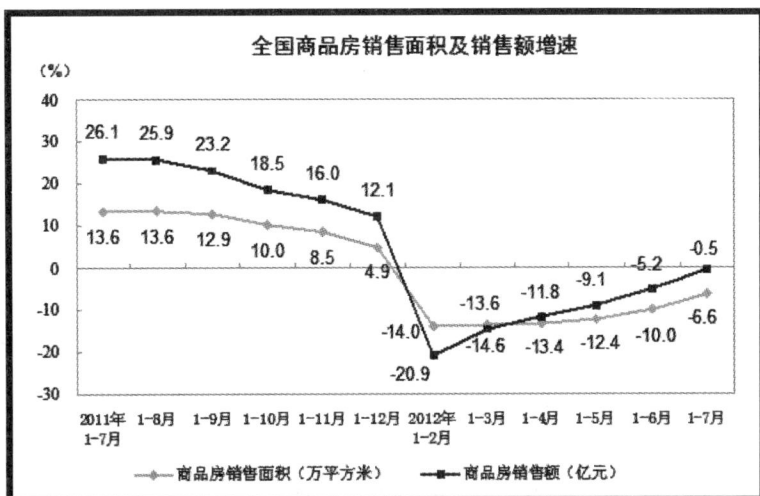

2011年，全国商品房销售面积及销售额增速。

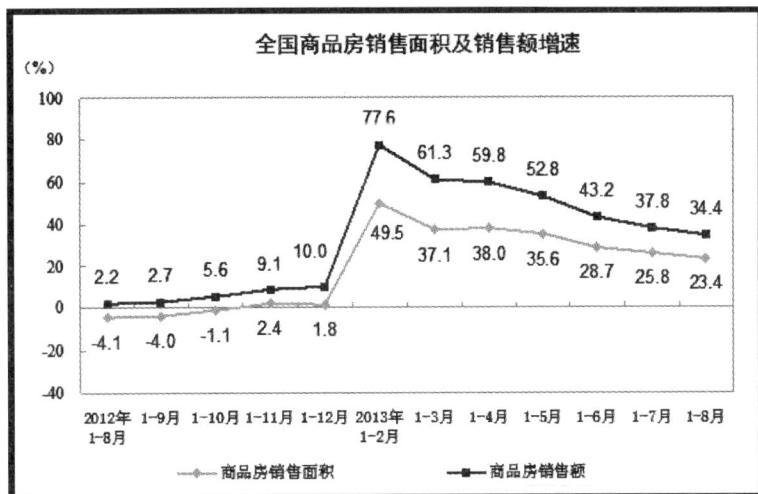

2012年，全国商品房销售面积及销售额增速。

（数据来源：国家统计局）

11

但是，时间到了2013年上半年，房地产的销售面积和销售额每个月都保持在25%以上的增长；可是，报纸广告却大幅下滑6.1%。严重的背离，房地产广告到哪儿去了？

流失的份额都到其他各种新媒体去了。主要包括房地产的各种垂直网站、搜索引擎、移动客户端等。

除了房地产广告之外，报纸的其他支柱行业广告，也都出现了这种行业发展、但广告不能与之同步的背离现象。

比如报纸汽车广告，2010年大幅增长38.8%，2011年则下滑4.1%，到2012年更是历史性地下滑13%。但是汽车市场的产销量每年都在稳步地增长，更令报人气愤的是，报纸汽车广告在下降的同时，其他媒体上汽车广告却保持着增长，比如，2012年广播汽车广告增长25.3%，电视增长11.7%，期刊增长了16.8%。①这意味着在车市增长平稳、广告增速下滑的时候，汽车广告的投放在向其他媒体转移。在汽车广告增速下行时，也曾认为是汽车市场下行所致。2013年汽车市场景气已经恢复，但报纸广告却无法改变大幅下降的局面。这也表明，报纸广告的传播方式已经满足不了汽车品牌营销方式转变的要求。

广告快速转移阵地往往意味着媒介功能的被替代，报纸的大部分功能都被新媒体所替代，报纸读者的那些需求，新媒体都能满足，而且还满足得更好。

报纸商业零售广告也是如此。2011年报纸商业零售广告的增长只有9.4%，比2010年增幅大幅下降了23个百分点；到了2012年则是-13.6%。但实际上，零售广告所依托的商业零售业的零售总额并没有减少。根据国家统计局发布的数据，2013年，社会消费品零售总额234380亿元，同比增长13.1%，2012年为14.3%，2011年为17.1%。非常令人震惊的背离，原因在于消费者购物方式的转变反映到报纸零售广告上。在商业零售业广告开始下行时，业界曾经认为是内需拉力不足所致。现在看来这并不是主要原因，电商网购的急速发展，消费者购物方式的变化，对实体店商业模式的影响，恐怕已成为主要原因。

2009年左右，电商模式已经开始盛行，2012年是网购爆发式增长的一年，"光棍节"的疯狂令人记忆犹新。有数据显示网购总规模已经超过1.3万亿元，占社会消费品零售总额的6.2%。许多实体店成为消费者的体验店，人们跑到实

---

① 崔保国：《2013年：中国传媒产业发展报告》，社科文献出版社2013年。

体店偷偷地看货用手机拍下价格与标签，然后再到网店上购买，这已经成了一种普遍购买方式。网购对实体店销售和报纸广告的影响不言而喻，而且将越来越明显。

2013年上半年，几乎报纸的所有广告类型都在迅速地下滑，商业零售业广告同比降幅扩大到12.7%，汽车广告降幅达25.6%。医疗保健机构广告下降了24.2%，邮电通讯广告下降19.1%，金融业广告也下降15.1%。药品广告下降26.8%。食品广告下降19.2%。[①]第三次危机，完全是由于报纸的媒介功能被替代引起的，这是"纸"的危机。

看来，狼真的来了！

第二节　报纸影响力是如何衰减的

报纸经营数据的衰减，关键原因是报纸正在逐步失去影响力。

报纸影响力减少已是不争的事实。还有多少人像以前一样早上上班没有份报纸看就觉得缺了点什么？地铁里熙熙攘攘的人群中还有几个人手里拿着一张报纸？还有多少人会看到报纸上的广告急切地打个电话过去询问？现在，还有几个人像以前那样在意报纸？短短的几年时间，报纸影响力江河日下，在各个领域各个方面都有被边缘化的迹象。

就这么短短的几年，报纸影响力是如何衰减的？

现在，谁在看报纸？

一次在暨南大学与同学们交流，在给学生阐述了一大通对报纸未来发展的看法时，一学生站起来提问："现在，我们周围大部分的同学都从不看报

① 中国广告协会报刊分会、央视市场研究媒介智讯：《2013上半年报纸广告全方位衰退》，《中国报纸广告市场分析报告》，http://www.cnad.com/html/Article/2013/0806/20130806114322975.shtml。

纸……"

确实，到学校去看一看，还有几个人会看报纸呢？这是二十多岁的年轻人。再年长一些的，就到地铁里去看，地铁是个很好的观察报纸兴衰的窗口。在前些年的北京地铁上，会经常见到有人展开一份报纸看，那时候的地铁站台上还有很多报摊，地铁车厢里也经常有小贩叫卖报纸，当然也有喊着"成龙又出事了"的卖假报纸的报贩。但现在呢？地铁车厢里，基本上看不到读报纸的，一脸严肃的三十多岁的上班族们，无不手里拿着手持终端，包括iPhone、各种安卓智能机、电子阅读器，再无聊的也会弄个iPod听音乐。又有几个会看报纸呢？当然，除了免费的地铁报。这些人，本都是报纸梦寐以求的"高端人群"。

现在，谁在看报纸？

回溯到上个世纪80年代，谁在看报纸？在晚报之前，是党报占据报业市场的主流，党报的读者是党员干部，除去"文革"时的不正常情况，上世纪80年代，读报的人群主要是党政干部，老百姓一般不读报。在都市报繁荣之前是晚报，赵超构提出了著名的晚报"飞入寻常百姓家"的观点，使晚报更贴近百姓一些；但晚报的文化味很浓烈，当时和现在著名的晚报《北京晚报》、《扬子晚报》、《羊城晚报》、《新民晚报》、《今晚报》等，无一不是以文化味浓而著称；于是，晚报仍然是党政干部在读党报之余的调味品；晚报培养了党政干部工作之余的读报习惯，而在以前，读党报主要是为了工作。当然，也有一小部分普通市民读者的读报习惯被晚报培养起来。

上世纪90年代中期，报纸分化出都市报，都市报通过大量家长里短的社会新闻、新闻策划、街头活动、订报赠品、敲门发行等突破性的创新，培养了市民的读报习惯。记得《华西都市报》创刊后一张传播频率很高的宣传画就是一个戴着草帽的三轮车夫在看报纸。那时候培养的读者群也构成了现在报纸的核心读者群。十几年过去了，报纸至今仍然在享用都市报创刊时的成果——市民阅读报纸的习惯。

但是，这些年呢？报纸没有发掘出新的读报人群，十几年前的成果——读报纸的人正在慢慢老去、退出，新的读报者却没有加入……

培养阅读习惯的各种方法，比如做活动、进学校、培养小记者等方法各地都用得比较多，但总体感觉远不如20年前那样轰轰烈烈、立竿见影。当然，这与渠道多元、活动效果不好有很大关系；但更为重要的是，活动已经没有了以前那种突破性的创造。有些报社，做了十几年的"读者节"，到了现在还是"读者节"，活动内容依然是老三样：唱歌、抽奖、学雷锋，卖票、卖报、卖广告。更值得细细品味的是，现在报社组织的这些活动有着太多的赢利指向性，一搞活动就得来钱。报人们是否可以思考一下，你所在的报社这些年有没有搞过不来钱的活动，纯粹是为了培养读者阅读习惯的活动。不是说不能用活动来搞钱，而是，报业的困境已经使我们需要重新思考这种纯粹的以活动搞钱的诉求了。偶尔短视没有错，最怕的是一直短视，看不到长远。

一年要做几千个活动！？

"《南方都市报》形成品牌影响的活动每年大概有十场，但若不论规模，则大大小小的活动至少五六十个。"[1]一家报纸甚至公开报道说，一年要做几千个活动。

看到这些信息，我在思考：这一方面说明这家报社的努力、勤奋及策划思路的创新力度；但另一方面也说明活动的影响力被稀释，活动效果不佳，这才要这么多的活动来保证报纸经营。更为重要的是，这说明现在报纸影响力衰微，报业经营乏力，才需要用这么多的活动来维持。

而在上世纪90年代中期，都市报刚创刊时，往往一个活动就能"万人空巷"，甚至成就一张报纸的"传奇"。1995年，《华西都市报》刚创刊时，借助于几个著名的策划一跃而起。比如"府南河大合唱"、"孩子回家行动"、"李波反暴利"、"大音棚事件"、"四川明星回家乡"等等活动，无不产生了巨大的社会效应和经济效益。[2]其对报纸影响力和发行量的推动让现在的报人们好生羡慕。

现在呢？报纸好不容易策划的一个活动，点子好、运作方式成熟、举办者经验丰富、投入成本大，但参与者寥寥，反响就是平平。还看过哪张报纸有让人眼睛为之一亮的活动策划吗？还有一个策划让一份报纸站住脚，或抢位成功

---

① 本刊记者：《怎样做到一周一场活动》，《中国记者》2010年第2期。

② 肖云：《席文举新闻策划》，新华出版社1999年。

的例子吗?

现在的报社,还需要用一年成百上千个活动来保证经营数字。房展、车展、装修展、婚博会、读者节……如此数目巨大、种类繁多的活动策划下,一些报社的真实经营数据仍然是那么难看。

一个原因是媒介形态的多元化,现在拥有这么多的媒介种类,电视广播之外,还有手机、手机报、iPone、iPad、电子书、LED、楼宇电视、公交电视……光是网络上那么多的媒介种类就分食了原来属于报纸的注意力资源。还包括各种各样的栏目和节目种类,报纸能量在逐渐衰减。二是人们的需求、认知、消费多元化。多元化成为一个社会状态,报纸策划活动的影响力被严重稀释。

关键时候不作声

2013年10月,台风"菲特"使宁波遭遇罕见的大雨和城区积水,特别是余姚市,成为受灾最严重的地方,70%以上城区被淹,83万人受灾。宁波和全国媒体对余姚的台风水灾做了很多报道。但是在10月11日却发生了一起令人震惊的事件,宁波电视台的卫星直播车遭余姚市民围堵,这条新闻成为百度和各大新闻网站头条,在微博和微信圈也被纷纷转载。

事件的主要原因在于媒体对于水灾的报道让人民群众很不满意。

在水灾发生后,按照惯例浙江本地各媒体就将抗洪救灾报道作为新闻宣传重点,"加强正面宣传,突出报道宁波、嘉兴等受灾严重地区的抗灾情况,充分报道党委政府抗灾救灾保民生的各项部署举措成效,充分报道干部群众和军警官兵奋力抗灾,社会各界共施援手的感人事迹和精神风貌",这是惯常的思路和做法。

但这样的报道导致传统媒体对余姚水灾的报道侧重于社会各方力量如何抗灾救灾,挖掘其中的感人故事,而对灾情本身的严重性和对人们生活影响的描述不多,没有展现抗灾救灾中出现的问题。对人员伤亡的报道滞后,语焉不详,一笔带过。在此次水灾中,大部分住宅小区低层进水,大量小汽车浸泡在积水中,道路瘫痪,多个街道水深超过1米,有些受灾严重的村子积水超过1.5米,大部分地区停水停电无通讯信号,部分群众无足够食品……

电视台等传统媒体的正面乐观报道与现实间有极大反差。所以当媒体车被群众堵住后，有更多群众听从不实信息的煽动，围堵甚至砸媒体车、警车，这是灾民积压的情绪宣泄，也是导致围堵媒体车事件的主要原因。

而在一些突发重大事件中，语焉不详、避实就虚、时效落后、过分正面，都已经成为传统媒体的典型特征。

2013年11月6日，太原市迎泽大街，山西省委驻地附近发生人为制造的爆炸，造成1死1重伤7轻伤。11月7日，在太原市的所有报纸上，都没有看到相关报道。

2013年11月6日，太原市迎泽大街，山西省委驻地附近发生人为制造的爆炸，造成1死1重伤7轻伤。这是11月7日太原市部分报纸头版。

17

2013年11月23日，青岛输油管道发生爆炸案已致44人死亡，136人受伤，当地主要报纸头版新闻的处理情况也引发争议。微博@互联网信徒王冠雄说："青岛中石化输油管爆炸，48条人命，当地报纸却噤若寒蝉。这是媒体人的耻辱。除了宣传各种批示，只知道让网友点蜡烛煽情。为什么我们总在重复丧事当喜事办的闹剧？"

《半岛都市报》2013年11月23日头版　　《青岛日报》2013年11月23日头版　　《青岛早报》2013年11月23日头版

而与此形成鲜明对比的是网络媒体，特别是微博微信上及时生动、细节详尽、图文并茂的连篇累牍信息。谁还会看报纸，更不用说第二天的报纸了。关键时候不作声，报纸的影响力从何谈起呢？

报人们对此也很尴尬。长期以来，报纸作为最好管理的媒介形态一直受到严格的内容管理，不要、不许、不让，让报纸内容在与不容易管理的新媒体面前毫无竞争力。很多报人呼吁，也应该对网络等新媒体实行与报纸同等的管理。

山东大众报业集团社长傅绍万说："说到根本，网络的开放，实质上等同于开放了报禁，开放了一个比报纸威力更大的媒体。严格管制着传统媒体，却无限制地开放了网络媒体，这种做法的弊端不言自明，这种开放带来的后果将极其可怕。随着理论上的清醒，网络管理必然更加正规，近一个时期以来，全国人大常委会就网络管理作出决定，管理部门拿出整治的决心和行动，就说明了这一点。因此，网络和报纸同台、同规则竞争的局面有望来临，网络对报纸的冲击将逐步减弱。"①

但是，这种报纸戴上"镣铐"，而新媒体却到处飞舞的局面早已形成，关键是网络等新媒体的管理并不容易，要管死也不科学。在与新媒体的内容竞争中，报纸失去影响力是必然。

报纸影响力竟然是在网上？

"当天，新浪、网易、腾讯、凤凰、环球、中国网络电视台等多家知名门户网站，均在首页转载这一报道，并配以视频、照片和评论。在人民网'新闻排行'栏中，这则报道居第三位，搜狐网还针对报道内容制作了新闻专题。"②这是消息《中共中央党史研究室主任披露 七常委参观〈复兴之路〉不封路》在获得了第二十三届中国新闻奖后，其作者写的一篇业务探讨文章，用上述话语来印证这条报道的影响力。

事实上，这也是我们经常见到的关于纸媒报道影响力的典型说法。中国新闻奖获奖作品都有网络的公示环节，公示表格中有个板块叫"社会效果"，综观这些作品公示中的"社会效果"，绝大部分传统媒体作品的"社会效果"的第一句话都是"本文发表后引起了强烈反响，国内多家网站予以转载"，"消息见报后，在社会上引起强烈反响。人民网、新华网、新浪、搜狐、凤凰网等主流网站纷纷转发。"③……

报纸作品的影响力体现得最突出的竟然是在网络上？这一方面说明网络的影响反馈比较清楚明了，转载摘编容易查找；另一方面也说明报纸正在越来越多地陷入到依靠网络的境地，自主性逐渐减弱。

报社的考核制度常常陷入到尴尬境地，拿什么来衡量一条新闻引起的反响，最简便易行的方式就是看网络的转载率和点击率。点击率是网站的后台数据，转载率的数字则非常简单明确。但是这样一来，势必造成好新闻都会率先

---

① 傅绍万：《三个维度看报网》，《中国记者》2013年第7期。

② 郑萌：《长江日报报业集团何以一届五摘中国新闻奖》，《中国记者》2013年第12期。

③ 中国记协：《第二十三届中国新闻奖获奖作品网络公示》，http://www.xinhuanet.com/zgjx/jiang/2013zgxwjcpzpwlgs/index.htm。

上网，甚至有时记者还会关照相熟的网站编辑给予"特殊照顾"，也就是放在显要位置，以提高转载量。报社也试图用这种方法营造一种变相的"影响力"。这说到底并不是考核制度的问题，而是考核制度背后的报纸"影响力焦虑"，数字化时代，如何提高报纸的品牌知名度和影响力，内容上网成为不二之选。也确实，网络等新媒体的迅速传播特性能使一条新闻的影响力迅速放大，有时，报纸又不得不借助于网络提高某条报道的影响。常有调查报道记者回忆，以前的财经揭黑报道上网之后，常有公关公司来要求塞钱删稿，报纸当然不干，结果公关公司却又买通网站删帖，传播影响力就大大削弱了。

一些网络媒体也投报纸所好，提供这样的服务，现在基本上所有的大型门户网站都有媒体联络部，干的就是这样的工作。百度甚至还有转载新闻点击率的评比，叫"状元媒"，进行都市媒体影响力的评选，获奖的媒体称为"状元媒"，评选的依据是基于当年各大媒体互联网网页数量、新闻数量、图片数量、贴吧主题数量和回帖数量得出的结果。

当几乎所有的都市报都以自己的报道能够在门户网站的首页与网民见面为豪的时候，报纸影响力必然衰减。

报纸内容在网络的大量转载中并没有收到预期效果。所有的独家新闻都试图第一时间上网，以提高品牌知名度。但是往往人们只知道稿件标题、讲的什么事情，却习惯性地忽略了首发媒体是哪家报纸。比如上述的那则消息《中共中央党史研究室主任披露 七常委参观〈复兴之路〉不封路》，这则消息荣获第二十三届中国新闻奖，谁又能记得它的首发媒体是哪家？作者是谁呢？除了《长江日报》的同志能记得。要不是它荣获了中国新闻奖，我也不知道它的首发媒体是《长江日报》。网络把这篇稿件的影响扩大了很多倍，但是首发媒体和作者的影响力并没有扩大，这是不对等的。

报纸在借助网络扩大品牌知名度和影响力的同时，是以牺牲纸媒价值为代价的。

内容的创新在哪里？

报纸的最大价值在于内容，内容是吸引人们读报的关键因素。

但是，从上个世纪90年代至今，报纸在经历过都市报兴起的内容创新之后，又有哪些能让人们一下子记住、具有突破性的创新呢？

上世纪90年代中期，第一代都市报兴起，突出社会新闻、重视新闻策划、版面模块化；其他不提，光是一个新闻策划，就丰富了多少版面内容，带来了多少广告，扩大了多少报纸影响力。都市报的这种新闻"范式转换"使从党报分化出的都市报展现出勃勃生机，领了风骚十多年。如今，20年时间过去了，这20年，报纸每天都在"创新"，经常都在改版，但又有哪些创新能和20年前的那些创新相提并论呢？

这就是问题所在。反观同是传统媒体的电视，从连续剧到综艺大观、快乐大本营，从非常6+1、实话实说、超级女声到非诚勿扰、中国好声音，每个时间段都有不同的，让人眼睛为之一亮的创新之举。当街头巷尾都在谈论是梁博会赢还是李莫愁获胜时，承载这样内容的媒介无论面对新媒体还是"超媒体"，都在所不惧。

生存压力是创新的强大动力，电视创新层出不穷的真正原因在于激烈的市场竞争，各大卫视上星与全国那么多卫视、中央电视台竞争，不创新则灭亡。报纸则由于介质本身的因素，地域分割严重，即使有竞争，也不如电视来得强烈，同城三四张报纸的竞争与三四十个上星台竞争的动力自然不一样，结局也不一样。

不可否认，报纸这些年也一直在创新，一直在努力；但就是缺少突破，缺少学界人所称得"范式转换"。范式（Paradigm）是美国著名科学哲学家托马斯·库恩提出并在《科学革命的结构》中系统阐述的，过去被用来描述科学上截然不同的概念。现在经常用于描述在科学上或者认识论中的的思维方式。在库恩看来，"科学革命"的实质，就是"范式转换"；如今，报纸内容的创新，也需要这样的范式转换。

专门卖"剩饭"的"饭馆"

报纸与新媒体的互动现在已经非常频繁，一方面，报纸的内容大量供给网络获得转载与点击；另一方面，报纸也从网络上获得大量的新闻线索与报道素材。这或许就是人们常说的"媒介融合"吧。

这就造成了一种非常奇怪的现象，大部分的报纸内容竟然都是头天新闻门户网站、微博等新媒体的翻版，大段大段地摘录、转载、引用。报纸本来应该是新闻纸，最重要的特性是时效性；但是，不光是新闻版到网络上扒，即使是周刊副刊版面也都到网络上扒。这样大量地到网络上扒稿子，第二天读者看报就像吃"剩饭"一样。

主要有三个问题导致了报纸成为"剩饭"报：一是现在对记者编辑的考核制度，记者必须要赚够稿分，重量不重质，这就导致采编人员选择最简单易行来钱快的扒稿方式。二是报纸现在的厚报模式，特别是都市报，需要大量稿件填充，单凭报社的采编力量无法完成一天上百个版的篇幅，只能依靠到网络上复制粘贴。不仅到网络上去扒，还到别的各种渠道扒，比如连载小说，在以前，连载都是独家，金庸的那些著名小说一开始都是首发报纸连载，每天写，每天发。但现在呢？报纸上的连载小说都是到书店买来成形的小说，一章一节地"连载"，读者看了书名就自己到书店或网络上找来看，往往看完了整本，报纸却还在连载。三是网络等新媒体上的信息确实时效快，当天发生的最抢眼的新闻，由于媒介形态的特性原因，网络等新媒体总能第一时间抢到。报纸只能"炒剩饭"了。这三点原因，其中，前两点都是主观方面，最后一点是客观原因。

"剩饭"报的结果便是人们对于报纸的依赖程度越来越低，很多老报人常常回忆起以前报纸的"美好时光"，那时候到了上午9、10点人们要还没收到报纸的话，读者就会很着急，报纸的热线电话会忙个不停，投诉的、质问的、甚至还有辱骂的；但现在不一样了，报纸不来就不来，还有别的方式别的渠道，不投诉，也没兴趣辱骂。在某种程度上辱骂说明他在乎。而现在，他们不在乎。

这样的"深度"还有价值吗？

报纸也早就意识到报纸时效不足以及翻版网络的问题，试图改进，比如加强"深度"。认为，深度和公信力是报纸区别于网络等新媒体的优势。

想法是非常好的，但在现实中却很难做到。特别现在这种"踩第二落点"的方法很成问题。第二天报纸新闻的深度做法一般是在版面上做了集纳、归类，并加上了图片，穿插起来，做了新闻延伸，内容很丰富，版面很漂亮，穿插很用心。

但在我看来，深度并不意味着集纳、整合、内容丰富。比集纳、整合、内容丰富，再怎么比，报纸也仍然比不过网络。我认为，你有的东西别人没有，这才叫深度。但是报纸却总是错误地理解深度为前者，因为没有办法做到后者。新媒体上有的东西，报纸上也没有；新媒体上没有的东西，报纸上更没有。又怎能做到深度呢？比如一些重要案件的审理，报纸能拿到新媒体上没有的东西吗？报纸完全沦为微博信息的二传手，在第二天还在爆炒着新媒体的冷饭。重要案件也有很多"深度"的信息，但是新媒体拿不到，报纸更拿不到。还由于对报纸的管理比新媒体的更严格，报纸更不敢放开手脚报道。

还有人认为，报纸的深度在于"视角"，独特的视角。读者早就习惯了报纸的视角、所谓"主流"的报道方式；喜新厌旧的心理，人们更愿意接受新媒体的新的视角、新的报道方式。东莞色情泛滥，央视记者打电话报案三遍，没人受理，网友们不高兴；央视报道东莞扫黄，网友们不高兴，喊"东莞不哭"。这样的"反主流"社会心态，所谓"独特的视角"，又有多少人能接受呢？

公信力也是如此，当很多事情，像上述宁波水灾、郑州爆炸、青岛爆炸这样的事情，报纸由于种种原因不能报道或不能及时报道时，公信力又如何树立呢？报纸的影响力只能无奈地越来越小。

上篇
平台再造

　　报业当前的问题是：赢利能力的减少，舆论主导能力的衰微；在当前形势下，不可能找出一个办法来同时解决这两个问题。必须对这两个问题分别对待，找出不同的解决途径。平台再造主要解决赢利能力问题，并最终以赢利能力的增加提升报业舆论主导能力。

第一章

什么是报业转型?

报业转型就是报业战略的革命，当旧的战略
无法突破瓶颈时，就必须采用新的报业战略。

本章核心观点：

赢利是手段，坚守舆论阵地是目的

区分赢利平台和影响力平台

报业应将赢利功能转移到新平台上

新平台不仅聚拢"读者"，还应聚拢"用户"

未来的报纸不需要赢利

报业是以报纸为主要依托的产业

报业必须转型，这是共识。但什么是转型？转型的目的是什么？该怎么转型？最后转到哪里去？

第一节　报业转型的目的和诉求

报业为什么要转型？是为了赚钱？是为了报社的繁荣发展？是为了报社员工的生计？还是为了坚守国家的舆论阵地？报业转型只有先解决目的和诉求的问题，才会做出正确的判断、看清正确的方向、选择正确的道路。

报业急迫转型的主要原因，一是收入利润水平的下降；二是社会影响力的逐渐减弱，其中也包括舆论影响力。前者是报业生存的基础，后者是报业的职责和使命所在。报业转型的主要目的就是提高这两项的水平。

当前，改革正处于深水区，利益格局重构，社会思潮日益多元多样多变。社会特别需要媒体形成主流舆论和主流价值观。报业有基础有条件成为这样的媒体单位，也应该成为主流舆论的中流砥柱。报业存在的更多理由，是党委政府舆论宣传和人民群众对信息的需求。在当前这种复杂的舆论格局下，在社会思潮多元繁杂的情况下，社会和国家最需要报业做的是真实权威新闻信息的专业收集者、传播者和有影响力的舆论引导者；而不是转行做房地产商、煤矿主、物质产品的经销商。在新的传播格局下，只有坚守报业的正确导向，并在纷繁复杂的舆论场中发挥引领作用，才能不断地巩固壮大积极向上的主流舆论，报业才能发挥作为党治国理政的重要资源和重要手段的作用。这是中国报业在当今市场中的核心竞争力和赖以生存的基础，这种核心竞争力只能在转型中不断加强，而不能被削弱。

而当前报业转型的主要误区是片面地以壮大经济实力为目的，而忽视了巩固舆论阵地的职责。积极介入房地产、物业、旅游、投资银行等等，甚至有试图把这些行业当做主业的倾向。凭借着媒体拥有的社会资源和特有的公信力，报业进入一些技术含量不高、经营模式简单的行业也能赚钱，比如房地产，报业拥有政策资源优势，借着房地产行业的繁荣，报业运作的报业地产绝大部分都实现了很好的收益。但如果我们把进入这些行业、发展这些产业作为转型的方向和重点，那将是短视的。国家给予报业集团的那些资源，最终目的肯定不是为了赢利，而是用这些赢利来更好地支撑舆论阵地，更好地坚守舆论阵地。赢利是手段，坚守舆论是目的。

坚守党的宣传舆论和文化阵地，是报业的根、报业的源、报业的本，离开这一"根本"，转型就是忘"本"了，转型就转错了方向，最终只能让我们陷入困境。报业转型的目的不仅仅是做大做强、繁荣发展，而是在当前的舆论格局下，更好地整合各方面资源，形成舆论宣传的合力，更好地坚守舆论的主阵地。报业的所有转型举措：壮大经济实力、提高影响力、整合资源、加快发展等等，都应是为了这个最终诉求。这是报业转型的理念基础。

当然，我们坚守报业转型的最终诉求也不是排斥报业运作其他产业，更不排斥壮大报业集团经济实力。《中共中央关于全面深化改革若干重大问题的决定》提出，要"推动文化企业跨地区、跨行业、跨所有制兼并重组，提高文化产业规模化、集约化、专业化水平"。报业兼具意识形态属性和扩大再生产需求的商品属性。这两个基本属性不可偏废。做大做强经济实力，是更好地巩固舆论阵地的基础，报业也需要做大做强。只有做大做强经济实力，报业集团才能够更好地实现发展，员工的利益才能够得到保证，才能提高报业集团影响力，才能更好地服务于巩固舆论阵地这个最终诉求。否则，经济实力不强，就做不出影响力；报纸、节目没人看，微博没有粉丝，巩固舆论阵地也就无从谈起。

只是，在我看来，报业运作其他产业，即使做，也仅仅只能把它当作报业转型的一个收入来源，是维持发展所必需的财力，而不应是主业。在这一点上，本末不能倒置。

经济实力、影响力、舆论力这三者构成了报业转型的三个主要因素。报业转型的最终目的，就是使这三者形成良性循环：利用各种方式，在法律框架之内壮大报业集团的经济实力，提高影响力和品牌认知度，以提高舆论引导能力，坚守舆论阵地。反过来，履行好媒体职责、影响力大而使各方面的资源都向报业汇集，为报业提高经济实力提供了基础，又进一步提高影响力和舆论力……如此良性循环。

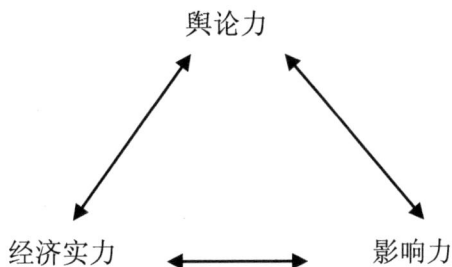

第二节　平台再造：报业转型大趋势

赢利平台和影响力平台不同体是新媒体时代的典型特征。网易、新浪、搜狐等门户网站的主营业务是新闻门户，新闻是这些门户的主体业务，但是其赢利平台却是网游业务。我们平常所看到的这些网站外表最光鲜的部分都不赚钱，赚钱的都是我们平常忽略的部分。

区分影响力平台和赢利平台

报业是个承担着多种职能的大平台。报业转型，首先应该区分报业转型的影响力平台和赢利平台。一个报业集团有很多的平台，每一个平台在报业集团中的位置不同，所起的作用也不同。有些平台是很难赢利的，比如微博、微信公众号、移动终端，但他们提高整个集团的影响力和品牌价值，或者为提高其他平台的影响力服务。而有些平台则是可以实现赢利的，比如报纸、网站、游戏、房地产、物业、财务投资、会展、户外媒体等。因此，在报业转型的设计中，就不一定需要每个平台都有经济指标的要求，只要平台间能够形成合力，整个集团有赢利，就能够保证整个集团的运行。

比如，曾经被炒得火热的"全媒体"概念，全媒体的主要特征是一个报社拥有多种媒介形态：报纸、电子版、新闻网站、手机报、微博、微信、移动客户端等等，在集团内部构建"全媒体中心"，实现一个内容，多个出口。但是在实际运作中，全媒体的赢利能力并不是很好，除了报纸、手机报少数几个形态之外，其他的大部分媒介形态都是赔本赚吆喝。而且全媒体也带来了同质化、贪大求全、对竞争力消解等诸多问题。[①] 但是，全媒体却很受两个方面的欢迎。

一是当地党委政府。当地党委政府工作、动态，以及一些需要媒体大力宣传的主题，在一家报业集团中用多种媒介形态进行全面宣传，多种媒介形式齐头并进，统一传播，效果不言而喻。更有一些喜欢被传播的党政官员，喜欢看到各种媒介形态上都有他的身影、他的声音，全媒体正是投其所好。

二是广告客户。广告客户希望最大产出比，最好一份广告的钱能做好几次广告。全媒体能实现客户的这个诉求，广告客户只投报纸版面广告的钱，电子版、新闻网站、手机报、微博、微信、移动客户端等的广告作为附带赠送品。客户会认为物超所值。

从以上两个对报社至关重要的方面来看，全媒体虽然无益于赢利，但其价值更多地体现在影响力平台上，然后通过影响力平台加强与提升赢利平台的价值。报业的其他模式也是如此，也都需要影响力平台与赢利平台共同作用，助推报业影响力与赢利能力的共同提升。

因此，在报业转型实际操作中，既要避免"唯利是图"，所有举措都以是否赢利为追求；也要避免那种完全不考虑效益，为"面子"铺"摊子"的

---

① 陈国权：《新媒体拯救报业？》，南方日报出版社2012年，第74页。

倾向。

更为重要的是，要对某些项目不可能带来经济效益有清醒认识，不是所有的转型举措都应该是有直接赢利的；有些转型措施，虽然不能够带来直接的经济效益，但是其带来的影响力，对报业品牌的塑造，对赢利平台的助推等，是报业发展很重要的资源和要素。

对于党报或者民族报纸等带有鲜明公益色彩的报纸种类来说，更要发挥影响力平台的作用。吉林朝鲜文报社三年三获中国新闻奖，主要在国际传播领域，其网站做得特别成功。目前，在国内20多个朝鲜语新闻网站中，其朝文网站日访问量最高，日点击量达50万人次。中国吉林网朝鲜文版对外宣传覆盖面不断扩大，受众遍布国内10多个省市和朝鲜、韩国、美国、荷兰等10多个国家和地区。来华投资、工作、学习、生活的韩国人更把中国吉林网朝鲜文版视为其了解吉林、了解中国的最重要的窗口之一。韩联社等韩国众多媒体经常转载或编发朝文网的报道。[1]

如果没有网站这个平台，吉林朝鲜文报社就不可能具备今天这样显著的国际传播能力和效果。但是，吉林朝鲜文报社就从来没有考虑过网站赢利的问题。作为一份民族报纸，它将网站看成是纯粹的影响力平台，甚至报纸都是影响力平台，不需要赢利。吉林朝鲜文报社的赢利平台在于公益，在于其他有关方面因其在宣传民族政策，介绍吉林省和中国发展、投资环境，以及对外宣传上做出的突出贡献而给予报社的财政投入。

平台再造：报业转型的大趋势

曾经的报纸、电视、广播等传统媒体，按照现在的眼光看，是最最全能的媒介形态。它们集赢利与影响力、舆论力于一身。

央视的舆论影响力一流，赢利能力也一流；各个报业集团不仅肩负着繁重的舆论引导重任，也同时具有较强的赢利能力，完全能够自己养活自己，为国家上缴大量的利税，有些报社还有大量的盈余。

但时过境迁，现今的多元媒介生态时代，传统媒体都面临窘境。影响力、舆论力、赢利能力都面临衰减。但与此同时，舆论引导的责任不能够减轻；这

---

① 　洪吉男、韩正一：《打开渠道　精心策划　勇于探索》，《中国记者》2013年第12期。

样一来，报业要更好地履行职责，就必须寻找到一些新的平台，能够担负起这三个"力"的职能。

对于浙江日报报业集团来说，这样的平台他们已经找到了，就是2013年年初他们耗资32亿元收购的边锋、浩方，边锋、浩方是个游戏平台。其中，相对于传统媒体，边锋、浩方赢利能力无与伦比，2013年，边锋、浩方的收入利润已经超过了浙江日报报业集团旗下所有的纸质媒体。在营收利润上，"相当于再造了一个浙报集团"。另外，根据浙江日报报业集团的设计，边锋、浩方的舆论潜力也无与伦比，边锋、浩方旗下拥有注册用户3亿，活跃用户2000多万，移动用户800多万。将这些用户与报业集团的主业——信息传播力和舆论影响力建设结合起来，将使浙报集团的舆论能力提高数个量级。

当然，对游戏用户的舆论影响应该是个非常复杂的过程，难度很大，未来如何尚不可知。更为可行的转型思路是找到多个平台，其中一些平台承担赢利职能，其他一些平台或承担舆论职能，或承担影响力职能。房地产、投资、会展、演艺等，这些转型举措承担的是赢利职能。微博、微信、报业新闻网站等，包括各种纸质媒介承担的则是影响力与舆论职能。这种转型是现在报业中比较普遍的，可行而又有前景，应是报业转型的趋势所在。

平台再造方式：变读者为用户

读者是什么？一直以来，报纸惯用的赢利模式就是聚拢读者吸引广告。这种赢利模式基本上是万能的，广播、电视、报纸，甚至是互联网新媒体都在采用。报业转型最先应该考虑的就是拓展这种赢利模式的范围，将赢利职能转移到新的平台上。聚拢读者吸引来的不仅仅只有广告，还有一些别的东西；新的平台所聚拢来的，也不仅仅是只看报纸的"读者"，还应该是使用这个平台的"用户"。

河北日报报业集团旗下的《糖烟酒周刊》，2013年其营业额达到了1亿元，利润3000多万元，据介绍，其2013年利润已经超过了同属河北日报报业集团旗下的《燕赵都市报》，而成为河北日报报业集团的第一大利润支柱；但是在其总收入中，有50%以上的收入来自于活动。

《糖烟酒周刊》分为食品、烟草、酒类周刊三本，分别定位于各自的相关行业，主要面向各个行业的经销商。虽是有刊号的公开出版物，但是并不面向市场零售或者订阅发行，而是实行会员制，会员就成为周刊的"用户"。会员费用360元一年，实际上相当于一年20本周刊的定价。但是会员除了快递20本《糖烟酒周刊》外，还可以享受：免费参加中国食品经销商发展论坛，免费参加全国糖酒会明星新品发布盛典和全国糖酒企业营销论坛，获赠"华糖内参"手机杂志1年，获赠《糖烟酒周刊》商务名片一期，联系专家免费解答经营管理难题，优先推荐行业优秀新品市场信息等六项服务。这样一来，读者就升级为了"用户"，用户更看重的是免费参加论坛之类的活动，而不仅仅是20本杂志。

《糖烟酒周刊》食品、烟草、酒类周刊

对于杂志社来说，他们也不再仅仅只看重这20本杂志所能带来的360元每年的订阅收入。杂志社更在乎的是这些"用户"所带来的广告，更重要的是活动的其他收益。

华糖传媒总共只有2万左右的会员，但是70%以上都是这三个行业的经销商，而与此同时，生产商却迫切需要经销商的认可。在此基础上，华糖传媒就组织召开各种论坛、招商会、培训等活动，利用活动的平台，把这些会员，主要是食品、烟草、酒类的经销商都集聚到一起，把会员"卖给"了厂商，会务费用由产商支付，华糖集团另外再从中获取组织策划费、市场推广费等。这样，华糖传媒通过从读者到用户的转变，将赢利平台从纸质转移到活动上。

寻找怎样的平台？

要实现平台再造，一个合适的平台至关重要。

中国邮政集团公司是产业转型最为成功的企业之一，非常值得报业学习借鉴。邮政是非常特殊的行业，本身就是国家机器的有机构成，并常常被视为一个国家政权是否巩固、运行是否正常和社会秩序是否稳定和谐的重要标志。有部美国大片《终极神差》讲的就是在未来美国国家崩溃之后，一位假邮差重建社会秩序和国家的过程。在这一点上，它与报业有本质属性的相似。

近年来，邮政所承担的普遍服务职能也遭遇新媒体困境。没人发电报了，电子邮件与电话导致信函剧减，包裹业务遭遇民企快递。邮电分家之后，中国邮政的普遍服务普遍亏损。怎么转型？

邮政改革是非常困难的，日本、英国、俄罗斯、阿根廷和新西兰邮政的改革，都是失败的，俄罗斯、阿根廷、新西兰的邮政改革被迫走了回头路，日本邮政的改革更是惊心动魄，当时的小泉首相为日本邮政公社的改革险些毁了自己的仕途，被迫解散众议院，重新进行选举。英国邮政改革遭到了工会组织的强烈反弹，美国邮政在2001年的"私有化"改革也是一败涂地，但中国邮政的改革却很不错。

关键是中国邮政再造了一个非常合适的转型平台，就是中国邮政储蓄银行。中国邮政储蓄银行2007年3月20日才成立，很快，它就成为了中国邮政的一个赢利平台。截至2012年年底，邮储银行资产总规模达到4.9万亿元，位列中国银行业第七位，净利润283亿元。这样一来，中国邮政储蓄银行就能为中国邮政输血，补贴普遍服务，保证其普遍服务职责的履行。

成功转型平台的三个特征

我们来看看这个平台为什么能够转型成功。

首先，这个平台与中国邮政的其他普遍服务的资源整合起来。邮储银行目前已成为全国网点规模最大、网点覆盖面最广、客户数量最多的金融服务机构，相当于两家大行的网点之和。营业网点超过3.9万个，网点覆盖全国超过98%的县。其中，在全国30个省（区市）的县域网点覆盖率达到了100%，在西藏也覆盖了超过59%的县。这样的网点布局，如果没有中国邮政的渠道，又如何能在短短5年内做到？

其次，选择的金融转型平台是带有垄断性质的。与此形成鲜明对比的是邮政包裹业务向物流速递业务的转型，在激烈的民企竞争中，一直不温不火，没见能给集团带来多少利润。电商业务也是如此。由于国企的种种痼疾，一旦要跟民企等市场化特征明显的企业竞争，注定没有多少胜算。只有进入国家提供保证的产业或者垄断产业，国企的转型才能够成功。中国电信的转型也是如此，当固话业务萎缩时，中国电信很快就转型到寡头垄断的移动通讯行业，它的转型也相当成功。

最后，这个平台应该是长效的。从邮政的转型案例来看，报业的转型更应该寻求国家行政的支持与资源供给。报业作为党和国家的耳目喉舌，肩负着重要的职责，国家应该支持报业转型，提供各种资源与便利。现在的关键就是报业自己要找到这样的资源和途径。各级政府通过拨付的方式提供给报社的土地，常常被用作商业运作，实现巨额收益。这实际上是国家行政给予报业的支持。但是土地不能成为合适的转型平台，因为用过一次之后就没了，报业转型需要的是能给报业带来长期收益的转型平台。

未来的报业集团猜想

报业的影响力平台和赢利平台没有明确的分野，在特定时期，影响力平台和赢利平台还能互相转化。在未来，报业的报纸甚至会完全成为影响力平台，一点都不需要赢利。

麦当劳的主营业务是什么？几乎所有人头脑中跳出来的第一个东西就是——汉堡、鸡翅、薯条、鸡块，认为麦当劳当然就是靠这些赢利的。

但事实上，这些都不怎么赚钱。麦当劳一个汉堡大概卖11—12元，但是汉堡要用最好的牛肉、最好的面包，据说里面的气泡在4毫米时，口感最佳。这样的面包要用最好的油炸，而且炸好10分钟后，如果卖不掉，就要被扔掉。考虑到这么高的成本，再考虑到房租、人员费用、推广费用，麦当劳的汉堡根本不赚钱。

麦当劳是个房地产公司，它的主要利润来自于房地产。麦当劳有专业的选址能力，它看中的地段房价都会涨。它不仅有专业的选址能力，同时它通过辛辛苦苦地卖汉堡，建立麦当劳的餐饮文化，建立起麦当劳商圈。通过麦当劳商圈，不断拉动人流到麦当劳以及它附近的商区。这种做法就会主动、直接地推动房地产价格的提高。这就是麦当劳之所以成为一个优秀的房地产公司的秘诀所在。它不是被动地等待房产升值，它积极而主动、长期地拉动房地产价格的增长。

麦当劳和原来的土地拥有者签署20年到30年的长期租约，甚至自己买断整个土地来建造房屋，然后自己长期持有或者转租给它的加盟商，通过这样获取房地产升值的利润。如果我们去看麦当劳的财务报表，会发现它的主要的资产就是房产。麦当劳1／3的收入来自于直营，2／3的收入来自于加盟。在加盟中，主要收入就是房产增值。从这个角度来讲，麦当劳是一个以汉堡为主的快餐企业，但本质、核心的赢利来源却是房地产。①

主体业务不赚钱，衍生业务或辅助业务成赢利主平台应该是这个时代的共性。万达集团近日发布消息称，2013年度万达院线爆米花相关收入就高达3.9亿元，占卖品总收入72％。北京UME影院一位相关负责人表示，爆米花相关收入占到影院营收的七八成，属于正常情况。在北美，电影院中的特许经营店商品价格高昂。电影院能够获得特许经营店85％的利润，到了年终，这项营收可以贡献电影院总利润的46％。②

从这个角度考虑，未来的报业集团并不仅仅是以传媒作为赢利支柱，可能就是传媒是成本中心，作为舆论平台；而赢利平台则是其他以传媒作为支撑的产业，比如培训、信息、房地产等。北京界上传媒有限公司的主营业务并不是媒体，而是会展业务。旗下有《中国航务周刊》杂志、《物流时代》杂志、《中国会展》杂志、《中国会议》杂志、中国航贸网、中国会展在线网站六家媒体，同时运作中国国际物流节、中国国际会展文化节、中国国际航运文化节等三大品牌节庆活动，在业内具有极大影响力。界上传媒集团的传媒产品主要是为旗下会展业务提供服务支持的，居于赢利辅助地位。这应该是未来的报业集团架构与格局的发展趋势。

① 《麦当劳：卖汉堡的房地产公司》，《印刷经理人》2010年6月11日，http：//news.keyin.cn/magazine/yinshuajingliren/201007/27-311626.shtml。

② 时光：《爆米花拯救影院？》，《长江日报》2014年3月19日。

第三节　增量改革：报业转型的原则

由于报业集团的传统机制体制限制以及人员结构、编制及惯性思维，在存量上改革转型，无异于虎口拔牙，轻则转型举措无法推行，重则头破血流。这样的例子在报业简直太多了。

但是如果在增量上做文章，则规避了上述这些问题。报业转型"不能在旧楼里拆东墙补西墙，要实现增量拓展。旧楼不变，盖上新楼，然后打通它们之间。这叫增量拓展。"①

党报向都市报的成功转型

报业有一段辉煌的转型历史，值得今天的报业同行重新仔细回味、品鉴、学习、提高。

上世纪90年代初，在世界各地的晚报纷纷衰落的形势下，中国晚报却逆向而动，悄悄地火起来。当时有晚报"四朵金花"：《新民晚报》、《羊城晚报》、《北京晚报》、《今晚报》，发行量都在百万左右，广告额都在3亿元以上。还有《扬子晚报》、《钱江晚报》、《齐鲁晚报》、《金陵晚报》、《成都晚报》、《辽沈晚报》……这些晚报当时的发行量和广告收入都是党报的4—8倍。与此形成鲜明对比的是党报的衰落。1996年年初，《人民日报》的期发数比它鼎盛时期的1979年下跌了66.3%；在30家省级党报中，下跌幅度在30%以上的达到23家。②

面对横冲直撞的晚报，党报没有在自己身上下工夫，在存量上做文章，搞什么改版、策划的动作。那样，绝不可能成功；党报只是创造出了新的挑战者——都市报。原本也打算叫晚报，但是当时的新闻出版总署为避免一个城市

---

① 陈国权：《浙报集团：寻找报业集团转型基因变革之路》，《中国记者》2013年第10期。
② 梁衡：《新闻原理的思考》，人民出版社1996年，第186页。

两张晚报而创造了"都市报"这个名字。许多的省级党报都申请到了这个晚报的替代品——都市报。在成都，面对《成都晚报》，《四川日报》创办了《华西都市报》；在广州，面对《羊城晚报》，《南方日报》创办了《南方都市报》；在石家庄，面对《燕赵晚报》，《河北日报》创办了《燕赵都市报》。都市报的办报理念要比晚报的"飞入寻常百姓家"更新、更灵活、更有效，很快就赢得了市场，并在全国"一纸风行天下"。都市报的赢利能力完全超过了原先的党报、行业报、晚报，而成为中国独领风骚的报纸种类。而党报则继续下滑。1998年年初，时任国家广电总局局长的徐光春在文章中透露，十多家中央级报纸在1998年1月的发行量，除了两家各增长0.34%和1.1%外，其余都在下降。[1]从这个意义上说，党报在自掘坟墓，搬起石头砸自己的脚，创造了自己的竞争对手。

但是，从另外一个角度看，党报转型创造出都市报是有史以来党报最成功的转型，没有之一。自都市报形成气候之后，党报在营收上的位置就退居幕后，专攻舆论导向，成为"母报"，都市报"儿子养老子"的模式也成为全国大部分报业集团的潜规则。而随着都市报营收的进一步扩大，党报集团日子越来越好，才有了报业集团持续至今的繁荣。

规避不彻底的创新

存量的体制机制的限定，无法再做太大的动作，只能在增量上做文章。众所周知，《广州日报》的内容转型，只是在头版之后卯足了劲地扩版，增加内容，它也没有在存量——头版上改革，把书记讲话拿掉，而换成一条东莞扫黄的新闻，这注定是徒劳的，那样的改革在当前的形势下也是没有任何前途的。它只在增量上做文章，增加版数、增加内容、稀释头版内容，这也是增量改革。

上世纪90年代中期，党报创造出一个自己的竞争对手——都市报，从而实现非常成功的转型，成就了二十年报业的繁荣；而近几年，报业也纷纷制造了各种各样的竞争者——新媒体，但这次，却没有实现"华丽的转身"，依然在苦苦探索。为什么？

---

[1] 徐光春：《关于新闻改革和报业集团的几个问题》，《新闻与写作》1998年第4期。

这，在于两个关键性的错误：

一是报业创造的新媒体的核心理念竟然是融合！试图融合传统媒体，然后拯救传统报业的颓势。这样一来，创新就有了牵绊，各种老体制、老机制、老观念、老人的制约，不能够彻彻底底地创新。党报创造的都市报，当初可没有谁说要让都市报来拯救党报，要让都市报继续在头版刊登会议新闻，刊登主要领导同志的长篇讲话稿，所以当初的都市报才能够成功。

为避免既得利益者对改革创新的抵制与反对，减少转型成本。"老人老办法，新人新办法"，"增量改革"的转型基本上不触犯原有的条条框框和既得利益关系，换取的是既得利益者对于改革的支持或者只是一个默认。这样的转型模式更能成功。

二是报业在创造出试图替代报纸的新媒体时，这个替代品却没有发展起来。时至今日，报业运作的那么多的新媒体项目，却没有一个能够在逐渐吃垮母体的同时，实现自身的大发展。报业转型最重要的方法就是在面对危机时，专门创造一个独立的竞争者，这个竞争者不与既有媒体发生关系，不能希望用新的竞争者来拯救老媒体，这是报业转型成功的基本理念。党报创造了都市报，都市报发展得很好，成为报业的核心经济支柱；腾讯创造了微信来替代QQ，微信又成为行业的NO.1，这是一次非常成功的转型，值得报业转型借鉴思考。

第四节　报业转型其他维度

报业转型是报业在面对其他产业的冲击之下，为应对报纸衰退趋势与危机，变革自身运作模式、体制机制、理念思路的过程。

报业转型需要理清以下几条思路：

报业转型并不仅仅只有数字化这条路。最近几年，很多报人只要一听到"转型"一词，潜意识里把它归结为数字化转型。数字化转型仅仅是报业转型的路径之一，而且，从这么多年来报业数字化转型的经验来看，也没有成功的案例和实践可以证明数字化转型的可行性。我们需要扭转这种转型狭隘化的思路，报业转型的思路应该是多元的、发散的，朝各个方向努力，哪个方向有发展潜力，就朝哪个方向发展。

报业是以报纸为主要依托的产业，从产业角度看，任何在法律框架范围内的转型方式都可以接受，都在我们的研究探讨范围。

转型应该考虑人的因素，必须解决员工和管理层的出路。报社是人力密集型企业，采编、发行、印务等都拥有人数众多的员工。报业转型必须考虑这些员工的出路问题。现代社会生产力高度发达，劳动分工精细，劳动技能和知识高度专业化，使劳动力在产业间的转移相当困难，转移成本较高。劳动力没有经过人力资源的再开发就很难转移，因此劳动力转移成了报业这种衰退产业转型的主要障碍。因此，报业不能因为转型导致员工下岗。比如转型为房地产公司，或者转型为物业公司，或者变成一个投资公司，只需要很少的员工工作。甚至原来的员工根本无法适应这些新行业的工作；那么报社原有的那些员工怎么办？报业转型特别要避免那种一旦转型完成了，只需要5个人干活，其他500个人都被解雇的局面，这样的转型是不成功的。报业转型必须基于原有的行业、资源、团队、核心能力转型。

转型不仅仅是经营模式的转型，还包括体制机制的转型、人的转型、理念的转型。不能将报业转型狭隘化地认为就是经营模式或者赢利模式的改变，报业转型是一个系统工程，运作模式、赢利模式的变革需要体制机制、人力资源、观念思路的变革相配合。没有建立起现代的企业制度，转型很难成功。如果还是传统的体制机制，吃大锅饭，人能进不能出，干好干坏一个样，没有相应的奖惩措施，在这样基础上的转型即使成功了，也无法持续。没有人的理念的变革，转型必然不能成功。"报人办网，十年不成""电子纸"等数字化转型未能取得成功的原因之一就是传统理念没有变革。新媒体需要新思维，用传统的思路去运作新媒体，必然遭遇挫折。

报业转型不是个一步到位的过程，也不是个一蹴而就的过程。只能依靠一点一滴的进步，一步一步地实践，一个平台一个平台地累积。不可能一下子就出现一个媒介平台实现报业转型的所有梦想。大如浙报传媒耗资32亿收购来的边锋、浩方，也不能一下子解决浙江日报报业集团转型的所有问题。不可能一下子就从天上掉下一个救世主。

任何成功的转型都应是从实践开始的，而很少来源于人们常说的顶层设计。风起于青萍之末，大如改革开放这样伟大的事业都是从家庭联产承包责任制开始的，而家庭联产承包责任制的萌芽诞生于小岗村的案例，进而推及全国。报业转型也是如此，需要从实践中的点滴案例开始。任何成功的苗头都值得报业全体思考借鉴学习；同样，任何失败的案例也都值得我们充分尊重，报业也只有在不断试错的基础上，才能找到转型的正确路径。从某种意义上说，失败的案例更有价值，更值得我们反复揣摩。正是因为不断的试错实践，我们才可以不再走前人已走不通的路。

第二章

反思报业数字化

这么多年的报业数字化实践只告诉了我们哪些不能做，但是没有告诉我们哪些能做。

本章核心观点：

报业数字化在加速报纸衰退

报纸融合不了新媒体，只有报纸被新媒体融合

传媒发展的趋势是分化，而不是融合

在某一方面做出极致性的努力，才能成为领跑者

媒体不能仅仅传播新闻

最糟糕的就是在错误的数字化道路上越走越快

数字化转型成了人们思考报业转型的第一个念头，也是最近几年业界学界的热门话题。

从报纸刚开始涉足电子版开始，《杭州日报》1993年12月6日通过杭州市的联机服务网站进行传输，被认为是中国最早的报纸电子版，报业开始了持续至今的数字化转型征程。2006年8月，由当时的新闻出版总署力推的"中国数字报业实验室计划"更加速了报业的数字化转型进程，虽然此后这个"实验室"由于种种原因无疾而终。

有人说，美国报纸错失了数字化转型的"黄金十年"，导致报纸错过了关键的"窗口期"，才出现现在这种报社纷纷倒闭、纸媒衰微的局面。

实际上，中国报业运作新媒体已远不止十年了，报业并没有错过什么；相反的是，几乎每一种新媒体形态，报业都尝试过。就是因为什么都没有落下，纸媒才走到今天的这个境地。纸媒的数字化转型是在加速报纸的衰退……

梳理这些年来报业运作新媒体的路径与思路，就会发现，纸媒的数字化转型并没有走出成功的路径。能称得上成功的案例屈指可数，报业依然很被动，依然在被拯救。以下所述的五个问题是报业数字化未能取得成效的原因。

第一节　拯救报纸

　　我一直坚持一个观点：要么扎扎实实地做好报纸，要么就扎扎实实地做好新媒体，不要为了拯救报纸而运作新媒体。

　　但是，不知出于什么原因，报业运作的大部分新媒体，在一开始，都秉持着拯救报纸的目的。

　　目的决定着手段以及成败。

　　比如报纸二维码。报人们认为，报纸的劣势在于静止、不能动，而将二维码印刷到报纸上之后，通过报纸也能看到动态的视频，听到人的声音，这能够让报纸"动起来"，一改静止的老面孔，能赋予报纸新的生机，为报纸吸引年轻读者，能拯救报纸。"二维码的出现使报纸变成了一个移动电视，无论读者将它拿到哪里，只要手机一扫描条码，报纸便成了多媒体呈现的移动电视。有了二维码，报纸可听又可看"。在这种观点的指引下，2008年、2009年是报纸二维码最火的几年，不断有报纸尝鲜。这两年，全国各地也有报纸二维码的"创举"出炉。2011年二维码又以"云报纸"的概念出现，《京华时报》在力推这个概念，并到处做宣传。

　　但利用二维码"拯救报纸"的举动被历史证明是很不成功的。对比两次报纸二维码浪潮的参与者，你会发现第一次做过的报纸都没有出现在第二次的名单上。2008年、2009年那批做二维码的报纸都没有再坚持尝试下去，后来大多数都不了了之；"云报纸"现在结果还有待分晓，但我想，注定是和2008年差不多的结局——不了了之。为什么：一是在报纸上扫二维码的程序麻烦，受众对渠道的选择与信息接受的费力程度成反比，读者对二维码的接受程度并不高；二是二维码内容的价值并不值得读者费力费流量扫码；三是对报纸有害，看到二维码后，掏出手机来扫一扫，很快，阅读兴趣就从报纸转到了移动终端上，报纸就被扔到了一边。引进二维码的目的本来是为了拯救报纸，结果反倒是伤了报纸，火了二维码。

其实，"拯救报纸"这个词非常值得商榷。首要的思考是报纸有没有必要被拯救，再来考虑拯救报纸是否可行。我认为，拯救报纸就是个伪命题。如果报纸注定要灭亡，那为什么一定要拯救它呢？一个媒介有其自身发生、发展、繁荣、衰退的规律，即使报纸消亡了，又有什么关系呢？从业者大可从这个行业转到别的行业。报纸真的要消亡，那就没有必要拯救它，不应该违背事物发展规律。

而如果报纸不会消亡，那就更没有必要拯救它了。

报纸与其他的新媒体都属于不同的媒介形态，不可能用一种媒介形态来拯救另一种媒介形态。这在媒介的演化竞争史上从来没有先例。

第二节　媒介融合

我是反对媒介融合的，特别是报纸提倡的媒介融合。

只有先进的融合落后的

我一直搞不懂的是，极力鼓吹媒介融合的大部分是传统媒体，而不是新兴媒体。实际上，最应该提倡媒介融合的是新兴媒体，而不是传统媒体。因为新

搜狐新闻客户端媒体入口首页截屏

兴媒体的优势就是多媒体，它需要融合文字、图片、声音、影像资源；而传统媒体一般只侧重于某一方面，或文字、或图片、或声音、或影像等。所以，从这个角度看，传统媒体想做媒介融合，那就是把自己融合进新媒体里面。灰太狼正等着要吃羊肉，美羊羊还主动送上门去，报业就是这个肥嫩的美羊羊。

2013年4月，搜狐新闻客户端高调宣布，其用户数突破1亿，入驻媒体接近600家、总订阅量超过4.5亿，成为继微博、微信之后的第三大平台级应用。同时，除报纸外，该客户端全面向自媒体、网络、电台、电视台等各种媒体形态开放，引入各方合作共建"全媒体平台"。这才是可以实现的"全媒体平台"，报纸争抢着融合，最终就会落个被它们融合的下场和结局。

看到这个，想起十几年前，当年的新闻门户网站也是这样对传统媒体抛出橄榄枝的，新闻门户以极低的代价收纳来各报纸耗费巨资采写的新闻。2005年11月，中国都市报研究会总编辑年会在南京召开，会上，都市报总编辑们对此义愤填膺：报社每年花在采集这些新闻的钱数以千万，相当于每天要开出去好几辆宝马车，而把这些内容卖给新闻门户网站，一年只有一辆宝马车。为改变这种新闻产品被商业网站无偿占有或廉价使用的现状，签署了著名的《南京宣言》，倡议不给新闻门户网站供稿，但最后不了了之。

历史何其相似，如今的新闻客户端有成为第二个新闻门户网站的可能。报业在这样的融合中依然会一直"义愤填膺"，依然"不了了之"。

任何融合都是这样的结局，强大的融合弱小的，先进的融合落后的。比如历史上发生的多次文化大融合、民族大融合，无不是这样的结果。现在，谁也无法否认，新兴媒体就是要比报纸强大、先进。真要融合，一定就是报纸被新兴媒体融合掉，而不是相反。

这就是媒介融合这么多年，报业数字化也搞了这么多年，报业仍然很被动，仍然每天担心着会不会灭亡的主要原因。

融合弱化自身优势

也正是媒介融合的思维，导致报业迷失了自我，无视自身的优势，迷信新媒体的特长；崇尚取长补短，补出来的成果既没有保留报纸的先天优势，又没有发挥好新媒体的特长，最终的结果就是"四不像"。

比如3D报纸，貌似融合了报纸与3D成像技术。2010年4月《十堰晚报》最早做3D报纸。但图像实在不是报纸的特长，放弃文字和深度，转而追求照片的栩栩如生，想要跟电视、电影比生动，比形象，那简直就是以卵击石，这也是典型的取长补短思维。另外，3D报纸成本高，费心费力又不讨好。

还有著名的"有声报纸"，融合了报纸的文字与声音再现技术，既能让读者看报纸，也能让读者"听"报纸。有声报纸的广告语是"给报纸插上声音的翅膀"。2006年3月3日，《合肥晚报》联手中国科技大学讯飞公司，首次推出"有声报纸"，读者登陆合肥晚报网（www.hf365.com），下载"有声报纸"客户端，就能通过电脑的麦克风来"听"报纸，还能配背景音乐。之后还有《沈阳日报》的"视听报纸"，江西日报社的《江西语音报》，宁波日报报业集团的"Bo播报"，等等。但都没有被推广开来。

其他的有声报纸也是如此，插上声音的翅膀后，都没能飞起来。千万不要相信那些后长出的翅膀。天生怎样的，就应该是怎样，违背事物的本来规律，硬要给它加上个翅膀，它也飞不起来，即使好不容易飞起来，也飞不高。这就是媒介融合理念的问题与困境。

卡尔·本兹于1885年发明了汽车，莱特兄弟1903年发明了飞机，能不能给汽车装上翅膀，让它既能跑也能飞？仅仅在3年后的1906年，第一辆装上翅膀的小汽车就出现了，在之后的这么多年里，直到现在，能飞的小汽车得到了媒体的广泛关注。2011年7月6日，美国一家名叫"脱离地球"的公司生产了"会飞汽车"飞上了天空。但我仍然可以断定，它仍然像以前一样，不可能具有市场价值。

传媒的发展趋势是分化，不是融合

在我看来，传媒发展的趋势是分化，而不是融合。只有传媒的分化才能将独特性发挥到极致，从而满足了不同细分市场不断发展的需求。在如今媒介形态种类越来越多、日趋多元的形势下，只有专注于自己的独特优势，才能够在媒介之林中获得必需的养分和阳光。

从过去到现在，媒介形态的种类只是越来越多，而不是越来越少。

报纸刚刚出现的时候，在中国只有邸报，在西方则是政党报纸。但看一下现在的报纸品类，就知道分化的趋势有多么明显。目前国内报纸按照内容来划分，有党报、都市报、行业报、企业报、内部报纸；按照形态分，有对开大报、四开小报，还有最近几年才分化出来的，现在比较流行的所谓瘦报；按照载体划分，有纸质报、网络电子报，还有手机报。

电视也是如此。电视刚开始被发明出来也只有一种，到如今，电视发展更是五花八门。按照渠道分，有闭路电视、卫星电视；按照信号分，有模拟电视和数字电视；按照清晰程度分，有普通电视和高清电视；按照屏幕大小分，有标准屏幕电视和宽屏电视。电视也没有和其他媒体融合在一起，而是根据消费者的需求发生了分化。如果按照电视节目来列举的话，将电视分为频道，那么电视的分化种类，一篇文章也列举不完。

电脑源自一个共同的祖先，就是那个美国军方造的据说是占了好几个足球场面积大，并由几百万个真空管组成的计算器。但是，如今电脑发展成个人电脑、中型电脑、笔记本电脑、平板电脑和掌上电脑。电脑没有和其他技术融合为一体，而是根据用户需要发生了分化。

被称为新兴媒体的网络，也在诞生不久的今天出现了巨大的分化。现在网络的分化主要体现在赢利模式上，刚开始出现的门户网站的赢利模式如新浪、搜狐等，和传统媒体一样，依靠新闻来获得点击量，再以点击量赢取广告；现在网络赢利模式已经分化出很多品类，被我们熟知的就有谷歌、百度的搜索竞价排名赢利模式，淘宝网网络购物赢利模式，网游赢利模式等，还有更多的现在还未发展成型的千奇百怪的赢利模式。可以肯定，这种分化还将继续；也可以肯定，其中某些分化会由于不适应环境而枯萎掉，有些则会长成大的网络分化支干。优胜劣汰的自然法则在传媒发展趋势上同样会起作用。

我们可以将传媒比成生物，而受众需求的发展变化、社会环境的发展变化就是自然环境的演化。不适应受众需求变化和社会环境变化的传媒自然就会淘汰掉。而在这样的规律下，分化则是必然的趋势和规律。技术、受众口味、社会环境的变迁，创造了促使传媒品类分化的条件。

生物竞争的结果也是分化

导致生物分化的一个最主要的原因是，生物在生存竞争时需要把自身的独特优势发挥到极致，才能够勉强应对竞争。分化的结果就是将优势做大做强，这也是分化的过程和表现方式。

猎豹是世界上跑得最快的动物，为了将这个独特优势发挥到极致，也就是最快，它在体型上做出了巨大牺牲，并进化出了长长的尾巴，以保证快速奔跑时候的方向。可以说，它整个身体的全部构造都是为了保证跑得最快这个独特优势。

但是如果按照融合论支持者的观点，让猎豹融合有像狮子一样的庞大体型，以不被狮子追杀，融合有非洲鬣狗那样健壮的体格，不至于猎物被鬣狗抢去，那么猎豹就跑不动了，它可能抓不到任何猎物，只能挨饿。不倒翁虽然永远不会摔倒，但它由此而不能前进一步。媒介融合需要媒体在其他方面做出妥协，这样就弱化了各自的独特性和优势。

将长处充分发挥

必须做大自己的独特优势，比如戴尔电脑的特色是独特的销售渠道——直销电脑，这种销售方式也是从原来的普通销售方式分化出来的，戴尔把它发展成为其独特方式，从而成为直销个人电脑的第一个品牌。在过去十年里，戴尔公司的销售收入达到2123亿美元，税后利润达到132亿美元，销售净利润率为6.2%。

对于传媒来说，免费报就应该将渠道优势突出到极致；新浪就应将微博的优势突出，尽快寻找到微博的赢利模式；行业报就应将行业优势突出；淘宝应继续加大网购模式的研究和投入；党报就应该将政府资源用到极致。致力于一点，不及其余，才能成为某一方面的领先者。

要专注于自己的长处，而不是见异思迁。乔布斯非常强调专注的价值，他说："这就是我的秘诀——专注和简单。简单比复杂更难，你必须努力让你的想法变得清晰明了，让它变得简单。但是，到最后，你会发现它值得你去做。因为一旦你做到了简单，你就能搬动大山。"

人的发展也是如此。人都有长处和短处，最好的成长路径是将你的长处发挥，而不是不停地弥补自己的短处。

第三节　免费内容

从报纸开始数字化征程，努力拥抱新媒体到现在，大部分报业所做的与新媒体相关的举动，都是以加速纸媒的衰退为代价的。

报纸内容的免费水平越来越高

PDF电子版上网，为网民免费提供报纸版面内容，这样读者就可以不用再订报纸了。报纸新闻网站则使网上报纸阅读更适合网络的阅读习惯，人们更容易更便捷地从网上获得免费的报纸内容，这样读者到网上读报纸就更方便了。报社与新闻门户网站的合作，以极低的收入或近乎于免费地提供内容给新闻门户网站，则使更多的人不再阅读报纸，都到网络门户上去看新闻。新闻门户网站都没有采访权，而报纸手里有采访权，因此，报社就提供内容给新闻门户网站，以极低的价格。报纸为提高所谓的影响力，都抢着送内容给门户网站，并以某些新闻被这些新闻门户网站转载为荣，以没被转载为耻……这些行为，都在加速着报纸的衰退。

移动终端的兴起，报纸又纷纷到iPad上开辟新的内容"上供"基地——客户端，也都是免费奉送。越来越多的人已不再阅读纸媒，因为报业正在提供越来越多的免费渠道供人们阅读纸媒内容，而且是越来越方便，越来越快捷。

免费，使收费难上加难

免费内容，使内容要想收费都不再可能。

电子版收费为什么一直不能成功？主要是由于有免费的内容。

最近几年，在国外常常传来某份著名报纸停出纸质版、专出电子版的消息，这让国内报业深受启发与鼓舞。2009年4月起，《基督教科学箴言报》放弃印刷版，只向读者提供网络版，成为美国首家以网络版替代纸质版的全国性日报。而美国著名的《新闻周刊》于2013年年初结束出版纸质杂志，专门以电子版形式面对读者。美国的《华尔街日报》的电子版目前已经有超过100万的网络订户，每年的收费从103美元到140美元不等。面对着这些信息，一些人纷纷预言，报纸将消亡，报纸的未来是电子版。

但国内试水电子版收费的情况总不是那么乐观。2007年4月，温州日报报业集团的《温州日报》、《温州都市报》、《温州晚报》、《温州商报》开始实现电子版收费，这是全国首份付费订阅的网络报纸。温州日报报业集团的收费模式算是非常成功的，因为温州拥有几百万在温州以外、甚至是国外的温州商人，这是电子版的铁杆读者，加上利用温州商会的力量进行推广，确实实现了收费；但是从运行4年来的情况看，目前每年的销售收入只有100万元。但后来，连这点收费也无法继续，主要原因在于：一是当时推广主要利用温州商会，但这种推销不能常态化；二是后来集团下几张报纸又把内容免费放到网上，就更无法收费。

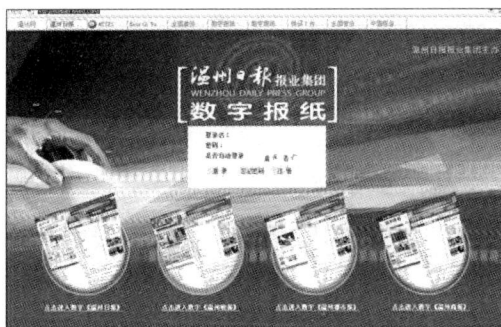

上　图：温州日报报业集团的电子版收费网络界面。
左下图：2010年1月1日《人民日报》电子版全部收费。
右下图：2010年3月11日《人民日报》电子版部分收费。

《人民日报》网络版从2010年元旦起实行收费阅读，收费模式有三种：每月24元，半年128元，全年198元。但是，很快，《人民日报》又在2010年的3月初刊登启事，原定收费的版面全部放开访问。决定从2010年3月5日起，前四版内容长期免费，后面版面内容实行当天免费。据了解，网络版收费后阅读率一路走低。

此后，就少有报纸再提电子版收费这个字眼。

国内的信息消费环境并不适合报纸电子版实行收费制。一是互联网上的信息免费使用习惯；二是版权保护不完善，电子版所拥有的新闻，其他网站上都能免费提供，而且是报纸自己提供给新闻门户网站的，用户凭什么再来付钱订阅呢？三是同城报业竞争激烈，并没有形成信息垄断，你不免费上供内容，竞争对手也会抢着上供。这点很重要，美国的付费墙就是建立在一城一报基础上的。

数字化在加速报纸衰退

免费模式不仅使收费成为不可能，还伤害到纸媒价值，以加速纸媒衰退为代价，可以说是自掘坟墓。

比如，报业生产的Pad产品。

2011年6月，北青Pad正式发布，面向市场销售，成为国内第一个由传统媒体推出的移动互联终端。北青Pad提出的口号是："从北青报到北青Pad"，意指用Pad替代纸媒。

2012年6月，南方日报传媒集团也推出了它的移动终端设备——南都PAI。他的目的也是"南都PAI以电子终端设备取代纸张"。

那么，我们来分析一下这两种产品会对报纸产生什么影响。

这些举动的核心理念是：纸媒将被数字媒体取代。但是，这些产品都很糟糕，北青Pad在模具、做工、分辨率、精致程度，就算加上皮套都比不过其他终端。从产品出来到现在，北青Pad只卖出去5000多台，这其中还有很多是赠送的。南都PAI的销量则没有具体数据，只是听说，销量也很不好。

虽然这些产品卖得很不好，但对报纸的损害却很大。有了Pad终端的客户肯定就不会再订阅报纸。就以南都PAI为例，一位《南方都市报》本来的铁杆粉丝读者用912元购买了两年南都全媒体数字信息服务，免费获赠一台南都PAI，相当于订阅了两年《南方都市报》旗下所有的报纸，那么他肯定不会再订阅《南方都市报》。据《南方都市报》公布的材料，南都PAI的这种免费营销模式取得了巨大的成功。我在思考，这种成功越"巨大"，是否意味着《南方都市报》纸质版的发行下降得越厉害？

这种新媒体产品与报纸发行的关系是此消彼长的，它卖得越好，报纸发行就下降得越快。电子版、报纸新闻网站这些免费奉送内容的渠道都是这种情况。

关键是在现在这样一个大的形势下，纸媒已经承受不起发行上的任何损失了。发行下滑，报纸零售市场全面萎缩，订阅市场增长乏力。人们的阅读习惯发生深刻变化，报纸发行面临很大危机。在这样的形势下，报业自己创造自己的替代品，自己创造自己的掘墓人，这将完全是个悲剧。而且，这些产品在影响纸媒发行、加速纸媒衰弱之后，自身也没有发展起来。

面对新的形势，报业现在正面临深刻调整与转型，报业需要创新。但不可否认的是，无论如何都不能放弃或放松对报纸主业发展的关注。现在，报纸不仅是当前主流舆论传播的主阵地，更是当前绝大部分报纸的经济支柱，是报业横向纵向拓展的主要依托，现今几乎所有报业集团的转型所需投入的绝大部分来自于报纸主业。因此，报业面向新媒体的任何拓展方式，只要是影响到报纸主业的，都应该慎重考虑。报业数字化，不能以加速报纸衰落为代价。

第四节　形态自卑

新媒体所表现出来的那些诸如及时性、互动性、多媒体、趣味性、精准传播等特性，让报人们在羡慕嫉妒恨之余，就是深深的自卑。他们自卑报纸不具备这些特性，却丝毫没有认识到报纸自身也拥有一些新媒体所没有的特性。

2002年10月28日，"索尼科技周"上展示的电子纸e-Paper。（新华社发）

电子纸的劳心费力

深深自卑的结果便是向往新媒体，渴望变成新媒体，比如电子纸。

新闻出版总署在"数字报业实验室计划"中明确提出：鼓励报纸出版单位积极探索多种数字出版形式和经营模式，其核心是以电子纸张作为新型内容显示介质的主要实验方向和突破口。

2006年4月15日，原解放日报报业集团率先在iRex电子纸上展现和发布了全球第一份电子报纸，是其推广的4I战略中的"I-paper"；2010年5月20日，原解放日报报业集团在上海世博会的城市未来馆放置了一个电子纸，引来了很多人的关注，很多观众感到震惊。"一场颠覆阅报习惯的革命即将到来"，"'电子纸'将带来报业未来"，很多人这样感慨。此后，宁波日报报业集团、烟台日报传媒集团都相继推出了他们的电子纸产品。

国外也在实践。先后推出这种电子报纸的有美国《纽约时报》、《洛杉矶时报》，英国《每日电讯》，意大利《共和报》，比利时《比利时时报》，韩国《朝鲜日报》等多家报社。在此基础上，荷兰iREX公司还牵头成立了电子纸新闻联盟。[①]

电子纸所以被称之为"纸"，就是由于它正是作为纸张的替代品而被研发出来的，目前的电子纸具备了一些传统纸张的特性。介绍者称："报业对电子纸的尝试和探索，并不仅仅是为了把内容放在一个新的数字平台上，而是要通过这种新型介质，满足受众对新型内容和消费体验的需求，满足读者互动的需

---

① 汤景泰：《电子纸：颠覆纸媒的终结者？》，《新闻实践》2009年第9期。

求，满足广告主对精准传播的需求，从而重构报业的商业模式，寻找报业在数字内容时代的生存之道。"①

但是，最终电子纸被实践证明是失败的。原解放日报报业集团社长尹明华说："电子纸一直推不下去，iPad出来之后，电子纸更没有前途，幸好我们当初没有投入太多，所以，报业对新媒体的投入只能是尝试性的，否则投入太多，伤害很大。"其他几家也是差不多的结局。花了不少钱，却都没有推广开来。

电子纸跟报纸差不多的功能，但非常昂贵。2007年刚诞生时的电子纸全国零售价为9500元。那种可以折叠的电子纸还没有推广开来，现在主要是汉王科技产的电子书，很厚。也需要1千元左右一台。这样的价格，大家还不如去买台iPad，除了看报纸外，还有很多其他的功能。

更为关键的原因是它不能够让读者随性，不光是钱的问题。订一年的报纸才多少钱，订十年的报纸才多少钱，几千块买一张"纸"带在身上，却不能挡雨，不能垫脏凳子，不能当扇子，不能包饭盒，更不能随便地扔进一个垃圾桶。这样一个让人小心翼翼、又紧张兮兮的东西，却跟报纸一样的功能，要它做什么？

纸媒不可替代的优势

纸这种媒介，在很多时候，仍然有着不可替代的优势。

比如，随性的特点。

与其他所有的媒介相比，报纸更容易获得，有人称之为易得性。报纸不光价格便宜，而且渠道布点极广，非常易得。每个人上班下班买菜的路上就能在路边摊贩上买到报纸，如果订阅，直接到自家信箱去取就是。广播需要买个收音机，现在人一般在汽车里听广播，甚至需要一辆几十万的汽车；电视机需要几千元，现在数字电视每月需要收视费用；网络需要电脑，也是几千元，每个月还需要交宽带费；iPad也很贵，到上面下载的产品很多还需要另外交钱。

易弃性。想扔就扔，不想扔就送给收废品的老大爷。价格便宜，这是报纸的最大优势之一。一种媒介价格昂贵的结果不仅仅是要多花钱，而是更不方

---

① 庞春燕：《电子纸：能否领衔数字出版？》，《传媒》2007年第3期。

便。因为需要照看它，如果不是特别有钱的人，不能随意地毁坏，也不能随意地丢弃。谁会看完iPad上的东西就把机器随手扔进旁边的垃圾桶呢？但是报纸就可以，想扔就扔。

从容性。想看就看，不想看就放一边，以后再看，便于保存、收藏的优势。而网络则不稳定、易删除，电视画面转瞬即逝。报纸可从容地读，它既不催你，也不逼你。闲时拿起，忙时放下；既可对之匆匆一瞥，翻一翻，也可将它细细品味。既可以消磨时间，连标题符号都看过，也可以只看个标题，知道个大概就了事。既可以只欣赏广告画面，也可以不放过对己有用的广告的每一个细节。

随性，这是所有媒介都不具备的优势，也是报纸的核心竞争力之一。当然报纸还拥有很多其他媒介所没有的优势，比如对深度报道的展现，对观点的承载，对专业内容的展示，是某些广告类型的天然载体，区域特性等等。有些特点是其他媒介所不能替代的，所以，我们不能有媒介自卑的心理。

第五节　新闻自恋

跳出新闻模式的束缚

报纸新闻网站这么多年都没有起色的原因就是主打新闻，高估了新闻的价值，没有跳出"新闻"模式的束缚，遭遇"红海"竞争。

全国几乎每家报业集团都有新闻网站，甚至每个媒体都有新闻网站，加上新闻门户网站，在这无任何疆界的互联网平台上，那么多定位类似、内容雷同、功能一致的新闻网站，试图从中出类拔萃非常困难。

报纸在iPad上开发的新闻终端也是如此。报纸们按照惯例依然在做新闻终端。它们就必须面临两种激烈竞争，一是新闻终端的竞争，这种竞争远比同城间报纸大战来得激烈，那么多的媒体，远不止报社，都创建了新闻客户端，要想脱颖而出非常困难。二是必须直面iPad的全环境竞争，与每个用户越来越被分散的时间竞争。iPad并不简单等同于媒体终端，它是一个极度多元化的娱乐平台。报纸iPad新闻终端必须面对几大竞争对手：游戏客户端、微博、QQ等社会化媒体终端，这些东西远比新闻类终端有意思多了，也更具吸引力。

数字时代，我们需要重新审视传统媒体这种对新闻无限崇拜的自恋情结。

首先，必须弄明白第一点，新闻并不是人们接触传媒的全部。人们与媒体接触的需求是多元的，看新闻绝不是唯一目的，更多的是：娱乐、社交、表达、通讯、群体认同……新闻，甚至沦为最不经意的需求。这一点，在新媒体上表现得更淋漓尽致。

媒体也不仅仅只传播新闻。新媒体可能跟新闻一点关系都没有。QQ的主要功能是即时通讯，弹出新闻页面只是它的辅助功能；百度的主要功能是集纳，只是个信息搜索的平台；微博主要满足的是人们表达的需求；购物网站是购物平台，跟新闻一点关系都没有；社交网站满足人们社交的希望，也跟新闻没有一点关系；婚恋网站是个网络媒婆，跟新闻没有关系。

利用人性的弱点

曾看到一篇分析文章，对新媒体的诠释很到位："互联网服务利用了人性的弱点"。团购、秒杀，是利用了人性的贪婪；美女社区、美女玩家，这是利用了人性的色欲；打怪升级、QQ靓号、微博，则是利用了人性的虚荣；网购是利用了人性的懒惰。还有什么新闻的吸引力能够战胜人性的弱点呢？

现在，即使是传统的以新闻发家的新闻门户网站新浪、搜狐、网易，也在努力发展别的东西，新浪力推微博，搜狐在做视频，网易在做游戏。新闻被这些新闻门户网站逐渐边缘化的过程将愈演愈烈。

这些网站都没有继续在新闻上下工夫。

脱离新闻

报纸要数字化，要运作新媒体，脱离新闻或许是个好选择。2010年广州亚运会前夕，《南方都市报》在iPad上发布了"广州亚运指南"客户端，结合移动互联网地理位置服务，为手机用户提供有关亚运会的资讯，还提供亚运场馆周边旅游、交通、餐饮、住宿信息及地图导航服务。在iPad上收费1.99美元。

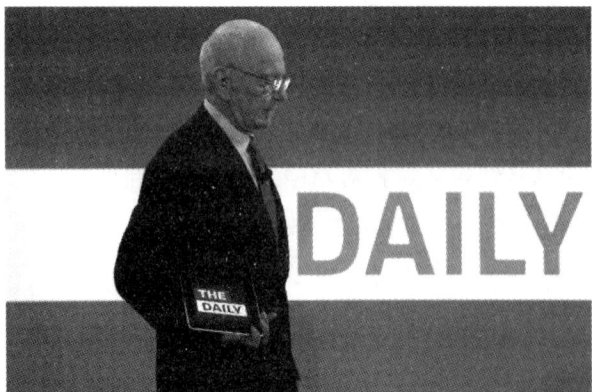

2012年12月3日，《The Daily》 关张，默多克黯然走过显示屏。

这个客户端在苹果商店上架不到一周就跃升为体育收费类销售榜第一位，成为《南方都市报》第一个实现收费的新媒体产品。

报业数字化，就应该适应这种趋势，跳出"新闻"的束缚，创造出新的赢利模式和赢利途径。《国家地理》每期杂志都会基于一个故事设计一个游戏，为此支付开发费用高达15万美元，但是下载量很高，而且是付费下载，《国家地理》通过下载收费取得了不错的回报。

2012年12月3日，默多克在iPad上的新闻终端《The Daily》在创办两年后以关门告终，很多人在分析它关门的原因，但我认为，最重要的原因是默多克的新闻自恋情结酿成了《The Daily》失败的后果。

事实上，报纸数字化这二十年来，在告诉人们哪些不能做方面非常成功，但是在告诉人们哪些能做方面，却非常失败，这是值得深思的。不怕走得慢，最糟糕的就是在错误道路上越走越快！

报纸衰退中的战略选择

面对报纸的衰退前景，我们既不能盲目乐观，也不必绝望悲叹，最关键的是选择正确的战略方向和战术动作。

本章核心观点：

内部分工和产业垂直一体化是衰退产业的特征

报纸衰退速度要比新媒体缓慢得多

收缩战略是饮鸩止渴的举动

向上、下游相关产业延伸形成新的利润来源

裁员的举措轻易不能祭出

报业广告在衰退中应介入销售环节

事实上，不仅仅只有报纸，在过去、现在，有很多的传统产业在走向衰退。钢铁、纺织、造纸、机械、化纤，等等。当然，一个行业衰退之后，并不意味着这个行业就一点机会都没有，还是有很多的企业由于各种各样的原因留在衰退行业中，在努力寻找突破的机会和方向。

衰退确认无疑，但应对衰退的战略却有悲观与乐观的区别。乐观者积极向上，往外延伸拓展，试图寻找出路和方向；悲观者走的是收缩战略，压低成本，最大化产出，将各种资源现金化。这两种战略，并没有优劣好坏之分，所谓虾有虾路，蟹有蟹道。不同的思路、不同的选择，只有最合适的，没有最好的。

第一节　报纸衰退从多元化开始

亚当·斯密在《国富论》中提出了"市场容量限制劳动分工"的著名定理，这个定理较好地解释了产业演化的一般规律，之后许多经济学家进行了补充和完善。在斯密定理的基础上，施蒂格勒提出了产业生命周期假说：在一个产业的新生期，市场狭小，因此再生产过程的各个环节规模较小，不足以——

分化出来，由独立的专业化企业承担，所以这个时期该产业的企业大多是"全能"企业，分工主要表现为企业内部分工——企业参与从材料生产到产品销售的全过程；而随着产业的发展和市场的扩大，各再生产环节的规模大到足以独立进行时，企业内部分工便转化为社会分工，各专业化企业承担起各企业再生产环节；在产业衰退期，随着市场和生产规模的缩小，各再生产环节只得重返"娘家"，社会分工又转化为企业内部分工。由此，施蒂格勒还指出"社会分工转化为企业内部分工和产业垂直一体化是衰退产业的特征"，这从本质上是衰退产业向上下游相关产业的延伸。

从这个理论分析，报业的衰退从报业开始实施多元化就已经初显苗头。当很多城市的报业市场格局初步稳定，挑战者再怎么努力也无法扰动时，报业就开始由极盛转衰了。只是当时的报人们，还没有意识到这种衰退已经来临，很多报社仍然在拼命扩大再生产，新上各种印刷厂，花费几个亿购买最先进的、能一个小时出报100万份的印刷机，却不知这种机器很快就会无报可印。

近两年来，报业的这种衰退趋势更加明显。2013年的中国报纸广告依然处于困顿中，没有好转迹象，1—11月报业广告总体下降8.1%，降幅超过2012年，寒冬继续着。1—11月传统媒体广告增长6.4%，其中，电视增长9.6%，广播增长3.3%，户外下降2.0%，报纸下降8.1%，杂志下降7.0%。

2013年1—11月，在报纸广告的前20个行业中，只有房地产、活动类和家用电器三个行业保持增长，其中房地产广告增长17.6%，活动类增长13.1%，家用电器增长1.7%。在前三个关键行业中，商业零售业和汽车广告下降趋势没有变化，分别达到11.5%和25.5%。另外，药品广告降幅48.8%，食品广告降幅26.2%，医疗保健机构下降30.1%，邮电通讯下降22.3%，金融业下降10.6%。[①]

在报纸发行方面，据世纪华文全国报刊发行监测数据，2013年上半年，全国报纸总零售量环比下降8.87%，达到历年下降最高值。下半年发行市场的表现更令人失望——截至11月底，环比下降2.16%，同比下降10.83%。截至2013年11月底的数据显示，从区域分布来看，在全国五大区域中，实销率只有华中地区略有增长，其他四大地区均为下降，其中华东地区的降幅达到9.31%；从

---

① 姚林：《中国报业冬季还未过去 转型是唯一出路》，《中国报业》2014年第1期。

报纸类别来看，IT类报纸和财经类报纸近几年的销量持续走低，2013年的下降幅度仍然较大；2013年都市报尽管销量仍继续保持领先地位，但销量出现普遍下降，只有个别城市的都市报处于上升态势。①

从企业战略的角度，我们不难分析出，导致报纸衰退最主要的原因是技术替代和需求变化。技术变革带来新的替代品，或者通过显著的成本下降与质量的提高改变了原有的产品或替代品的竞争力。毫无疑问，这个替代产品便是各种形式的新媒体。

现在技术进步的速度越来越快，每一种新兴媒体的生命周期也变得很短，从先前的新闻门户网站、博客，到微博、新闻客户端，又到现在的微信，城头变幻大王旗的速度越来越快。美国学者乔纳森·尼等说："新媒体企业多达数千个，幸存下来的却寥寥无几。"关键是，上网门槛很低，新媒体要面对无数的竞争者。"新贵们几乎没有时间细细品尝'成功'的滋味，他们必须跟想要分块蛋糕的所有新军对抗。"②上网新军源源不断，没有特别优势的新媒体都大批死亡。传统报纸由于有其自身传统优势，其衰退速度要比这些新兴媒体好得多，但不可否认，在这么多层出不穷的替代品面前，衰退还是不可避免。只是衰退的进程要慢一些而已，但最近几年，报纸衰退有加快的趋势。

第二节　应对报纸衰退的收缩战略

当感觉前景黯淡时，有两种思路可以选择：一是产品创新，积极拓展延伸，找寻突破之路；二是收缩撤退，在现有市场中迅速变现，以更好地转型到其他领域。大部分报社都会选择前者，当然，也有一些报社采用收缩战略，这是个饮鸩止渴的举动，就像个"收割—衰退螺旋"，在不停地旋转，越转越快。

---

①　田珂：《2013年中国报业发行市场盘点》，《中国报业》2014年第1期。

②　乔纳森·A·尼等：《被诅咒的巨头》，中信出版社2013年，第73、83页。

收割战略①

"收割"是采用得比较多的战略动作。执行收割战略时，企业要实施的核心是节约成本，也就是开源节流中的"节流"，在"开源"乏力的情况下。然后就是从业务拥有的任何残留优势上谋取收益，以提高价格或从过去的公信力等优势中获利。

报纸大概有以下几种收割战略可供选择。

1. 报纸涨价

2013年以来，有几家报纸进行了涨价，如《环球时报》零售价从1.2元涨至1.5元，《华夏时报》和《中国经营报》也从3元涨到5元。在香港地区，2012年9月，香港《信报》加价2港元到每份8港元，此后2013年1月英文报纸《南华早报》加价1港元。至此，半年多的时间里已有8家收费中英文报纸加价。这是香港收费报纸从2000年由5港元加至6港元后，再次掀起的又一次加价潮。《星岛日报》、《明报》、《经济日报》等，也纷纷加入涨价的行列。

报纸涨价的直接受益就是增加收入，《华夏时报》总编辑水皮在谈及这一波涨价时认为："占便宜"了，从3元／份涨到5元／份，按照近6万份的订阅量来计算，一年100期报纸，一期涨两元，《华夏时报》订阅发行收入一年就可增加1200万元。②

在国外，著名的《纽约时报》自1995年以来，多次调高报纸的零售价格。特别是2007年美国次贷危机爆发后，纽约时报公司为应对广告收入锐减、收支连番赤字以及发行量减少等问题，调高报纸售价的频率明显加快。2007年，《纽约时报》全美的报摊售价提高了25%，由1美元涨至1.25美元。2009年，纽约时报公司又将零售价格调高至2美元。2012年年初，《纽约时报》的零售价格继续上调至2.5美元。③

还有广告的涨价，虽然报纸情况如此糟糕，但是每年报纸单版广告的价格仍然在不停地上涨，至少从刊例上看就是如此。

---

① 迈克尔·波特：《竞争战略》，华夏出版社2005年，第239页。

② 《华夏时报：因涨价多赚了1000万元》，《中国新闻出版报》2013年8月27日。

③ 申琰：《纽约时报：主售数字内容的"互联网公司"？》，《中国记者》2013年第9期。

2. 减少出版频次

从日报改为周五报，再改为周报，再改为月刊，直至不出刊。一般一份日报在倒闭之前都会遵循这个进程。

2012年5月，美国的Advance出版集团宣布，《皮卡尤恩时报》在秋季将改为一周三天出版。Advance出版集团认为，这样变为周三报，既能节省印刷、纸张投入以及投递成本，还使NOLA.com网站成为其新闻和业务增长的中心。除了《皮卡尤恩时报》，这个集团还有33家报纸正在采用这种模式。

减少出版频次、实现收割的原因，在于广告主要集中在报纸一周中的几天。在美国，从理论上说，很少有广告商会安排在星期一、二、六做印刷广告。而在中国，周三周四周五的广告的投放最多。因此，短期的降低出版频次在大幅降低成本的同时并不会太影响广告投放。当然，这仅仅是理论上的推论，广告商对周日和其他几个工作日的广告投放是建立在平时连续出版的影响力基础之上的，一旦报纸变得不定期，它的影响力就会迅速衰减，广告投放必然下降。这也属于收割战略的一条路径。

3. 报纸减版

从上世纪90年代以来，厚报模式一直是都市报的利器。动辄一天一百版以上，甚至还创下过一天500版的"纪录"。[1]

但是从2012年以来，在广告大幅下滑以及报社节约成本诉求的共同作用下，大部分的报纸大幅减版。前几年，《北京青年报》工作日对开一百个版是常态，但是2012年年底以来，报纸版面逐渐下降，工作日对开七八十个版面，休息日甚至只有二十个版面。报纸减版的趋势已经越发明显，现在市面上绝大部分都市报都在减版，我多年前预言的报纸变薄的趋势真的已经成为趋势。[2]

据中国报协最近对全国76家报社2013年上半年用纸量的统计数据来看，76家报社2012年上半年用纸量为81.071万吨，2013年上半年为75.6684万吨，减少了5.4026万吨，同比下降6.6%。[3]这主要是报纸发行量下滑及报纸减版所致。很多都市报都在悄悄地减版，以减少减版的负面效应。

---

① 陈国权：《再论厚报的不合时宜》，《中国报业》2008年第8期。
② 陈国权：《厚报不合时宜　变薄已成趋势》，《中国报业》2006年第1期。
③ 范海波：《中国报协2013年新闻纸市场信息交流会综述》，《中国报业》2013年第10期。

4. 裁员降薪

人力成本高昂，裁员减人倒是很好的节流方式，其代价是报纸新闻质量的降低和队伍的不稳定。美国报业编辑协会的年度员工调查显示，2011年新闻编辑部门的全职专业工作岗位净减少1000个。进入2013年，买断工龄、裁员依然接连不断。但这是美国的情况，如果是在国内，报社裁员就会遭遇很多问题，维护稳定在某些时候的代价是极其高昂的。不用说报社的事业编制人员，即使是发行公司的聘用员工在遭遇裁员时都会引发剧烈的反弹。

2014年1月1日，《新闻晚报》无限期休刊，上海报业集团只能接收三分之二的员工，至少有100人要被扔到社会上面临失业再就业，[①]众人唏嘘。与裁员相比，降薪或许是更"柔性"一些的选择，降薪或者长期不加薪的结果是员工的主动流出，而非被裁员。报社主动裁员的举措，不到关张倒闭都不能也不会轻易祭出。

迅速撤资战略

在衰退阶段尽早清算资产，卖给更傻的接盘者。美国报业早已开始了撤资战略。2013年1月，甘尼特公司宣布它将搬出1917年来的办公场所——《底特律新闻》大楼，也将卖掉其在纽约州罗切斯特市的前总部大楼。更多的交易是整个报社的出售，《华盛顿邮报》以2.5亿美元卖给了亚马逊创始人杰夫·贝索斯。2013年9月3日，新闻集团宣布将道琼斯旗下地方报纸业务出售给Fortress投资集团，道琼斯旗下地方报纸业务他们刚买来不久，集团CEO罗伯特·汤姆逊表示地方报纸已不符合新闻集团总体战略。

美国报业由于有着完备的产权制度，近几年所有权交易越来越频繁。2011年，巴菲特购买了《奥马哈世界先驱报》，房地产大亨道格拉斯·曼彻斯特购买了《圣迭戈联合论坛报》。2012年5月，巴菲特的伯克希尔哈撒韦公司以1.42亿美元的较低价格购买了媒介综合集团除《坦帕论坛报》及其周刊外的所有63家报纸。此后，巴菲特还收购了几家更小的报纸以及中等规模的报纸。

《纽约时报》为摆脱困局，近几年已经连续多次资产出售。2007年，纽

---

① 高四维：《新闻晚报今起休刊 三分之一员工或面临失业》，《中国青年报》2014年1月1日。

约时报公司出售了旗下9个地方电视台和广播媒体集团，这是纽约时报公司正式从此前的扩张之路转向"瘦身"之旅的开始。2010年，公司转让了2002年收购的波士顿红袜队母公司——新英格兰体育风投公司的一部分股权；2011年，又出售了其所剩股权的一大半。2011年年底，纽约时报公司还将美国东南部和加州的地区性报纸以1.43亿美元的价格出售给哈利法克斯媒体集团，以求削减运营成本。2012年8月，又以3亿美元现金将旗下的About.com网站及ConsumerSeach.com等三个网站出售给Barry Diller旗下的IAC。

实施撤资战略的前提是及早出售，一旦衰退趋势非常明显的情况下，资产购买者将占据很强的谈判地位，比如美国的报纸收购案，近期的价格就要比前几年价格便宜得多。2013年8月2日，《纽约时报》宣布把旗下的《波士顿环球报》及其新英格兰媒体资产以7000万美元的低价出售给波士顿红袜队主要所有人约翰·亨利。[1]而1993年纽约时报公司收购该报支付的是11亿美元巨资，相差15倍。2012年4月，一地方投资集团以5500万美元收购《费城问询报》和《纽约每日新闻》，但是这个售价几乎正好是另一买家在2006年购买价格的十分之一。

而对于国内一家报社来说，其资产构成不外乎以下几项：办公大楼、土地、办公设备、印刷厂、人力资源。办公大楼、土地、办公设备无需撤资，在哪个产业基本上都能使用，办公大楼如果作为物业出租甚至可获得比办报更高的价值。在这些资本要素中，只有印刷厂需要实施撤资战略，但印刷厂的撤资却非常困难，报社印刷厂的印刷机器高度专业化，非本行业则无法使用。现在的可行做法是报社印刷厂的机器由一线城市向二三线城市转移，或者由东部发达地区向西部地区转移。这也是迅速撤资战略的表现。

至于整个报社资产的转让或出售，由于体制的问题，报社都是国有资产。因此，不到万不得已，一般的报社不可能在前景还不太明朗的情况下，就为了迅速撤资而贸然出售报社资产。

收缩战略导致恶性循环

事实上，诸如此类的收割战术可以说是饮鸩止渴的行为，提高价格、降低质量、中止推广等，以及其他收割战术将导致报纸更迅速地丢失市场份额。比

---

[1] 新华社新闻研究所国际传播研究室：《国际知名媒体转型之路》（内部资料）2013年。

如报纸涨价，涨价之后，报摊主纷纷吐槽："价格一涨，更卖不动。"[1]报纸的获利也仅仅是暂时的。收割之后，或许离倒闭也就不远了，须慎重采用。

美国报业的收割战术也遭遇困境。专业报道人员数量的大幅减少是收割战术的重要表征。发行量达30万份的《华盛顿观察家报》（The Washington Examiner）宣布停止日报发行，改为周刊，同时减员78人。美国报纸职业记者和编辑的数量与2000年相比，已经下降了30%，接近1978年以来的最低点。《纽约时报》自2008年开始对采编人员已经进行了3轮裁员，境况一直不错的《时代周刊》在2013年年初也减员5%。

专业采编队伍缩水的直接后果是原创内容和深度报道数量大幅下降。赫斯特旗下的《西雅图邮报》裁掉了160名记者编辑，只保留20人作为"新闻搜集员"，要让"新闻搜集员"做出高水准的独家内容显然不太现实。

传统媒体在时效性和现场性上难以同新媒体竞争，独家新闻、专业深度报道本来是传统媒体用以抵抗新媒体进攻的阵地，报道内容和规模的下降使其更缺乏竞争力。皮尤中心在调查时发现，有近三分之一的人在过去一段时间决定放弃关注某一特定媒体，而在这些人当中，有61%的人做出这一决定的主要原因是认为媒体所提供的新闻不够广泛全面。

传统媒体受众的流失速度非常惊人，2006年，30岁以下的美国人中，还有42%在关注地方新闻的报道，但是目前这个比例已经下降到了28%。与此同时，越来越多的年轻人将社交网站作为获得详细新闻的主要媒体平台。受众减少导致运营艰难，继而导致裁员，裁员又令内容质量下降，于是失去更多受众，报业如此就陷入了恶性循环。

如果报业维持利润是依靠大量裁减人员、减少出刊等牺牲内容质量的办法实现的，这无异于饮鸩止渴，国外已经有前车之鉴，就像个"收割—衰退螺旋"，正在不停地旋转，越转越快。

---

[1] 《华夏时报：因涨价多赚了1000万元》，《中国新闻出版报》2013年8月27日。

第三节　应对报纸衰退的扩张战略

在一个衰退的产业，却要"扩张"，这不是死得更快吗？

在衰退产业的扩张是有条件的扩张，包括内部分支的扩张和向外部行业的扩张，也包括产品的创新与突破。这些都属于扩张战略。

领导战略

一个正在衰退的行业，并非一点机会都没有。一旦成为一个领域的领导者，至少在很长一段时间里，仍然有利可图。要成为一个领域的领导者，就必须实施局部扩张战略。

从报纸角度看，由于报纸发行受区域的限制，全国的报业市场被分为由一个一个区域组成的区域报业市场，报业的领导者就是指区域报业市场的领导者。事实上，从上个世纪90年代中期都市报诞生以来，爆发在各个城市的报业大战从本质上说就是一场争夺谁是领导者的战斗。

在市场份额方面争取领导地位。报社的目标是成为当地报业市场中仅存的一个或少数几张报纸之一。一旦达到这个地位，报纸就能够依靠垄断地位继续获得利润。

2012年年底，报业业绩盘点最抢眼的要算大众报业集团，大众报业集团2012年的财务利润达到7亿多元，这在一片萧条的报业中煞是惹火。除了其占领有线电视渠道市场份额之外，报纸本业也贡献了很大一部分收入与利润。其根源在于大众报业集团的区域报业整合战略使其成为整个山东报业市场当之无愧的领导者。

大众报业集团通过"产权联合，利益联结，行政推动，文化融合"的方式，以《大众日报》为龙头，整合地市党报，以齐鲁传媒、半岛传媒为平台，推进跨地区的兼并重组，从2009年开始相继与潍坊报业集团（2009年）、临沂日报报业集团（2010年）、菏泽日报社（2012年）以及青岛报业传媒集团（2013年）战略合作，共同经营《潍坊晚报》、《沂蒙晚报》，控股经营《鲁南商报》，统一运营《牡丹晚报》。在一个相对较为封闭的区域市场中，大众报业集团扮演了领导者的角色，即使行业在衰退，也能获得丰厚的回报。

领导战略的结果将是一城一报的格局，这里所谓的"一报"特指都市报，而不是党报，党报的情况比较特殊，党报肩负责任和使命，有很多非市场的因素影响，有时并不可以用市场规律来预判，特将党报排除在分析之外。从2012年起所谓的报业危机很大部分是由于都市报的市场份额下降而体现出，都市报是大部分报业集团的经济支柱，都市报产生的危机必然带来整个报业的"危机"。[①]

都市报在困境面前，领导战略行为将发生作用，"第二子报"将首当其冲，成为最先的牺牲品。上世纪90年代中后期，都市报获得的巨大的成功以及"暴利"前景，使新的都市报纷纷进入市场竞争中，另一方面，为应对新的竞争者，一些报业集团开始以"护卫舰"或"防波堤"的目的成立了第二张都市报，定位基本雷同，以与对方阵营的主报竞争，也不得已地与己方阵营的主报竞争。比如北京的《北京晨报》、《竞报》、《法制晚报》、《信报》、《华夏时报》当时皆是以上两种情况。但时至今日，报业之间面临共同的对手——新媒体，报业竞争早就过了"攻城略地"的阶段，不需要开疆拓土。报纸也早已"非暴利"。在这样的形势下，继续亏损苦苦支撑一个"第二子报"已经没有任何战略价值。一旦某个都市报成为真正的"领导者"，第二子报可能最后仅仅剩下一个刊号以及一大堆债务。

局部领导战略

局部领导战略在我看来，就是占据细分市场，创造或捍卫在某一特定细分市场中的优势地位。比如，在雪茄烟产业里，一个主要的细分市场是高价位细分市场，这部分需求不受替代品的影响，拥有对价格不敏感的客户，较为稳定。报纸也是如此。

即使是在产业的衰退时期，那些能够在某一细分市场中保持竞争地位的报

---

① 陈国权：《哪类报纸最先消亡？》，《新闻记者》2013年第1期。

纸仍然能够获得高于平均水平的利润，这也是报纸衰退中的局部扩张战略。当然，从报纸角度，现在要发现某一细分市场已经很难很难。

报纸发展到今天，已经产生了很多分支，也就是各个不同的细分市场。党报、都市报、地铁报、文摘报、县市报、晚报，几百种不同的行业报就是几百个不同的细分市场，不同的专业报也是不同的细分市场。局部领导战略在上世纪90年代中期就在报业被成功地应用过。上世纪90年代中期，当党报这个细分市场开始出现透明的天花板时，报人们找到了都市报这个巨大的细分市场。在内容上，大规模的舆论监督，大篇幅的社会新闻、家长里短，高密度的新闻策划、活动。在经营上，敲门发行、"扫楼"、"洗街"，广告则实行代理制。管理上，打破铁饭碗，采用市场化绩效考核机制，能上能下，能进能出……与传统党报完全不同的细分内容，满足不同的细分需求，使都市报这个细分市场繁荣昌盛。但发展至今，都市报这个细分市场已经开始变糟糕，接下来，该找到哪个细分市场？

社区报是都市报寻找到的一个细分市场，对身边人的关注是人们对于报纸的强烈细分需求。2009年8月，《新闻晨报》社区报正式推出，与50多个街道合作创办了各个街道的社区报。在上海浦东新区就有《花木社区报》、《陆家嘴社区报》、《潍坊社区报》；在静安区基本实现了全覆盖，有《南京西路社区报》、《曹家渡社区报》、《江宁路社区报》、《石门二路社区报》、《静安寺社区报》等。这些社区报针对各个小区，刊登一些细得不能再细、但本社区人都关注的新闻，谁家的孩子要结婚了，25号楼的老中医为邻居开药方，9号楼三个老太太打麻将三缺一……每月一期，或每周一期。据统计数据，每份社区报单期发行量约为2—5万份，发行量超过了100万份，覆盖了上海市3000多个小区。

更多的报纸采用的是"深耕"社区的方式，深挖社区报业资源。《楚天都市报》从2008年始开展深耕社区计划，记者几乎全部"入驻"武汉中高档社区业主群，每周至少半天在社区挂职。在开展一系列社区活动的同时，更注重以"推"的方式点燃社区居民的热情。其海选"江城十大最美社区"活动总投票人次过亿。

不同的专业报行业报也是仍然没有"变坏"的细分市场。中国邮政集团公司报刊发行局公布的发行订阅数据显示，2012年，在都市报发行量大幅下滑的背景下，行业报、党报的订阅数据都没有下滑，甚至还有一定程度增长。那么，在行业报领域，成为某个行业报的局部领导，仍然大有可为。

产业延伸战略

产业延伸就是以衰退产业的核心产品为平台，向上、下游相关产业延伸来形成新的利润来源。产业延伸是产业的分化与重组的过程，也是衰退产业或成熟产业与新兴产业结合的过程，通过延长产业价值链，突破传统的产业界限。这一过程不仅有助于维持原有产品的市场地位，报业还可以通过在此基础上积累的经验和能力，在价值链的相关环节获得成长并取得利润。这是典型的外部扩张战略。

20世纪80年代GE（通用电气公司）的振兴在很大程度上归功于向服务业的成功延伸，GE并未放弃机车、电力设备、医疗设备等已出现衰退的制造业，而是在这些行业的基础上，成功地进行了服务业的产业延伸，主要是金融服务、医疗服务、咨询和售后服务等。这些在制造业基础上延伸并发展起来的服务业，已经成为GE主要的利润来源。

产业延伸的机理在于，当某一产业出现衰退时，产业价值链的其他环节并不一定会衰退，相反可能还有较大的市场潜力和较强的获利潜力。在这种情况下，企业可以通过相关产业的延伸，获取新的利润源。①美国衰退产业火车机车制造中，机车本身的价值只占整个产业收入的5%以下，而为机车服务的相关产业占整个产业价值的95%以上。衰退产业突破传统制造业边界限制，向消费者延伸，可大大提高衰退产业的整体利润率。

现在的广告市场，展示性的广告已经衰微了。甚至有人断言，不出5年，市面上将再也见不到展示性的广告。而现在的报业，对展示性的广告依赖依然很严重，必须拓展报业广告市场。

国外有一种"销售额保证模式"，《深圳商报》将其发展为"新三包"。报社办了一个营销公司，包品牌策划、包广告投入、包销售代理。先寻找某种市场前景不错的产品，通过谈判获得销售代理权，再帮它策划广告宣传，然后

---

① 陆国庆：《衰退产业中企业创新的方向与路径》，《中国工业经济》2002年第9期。

在报纸上做广告，再按照销售代理额的一定比例提取广告费。这样，传统的展示性广告模式就延伸拓展到更有前景、更有附加值的销售代理领域。

《深圳商报》的"新三包"实际上是"销售额保证模式"的中国化。《山西日报》则走得更远，它直接入股成为广告主所在企业的一名股东，提出"媒企结合，互利双赢"的经营思路。以报社的广告版面作为投入，企业以资产作为投入，进行股份合作。最成功的合作项目是山西玄中酒业有限公司。玄中酒是山西交城县酒厂的产品，由于各种因素的制约，工程濒临倒闭。《山西日报》经过调查后分析认为，这个产品有发展潜力，只是市场还没有打开。他们同酒厂洽谈，以报纸版面入股与酒厂合作成立了山西玄中酒业有限公司，负责产品广告和企业形象的宣传。一年中，就发布了200多万元的玄中酒专版广告。还用版面与其他媒体交换，进行广告"轰炸"，形成了玄中酒的立体宣传攻势。一年下来，玄中酒厂焕发了生机，销售突破1000吨。报社也获得效益，除了广告版面费之外，还拥有了酒厂的股份。①

河北日报报业集团旗下的《糖烟酒周刊》则将产业延伸到会展业、销售代理业。《糖烟酒周刊》采用会员制，有几万名读者，也就是几万名经销商会员。在刊物上厂家做广告，是把会员资源论"片"卖；当组织几百个经销商开会，厂家来做广告时，是把会员资源论"筐"卖；三个月之后以厂家接货的首单提成，按照销售效果收费，这是把会员论"个"卖。

现在的报业广告在衰退中，必须介入销售环节，才能够依靠新的赢利模式获得生机。华商传媒集团的思路还更前卫，借助现在流行的大数据和移动互联网技术，华商传媒集团设想，在介入销售环节之后，建立各种各样的微信群，这个群里的客户一定会关心房屋质量、二手房价格、汽车保养、装饰等信息。再利用这些微信群所建立的稳固的关系和精准的客户需求，提供更有附加值的服务，获得赢利。这样，报纸除了从各种客户那里获得广告费、销售费外，还能获得中介费、服务费、再次推广费等。

产业再造战略

产业再造是以衰退产业为核心，通过产业创新的手段，创造或进入新的产

---

① 张立伟：《传媒竞争：法则与工具》，清华大学出版社2007年，第89页。

业的战略动作。在报业转型中，它体现为平台再造，应该包括三层含义：

竞争规则创新。由谁来制定游戏规则，这很重要。报业这些年来的新媒体实践无法成功的主要原因是没有游戏规则的制定权，老是屁颠屁颠地跟在别人后面跑，出一个新产品，就跟着上一个新项目，永远找不到北，永远没有核心竞争力。衰退中的报业应设法从根本上改变游戏规则，成为某个产业的领先者。但非常不幸的是，现在还没有看到有哪家报社创造出此类产品或技术。

产品结构升级。在报业转型的实践中，产品结构升级的典型案例是报纸的数字化，这也是产品结构升级的方式。但报纸数字化之后却与其他数字产品没有明显区别，没有明显优势，这也是报业数字化转型遭遇挫折的主要原因。产品结构升级还应包含报纸产品细分化，报纸分化成不同的报纸种类，实现分众化，定位于细分人群或细分需求。报业正在如火如荼地进行这个升级过程，前景可期。

进入全新产业。经常在微博被引用，作为不思进取、没有及时转型、最后被苹果三星所替代的诺基亚公司，曾经是产业创新的弄潮儿。诺基亚在上世纪80年代以前一直处于衰退严重的林业和造纸业，上世纪90年代初期才开始产业创新，进入与林业、造纸业完全不搭界的通讯行业，并成为通讯产业的创新者和领导者，一领风骚几十年。

报业这些年正进行的多元化拓展，正是产业再造战略的具体表现。报业面向其他行业的拓展，并不仅仅局限于传媒。报业运作房地产项目、投资银行、甚至煤矿、通过基金进行各种投资、进入游戏行业等，都是报业离开衰退中的报纸，进行产业再造的具体表现。但其中关键是报业所进入的行业，不应该是竞争充分、已经高度成熟的产业，比如煤矿、房地产；而应该是新兴产业，比如游戏、会展等。

报业投资演化路径及转型价值

通过投资，找到转型的方向，这应是报业投资的主要目的。

报纸扩大再生产有一个限度

专业的人做专业的事

报业需要一个新的"篮子"

必须寻找IPO之外的投资变现方式

改良成就不了新媒体

新闻只是制高点

找到用户就能找到市场，找到未来

中国传媒投资年会是由中国传媒论坛学术委员会和史坦国际主办的，其中的"最具投资价值媒体评选活动"从2004年开始。但我所能找到的资料显示，2011年是最后一届，此后再无此活动公开显示。

确实，传统媒体已不再是暴利行业，投资价值越来越小，又怎么评选呢？

报业更是如此。曾经，报业融资上市的话题火热非常；而今天，已经很少有人在文章中讨论分析报业融资。报业在衰退中，利润越摊越薄，空间越来越小，前景渺茫的行业，除非有很好的项目，又能从谁那里融到资呢？

融资是被动的资金获取方式，而投资是主动的资金获取方式。对于现在的报业来说，投资更有探讨的空间。本章①就专门探讨报业多元化投资对于报业转型的价值及未来可行性。

第一节　报业扩张之路

前些年，报业谈得最多的就是"天花板"，意即报业发展到一定空间后，

---

① 本章主要来自于对华商传媒集团与浙江日报报业集团的调研。

就面临停滞，由此，报业开始了"三跨"之路，也就是跨区域、跨媒体、跨产业。

透明天花板

报纸广告的占版率是个让报人很纠结的问题，广告少了，占版率低，读者高兴，自己不高兴；广告太多，占版率高，读者会投诉，但自己开心。为了让读者开心，就必须将报纸广告的占版率维持在一定程度上；而为了自己开心，就必须在广告多时，不停地扩版扩版再扩版。当然，报纸不可能无休止地扩版下去，广告也不可能一直多下去，到了一定时候，报纸的广告就到了极限，不可能再增加了。就到了人们常说的报纸广告的"透明天花板"。

报纸发行量也是如此，发行量越大，广告商高兴，但发行量太大了，成本受不了；发行量太小，成本降下来了，但广告商不高兴。所以，报纸发行量也有一个限度，到了那个点之后，就不适合再无休止地增加。这是发行量的"透明天花板"。

一个城市广告容量有限，蛋糕不可能永远在做大，到了一定时候，一个城市的报业广告就维持在一定程度，无论怎么努力，广告量也增加不了。这是区域市场空间的"透明天花板"。

一个城市的报纸间有竞争，当后起者通过努力还能够占得更多市场份额，搅局者能够搅局，这说明这个城市的报业还有空间；而当搅局者再怎么搅动，也抢不到多少市场份额，格局仍然没有什么本质变化时，那就说明，"透明的天花板"到来了。

突破"透明天花板"，成为报业发展到一定阶段的必然选择。

扩大再生产

当发展受限时，最先的反应便是扩大再生产。扩大再生产，就是生产规模比原来扩大的再生产。对于报纸而言，扩大再生产的方式应该包括三个方面：从内容上，增加版面内容，提高内容采写能力，增加记者编辑的人手，增加办公室；从发行上，提高发行量，增加发行员数量和发行车数量，最重要的是提高印刷厂单位时间印刷能力；从广告上，吸引更多广告投放，增加报纸版面容量，增加广告业务员。

上世纪90年代初，报业的盈余主要用在扩大再生产，当然，当时的报业盈余也比较少，大部分的报社，特别是地市报甚至是在亏损，主要依靠财政支持。一部分有盈余的报社将盈余用于投资印刷。上世纪90年代中期，随着晚报都市报模式的出现，报业竞争初显，报业开始了一轮印刷投资热潮。1996年12月1日，由广州日报报业集团兴建的广州日报印务中心正式奠基，建筑面积52000平方米，总投资10亿元。1998年，印务中心二期工程投入使用，两期总投资达15亿元，每小时印刷能力达564万对开张，成为当时国内规模最大、亚洲最先进的印务中心。巨额的印刷投资换来的是领先对手的扩版和厚报，而这则带动了发行量的上升，从而增加广告，遥遥领先于当时的对手。

当然，报纸的简单扩大再生产是有限度的。比如发行量，当发行量达到一定程度时，增加的发行量所带来的广告增加，并不能够抵消所耗费的成本。广告的增加并不与发行量的增长成正比，也就是说，报纸的扩大再生产一旦到了一个量级时，再扩大就没有什么意义了。

创办新报纸

当扩大再生产受限时，报业必须寻找新的扩张之路。创办新报纸被提上议事日程。上世纪90年代后期，当第一批都市报抢滩占位成功之后，看到了都市报巨大的赢利空间以及市场前景，也着眼于寻找报业扩张发展之路的考量，大量新的都市报被创办出来。几乎每隔一段时间，都有新的都市报横空出世，连报纸的名称都令人目不暇接。这些后起者纷纷采取各种降价促销举措，试图从风云变幻的报业市场中分得一杯羹。各报业集团也把先行报纸的赢利大量地投放给这些新创办的报纸，但结果总是那么不尽如人意。综观全国那么多在第一波都市报竞争中没有抢得先机的后创都市报，很少有赢利情况很好的，大部分都是亏损，或在亏损线上徘徊游荡，依然依靠集团的补贴度日。

报业依靠新创报纸实现扩大再生产，或者发展扩张的思路是错误的。新创办的报纸与原来报纸定位相似，内容雷同，读者重合，不仅无法给报业集团带来总体利润水平的提高，反倒是对赢利的先行报纸造成冲击，拉了整个集团的后腿。

2005年之后，基本上就再也没有新的都市报问世了，一是报业市场几无空间，二是新创报纸没有多少利润前景。

跨区域办报

国内经济区域发展不平衡，报业发展也是如此。当一些区域城市的报业竞争如火如荼白热化时，一些城市却还在沉寂中；而当一些城市格局已经稳定，再怎么折腾都不会有多大变化时，另一些城市的报业竞争才刚刚开始。正是因为这种不平衡，使报业有了异地办报的机会与空间。

当年在异地办报较多的是《成都商报》，《成都商报》或和本地报纸合股，或独立创办报纸，到处投资，屡败屡战。昆明、内蒙古、天津、兰州、南昌……到处都留下了《成都商报》的足迹，它每到一处，就给当地的报业带来巨大冲击与生机活力，引发当地新一轮的竞争。却由于种种原因，几乎都没有成功。[①]

《成都商报》原总编辑陈舒平曾在搜狐网的讲话中总结了他们异地办报屡屡失败的原因，他认为：异地办报所面临的问题很多，最主要的有四点：一是政策问题。这包括大环境和小环境，大环境是指国家关于异地办报的政策规定，小环境是指当地政府对异地办报的看法。事实上，异地办报更需要考虑的是小环境的因素，报纸的意识形态属性导致异地办报受到当地政府的严密注视，只要一出问题，在异地就很难办下去。并且异地办报要打破原来的报业利益分配格局，这是本地报纸的那些主管部门不希望看到的。所以说要在异地办报，当地政府的阻力不小。二是眼红问题。办报成功了，获得利润，当地人就眼红了，认为钱让外地人给抢走了，就千方百计地挤你走，根本没有看到你给当地的报业市场带来的生机。这是异地办报过程中很普遍的问题。三是权力控制问题。也就是到底谁应该当异地报纸的一把手。这种权力的纷争是导致《江西商报》失败的直接原因。[②]陈舒平总结的这三个问题在很多报社的异地办报实践中都曾遇到过。

华商传媒集团是为数很少的异地办报成功的报业集团，在长春办的《新文

---

① 陈国权：《川报的异地办报实践》，《传媒观察》2004年第2期。
② 陈国权：《川报的异地办报实践》，《传媒观察》2004年第2期。

化报》、在沈阳办的《华商晨报》，早已在当地市场占据了竞争优势。但是，即便如此，从2005年后，华商传媒集团再也没在外地创办一份新报纸。华闻传媒集团副总裁齐东认为：主要是大环境已经跟以前不一样了，一方面从2005年后网络媒体发展得太快，人们的阅读习惯发生了很大变化，报纸的总体空间在缩小；另一方面，2005年后，各大城市的都市报已经比较成熟，格局相对稳定，要想从中杀出一条血路，非常困难，现在拿5个亿，都不敢新创一张报纸。都市报的成功规律都是一致的，

广东南方报业传媒集团有限公司
关于新京报社产权转让的公告

根据中宣部《关于京华时报社新京报社资产权属变更工作专题协调会议纪要》等中央有关决定以及新闻出版总署《关于同意〈新京报〉变更主管主办单位的批复》，由光明日报报业集团主管、光明日报报业集团和南方报业传媒集团主办的《新京报》变更为北京市委宣传部主管主办。新京报社已在北京市编办办理了"自收自支事业编制"登记手续。

2013年12月，经协商一致，广东南方报业传媒集团有限公司同意向北京市委宣传部指定的北京市国有文化资产监督管理办公室转让其所持有的新京报社49%产权，转让价格为2.94亿元。由于新京报社为事业单位，本次转让事项不涉及工商变更登记。目前转让事项已完成。

本次转让事项对企业生产经营、财务状况不造成重大影响，不影响公司偿债能力及非金融企业债务融资工具的偿付。

本公司承诺所披露的信息真实、准确、完整、及时，并将按照银行间债券市场相关自律规则的规定，履行相关后续信息披露义务。

特此公告。

南方报业传媒集团转让新京报社股份文件

方法也很简单，就那三板斧，别人很容易就学会，等到大家都会那三板斧，异地报纸就很难立足了。[①]

　　还有著名的《新京报》，《新京报》于2003年11月11日创刊，由光明日报报业集团主管、光明日报报业集团和南方日报报业集团主办，是中国第一次两个党报报业集团合作办报，是中国第一家得到国家有关部门正式批准的跨地区经营的报纸，也是中国首家股份制结构的时政类报纸。2011年9月2日，经新闻出版总署批准，《新京报》变更为北京市主管主办。2013年12月，南方报业传媒集团有限公司同意向北京市委宣传部指定的北京市国有文化资产监督管理办

---

　　①　陈国权：《跨地域：不同时期不同路径》，《中国记者》2011年第6期。

公室转让其持有的新京报社49%产权，转让价格为2.94亿元。南方日报传媒集团轰轰烈烈为时近8年的《新京报》异地办报宣告结束。

跨产业延伸

在上世纪90年代初，当报业有了点余钱之后，早就开始了多元经营的尝试。1990年，中央《关于加快发展第三产业的决定》正式将报刊经营管理列入第三产业，这是报刊产业化改革的一个转折性标志。1992年，党的十四大确定了社会主义市场经济体制，走向市场成为报业的愿望，面向市场的经营行为得到肯定。

多元化现在有个比较时髦的词叫"跨界"，就是跨越自己边界或限制，到别人的地盘挣饭吃。经济理论上说，范围经济就是一个厂商可以利用原有资源生产很多产品，而成本却更低。很多媒体都秉持范围经济理念，进行了多元化，也就是跨界的经营尝试。

在很多人看来，报社拥有很多采编资源，内容却只供一张报纸使用，真是太浪费了。报业尝试过的多元化经营方向有：房地产、会展、演艺公司、旅行社、矿泉水厂，等等。在当前新媒体对传统媒体冲击越来越大的情况下，传统媒体为改变过度依赖于广告的单一赢利模式问题，都在积极实施产业多元化"跨界"发展战略。

当然，在转型压力下，传统媒体自身谋求创新求变无疑值得高度肯定，但是由于报业对其他行业的不熟悉甚至不懂，非相关多元化的扩张，风险巨大。从全国的情况来看，多元化经营做得很成功的的确不多，很多都是赔本赚吆喝，图个场面大而已。报业多元化经营的种类五花八门：水泥厂、模特队、养殖农场，很多行业中都能看到报业的身影，结果绝大部分都失败了，赢利少得可怜，很多行业的运营模式还大大损害了媒体声誉，笑传一路边餐馆老板娘趾高气扬地对工商局来检查的人说："我是某某报社办的，你可别想罚我，我叫记者来给你曝光。"

痛定思痛之后，报业在反思：报业多元化经营不能脱离主业，这现在已经基本上成为共识。由此引申出一个概念，叫做延伸报业产业链。即以报业主营业务为基础，向报业上下端的产业链延伸，这样可以避免误入不熟悉的领域，向上延伸至印刷、油墨生产、造纸，直至造纸速生林种植；向下延伸至发行、落地渠道拓展、阅读器设计制造、户外广告业务、LED显示屏……

华商传媒集团的多元化之路也是从印刷厂、发行部门开始的，立足于报业主业，围绕上下游的发行、印刷、广告。在此基础上建立的黄马甲公司成为全国最大的报纸配送队伍之一，在西安、长春、沈阳、重庆共有12000名员工。与全国其他的各类发行公司一样，黄马甲刚开始只承接自己报社的发行业务，后来开始送别的报纸，并送水、送煤、送气、送瓶装奶。此外，黄马甲公司还另外组建了96128电子商务平台，已发展成为辐射全国的第三方物流配送网络。据介绍，黄马甲2012年以来，正积极开展快递业务的拓展。西安、沈阳、重庆、长春四个城市的黄马甲都在积极运作，达到日均一万单的业务量。黄马甲目前开展的业务还包括面包到户、回收旧报、送书上门、期刊代理、商函投递、图书配送、票务代理、鲜花蛋糕配送、洗涤用品生产销售等。与不着边际的产业延伸相比，这样借助于报业已有资源的多元拓展更靠谱一些。

专业的人做专业的事

当然，现在这种多元化的运营模式也正经受实践的考验，有人认为报业多元化将会面临：品牌价值被稀释、核心竞争力被摊薄、管理成本增加、产业链条延伸变细变脆等陷阱，需要慎重对待。实际运作成绩也证明了这一担心绝不是杞人忧天，报业延伸的上下游产业也并不是报业所熟悉的；而且，即使熟悉，也不代表有专业的人来做专业的事情。

报业多元化的最大误区在于，没有专业的人来做专业的事。

对于报业而言，产业多元化已经讨论过很多年，也已经实施过很多年，有成功的，也有失败的。报人们现在形成的共识是报业多元化不能脱离主业，这涉及报业多元化的范围，但范围可能不是最重要的，更重要的是能力。

跨界战略对于任何一行来说，不存在一定要与主业相关、与主业不相关就做不好的道理。为什么别人就能做好呢？关键问题是能力——是否有做其他行业的能力。华商传媒集团董事长张富汉经常提及的"有能力的多元化"，说的就是这个问题，他说："木匠不能干铁匠的活。"

"有能力的多元化"应该包含两层含义：一是指报业集团要有实施多元化运作的实力基础，实力主要是指资金。现在也有一些报社在报业竞争中落败，没有突破的方向和空间，然后就希望在其他行业获得竞争优势，这种情况更是危险。二是指报业集团要有实施多元化的专业队伍，不能依靠原来做报纸房产专刊的记者编辑跑去做房地产企业，那样肯定不靠谱。

每个报纸都有品牌，应围绕报纸品牌做多元化业务，这是可以的。但是必须要有有能力的人才队伍，要有专业的团队。

股权投资在报业颓势下的战略意义

很多年前，大家都意识到不能把所有的鸡蛋都放在一个篮子里，但是当时仅仅是从分散风险的角度考虑；但到了现在，已经不是分散风险的问题，而是原有的篮子已经破败不堪，需要找到一个新的篮子。这应该是多元投资的战略诉求。很多传媒集团手头都积累了大笔的资金，这些现金不能躺在银行账户上睡觉，必须有效地利用起来。这是多元投资的资本冲动。

报业投资的战略逻辑还在于：赢利前景最好的产业现在不在报业内，大部分的机会也不在报业内。

扩张子公司，报业集团自己运作是多元投资的一种方式。但是，当一个报业集团扩张到一定程度后，如果还事必躬亲，则管理成本大大上升，各个单位间的磨合润滑成本也会加到很大。

更多的报业集团选择股权投资。河南日报报业集团2013年入股河南省内一家地方银行——信阳银行，增资入股约4.4亿元，占20%股权，成为信阳银行第一大股东。2008年3月，河南日报报业集团成立注册资本1亿元的大河传媒投资有限公司，主要负责两项功能：一方面作为集团对外投资的平台，另一方面作为集团股份制改造工作的承办部门。同时，该公司还积极开展对外投资，探索资本运营的路子和经验。筹建大河基金管理公司，创新开展股权投资、证券投资、委托贷款和基金管理等投融资业务，进一步拓展实业投资。

股权投资就规避了专业化不足的问题，事情都交由专业团队来完成，自己只需要按照出资比例获取分红。

股权投资也避免了管理的整合难题，根本不需要磨合。更重要的是股权投资不受限制，国家法律没有明文禁止的领域，只要能赚钱，都能投资。

第二节　从财务投资到战略投资

报业曾经被人们称为"最后一个暴利行业"，在前些年，报纸利润率很高，大部分报业集团都依靠报纸利润积攒了大量现金。广州日报报业集团、浙江日报传媒集团、华商传媒集团、大众日报报业集团等都有大量现金流。一个城市的报纸市场容量有限，新创报纸几无可能；报纸发行价格倒挂，不太可能也没有必要再提高发行量；印刷机已经是最好、速度最快的；报纸已经没有扩大再生产的空间和必要。在这样的情况下，投资、资本运作、让钱生钱、实现国有资产保值增值，已经成为报业集团资金运作的主要渠道。

新形势下，投资的意义并不仅仅在于为报业集团的闲钱找个出路，也不在于为报业集团获得眼前的利益，更在于当前的报业颓势下，报业新的发展方向与出路。

财务投资：新的赢利增长点

报业曾经是"暴利"，积累了大量的现金流。2007年，当股市疯狂的时候，很多报社也积极介入其中，赚了，当然最后也赔了。在动荡的股市中，报业赚到的那点钱显得那样的脆弱与微不足道，报业的资金还需要其他更稳妥的投资途径。

报业竞争过于激烈，同城多家报纸同台竞技，利润被摊薄，加上行业衰退期来临，行业平均利润下降很大。报业必须为颓势的报业找寻新的赢利增长点。

华商传媒集团每年投资三四个项目，每年能有5—6亿元的利润。这些年，投资项目收入屡创新高，每年都保持较高增长幅度。华商传媒集团旗下拥有华商盈通传媒投资公司，包括北京华商盈通传媒投资公司、西安华商银达传媒投资公司，主要业务是进行股权投资，投资总额4亿元，涉及网络、出版、工程机械等领域，甚至还包括煤矿矿山。曾经投资的项目包括：江苏三六五网络公司、辽宁天禹星电子科技公司、北京磨铁图书公司等。

财务投资：为转型提供支持

报业转型需要巨额资金，依靠报纸利润，一年或许只有2000万的利润，积累非常缓慢而困难，谈何转型，一个项目都不够用。上市公司如浙报传媒可以通过定向增发的方式募集资金，可是大多数报业集团不是上市公司，不能用增发的方式为报业转型提供资金支持。财务投资给了报业这样的资金积累渠道，投资可以使报业集团迅速获得资金，为报业转型提供支持。这应该是财务投资的主要诉求，也是意义所在。

华商传媒最近的一个重要投资成果，也是媒体PE投资的经典案例是华商传媒集团投资江苏三六五网站。2007年年初，华商传媒集团与江苏三六五网络有限公司签署投资框架协议，华商传媒在3年内向江苏三六五网络有限公司旗下的365地产家居网持续注资1700万元，成为江苏三六五网络有限公司的第二大股东，拥有20%的股权。非常可喜的是2012年3月15日，华商传媒集团终于等到了三六五网成功IPO，股票发行后持股比例为11.64%，为第二大股东，三六五网发行1335万股，发行价34元，发行市盈率25.19倍；上市当日发行价开盘价为55元，当日收盘价为59.4元，较发行价上涨74.71%，动态市盈率43.8倍。

华商传媒集团投资喜获丰收。华商传媒集团持有的三六五网股票过了解禁期后已经开始持续减持。2013年5月10日—21日，华商传媒集团有限责任公司通过大宗交易累计出售所持三六五网股份130万股，交易均价50.54元/股，实现投资收益6202.65万元。这次减持完成后，华商传媒还有三六五网股份490.93万股，占三六五网总股本的9.2%。如果按照50元的股价，华商传媒集团2007年的1700万投资在2013年收益达到3亿元以上。

财务投资的变现机会

财务投资很简单，目的就是IPO，投资时是8倍市盈率，IPO之后就是12

倍。成功率很高，如果共投了20个项目，只要有一个项目IPO了，所有投资就全部赚回来了。这样的投资收益很可观。但另一方面，投资也很难做。PE行业很过剩，全国的PE投资约有7000多个企业，其中，只有很少的企业能上市。上不了市，投资就会泡汤，企业亏损，业绩增长不够，股份都卖不出去。

现在IPO被卡得很死，每年那么多的拟上市企业，最后能实现IPO的少之又少。必须寻找IPO之外的投资变现方式，比如出售股份。山东大众报业集团2012年的利润中有很大一部分是由于投资山东广电网络公司获得的。2011年，大众报业成功投资整合后的山东广电网络公司，总资产为66.89亿元，其中大众报业占股比例达到11.96%，成为第二大股东，这在全国尚属首例。通过投资，真正实现了跨媒体运营，优化了集团的业务结构。由于山东广电是行政推动，大众报业以评估价原值购进股份；2012年，大众报业以较高的溢价出售了所持有的2亿股股份，获取1.8亿元的投资收益。

浙报传媒旗下的东方星空投资了很多项目，浙报传媒董事会董秘李庆表示，传统的退出方式是IPO，但未来通过并购退出的方式将占到70%以上。而且由于拥有浙报传媒的平台，并购将更方便一些。

投资游戏的高利润

网络游戏本质上也属于传媒产业，与报业相比，网络游戏才是真正的"暴利"行业，新浪、搜狐、网易、腾讯几大门户网站，其主要营收与利润来源并不是其主体业务——新闻，而皆来自于网络游戏。从这个角度看，报业如果将游戏作为主要营收与利润来源，也并不影响新闻作为主业的地位。

成都商报社间接控股的上市公司博瑞传播，网游在2011年上半年为博瑞传播带来4291.2万元收益，毛利达83.01%，远远高于其印刷业务的33.38%。公开资料显示，博瑞传播新媒体发展战略的重要支点主要来自梦工厂网游业务，通过重点挖潜巩固MMO客户端游戏，积极自主开发网页游戏，梦工厂在2012年上半年网游业务实现收入5169万元。

博瑞传播非常重视在游戏领域的投资。2012年10月23日，博瑞传播发布定增方案，拟通过向包括博瑞投资在内的不超过10名特定投资者非公开发行不超过1.2亿股股票，募集资金不超过10.6亿元，用于购买北京漫游谷游戏公司70%股权。购买完成后，还签署了"对赌协议"，2014年漫游谷年净利润不为负，将以不高于4.3亿购买漫游谷剩余30%股权。此前，博瑞完成了对成都梦工厂的全资收购以及6000万投资泥巴网络。

就整个网游行业而言，中国网络游戏行业已经步入成熟期，市场规模超过300亿元，用户规模近3亿，使其成为互联网支柱产业。网游行业将快速前进，逐步走向繁荣。与传统媒体低速增长甚至负增长相比，网游依然保持高速增长。根据中国版协游戏工委近期公布的《中国游戏产业报告》数据，2012年中国游戏产业实现销售收入602.8亿元，比2011年的446亿元增长了35%。而根据游戏工委、伽马数据和IDC共同发布的报告显示，2013年上半年，中国游戏市场实际销售收入达到338.9亿元，同比增长36.4%。此外，网游的销售收入净利润率也很高，如巨人网络2013年第二季度净利润率为62.5%，远远超过传统媒体。

纵观国际大型传媒集团，网游也是转型布局的重要"选项"。凤凰传媒拟对下属子公司凤凰数字传媒增资3.2亿元，收购上海慕和网络科技有限公司64%的股权，进军手游领域；华谊兄弟6.7亿元控股游戏公司银汉科技；天舟文化12亿元收购神奇时代。传统媒体上市公司收购这些网游公司，其根本原因在于网游的高成长性和高利润率。

从财务投资到战略投资

财务投资为报业提供的是急需的资金，但是对于报业来说，转型的方向和路径才是比资金更重要的因素。通过投资，找到转型的路径，这是报业投资的主要目的。

从现在来看，华商传媒集团投资三六五网站赚得盆满钵满，但其本意并非如此。据介绍，华商传媒集团当时入股三六五网，也想将三六五作为华商传媒转型的一个平台。江苏三六五网络有限公司董事长胡光辉当时也有类似想法，按照三六五网原先的发展计划，HOUSE365于2007年完成"长三角战略布局"，挺进上海、杭州，其后再进入西安、长春、沈阳、重庆等全国重点城市，而这四个城市都有华商传媒集团的子报。现在三六五网在西安、沈阳等城市都建有分站，华商传媒集团的当地报纸对其版面支持，也有合作协议，在报头上还有展示广告呈现。

华闻传媒集团副总裁齐东坦言，当时与三六五确实有资源整合的计划，但这种计划是根据实际不断变化的。如果要将其作为报业转型的一个平台，就必须实现绝对控股，但随着后来三六五网成功IPO，由第二大股东增持为控股的成本已经很高很高，难以实现。于是，就由原来设想的战略投资改为财务投资。

战略性投资最为典型的案例是浙江日报报业集团收购边锋和浩方。2013年1月，浙报传媒定向增发以34.9亿元收购盛大集团旗下的杭州边锋和上海浩方两家游戏公司各100%股权。杭州边锋、上海浩方2011年合计实现营业收入4.6亿元，净利润1.6亿元，较上年同比增长60%，这意味着收购市盈率达到极高的21.8倍，34.9亿元的价格甚至超过浙报传媒净资产的4倍。

如果仅仅是财务投资，那这样的投资则没有多少意义。但是，浙报传媒意在通过收购，快速切入新媒体领域，整合其在传统媒体业务上的内容优势和收购标的在新媒体业务上的平台优势，以及双方在用户、渠道、广告客户等方面的资源优势，通过协同效应，实现浙报传媒由传统媒体经营向跨媒体、跨业态经营的快速转型和跨越式发展。实现其"全媒体、全国化"的战略转型构想。这样的战略转型构想，无论能否成功，其对于报业转型都具有特殊的意义和价值。

除此之外，浙报集团还拥有传媒梦工场、新干线传媒投资两家投资机构，分别指向不同的投资领域，但都致力于战略投资。传媒梦工场主要投资新媒体，2012年一共投了10个左右的项目，包括知微、优微、虎嗅网等，主要集中在新媒体内容领域、大数据、相关渠道等。传媒梦工场CEO蒋纯透露，普通的投资机构，多看重项目的回报，但传媒梦工场作为媒体投资机构，重点考虑的是在新媒体的内容、传播（渠道）、经营、技术支撑（重点是数据挖掘和技术支持）方面的布局，以有助于集团的新媒体战略。

第三节　案例：浙报集团收购边锋、浩方的转型逻辑

传媒转型，最重要的是基因的变革。

故事与比喻

在浙报集团调研，听到的两个故事和两个比喻令人印象深刻。

故事一：2009年9月，浙报集团与阿里巴巴集团合作创办了《淘宝天下》，采编人员都由浙报集团派遣。浙江日报报业集团董事长高海浩介绍：当时，浙报集团把整个编辑部都迁到了淘宝，没有放在浙报大厦，就是为了能有纯粹的互联网基因，但是仍然无济于事。相互理念的偏差，合作不久，浙报集团的采编人员就与淘宝的人员在杂志运作上产生了纷争。"那是我们的错。"高海浩说。一怒之下，他就把所有的采编人员撤回来，只在那里留下一个总编辑。现在，《淘宝天下》运作得很好。

故事二：2011年10月，浙江日报报业集团启动建设新媒体孵化园——传媒梦工场。组建之初，采取全集团招聘、自愿报名选拔的方式，于是，15名员工主动从事业身份转变为企业身份，加入到传媒梦工场中。全新的身份、全新的理念，打造一个全新的媒体。"我们希望用一种文化的隔断，而不是原来内容为王的经验来运作全新的新媒体事业。"传媒梦工场CEO蒋纯这样说。旧肌体长不出新媒体，改良成就不了新媒体，传媒梦工场这个全新的载体只能注入全新的基因。近两年来，传媒梦工场牵头举办了中国新媒体创业大赛，孵化了一批新媒体项目，包括知微、优微、虎嗅网等，都已经获得了较大成功。集聚新媒体资源和优秀专业人才的初衷正在实现。

两个比喻：高海浩在谈及传统媒体转型思路时的两个比喻值得深思："传统媒体转型不能仅仅依靠一两个产品，而需要整个系统改造，这是基因变革。更不能在旧楼里拆东墙补西墙，要实现增量拓展。旧楼不变，盖上新楼，然后

打通它们之间，这叫增量拓展。"

诸如此类的事例和话语还有很多，其关键词就是"基因"二字。可以说，基因变革与增量拓展，是浙江日报报业集团转型的基本理念。回溯浙江日报报业集团的转型历程，就会发现，基因变革与增量拓展的转型模式有着深厚的文化积淀与实践试错积累。正是在不断创新、不断合作、不断试错的基础上，浙江日报报业集团的转型才趟出一条适合自己为人所称道的路径。

房地产业：为什么退出？

得益于房产价格的飙涨和房地产市场的繁荣，以及拥有政府资源的优势，近几年来，很多报业集团收入的重要来源就是房地产。浙报也是如此，曾经，浙江日报报业集团与绿城集团的合作项目被推崇为报业多元化经营的典范，报业投资房地产业被称为报业转型的重要路径。

2005年8月，浙江日报报业集团和浙江省较大的房地产开发商绿城集团进行资本合作，共同组建了浙江报业绿城投资有限公司，资本金8000万元，双方各占50%。公司借助浙报集团和绿城集团的资金、品牌和团队优势，进军二三线城市的房地产市场。在浙江宁波、山东聊城、福建宁德等地都运作了一些大项目，运营很好，收益颇丰。仅仅是2008年7月拍卖出让福建九龙房地产公司75%股权，浙报集团就实现赢利1.84亿元。这创下了中国报业单个多元发展项目赢利之最，成为跨行业、跨地区发展的经典案例。而福建九龙房地产公司是浙报集团于2004年11月以1500万元注册资本控股收购，赢利十几倍。

而且，从经营风险考虑，浙报集团与绿城集团的房地产项目合作，回报很高，但风险锁定，绿城集团曾向浙报集团承诺，房地产项目的利润肯定能超过报业的主业利润。

但是就在房地产项目利润稳步增长、效益见增的时候，浙江日报报业集团却开始逐步收缩房地产的投资，先是将省外的房地产项目逐步出让，后在本省的项目收尾后没有继续增加投资。到现在，已经基本退出房地产业。

这在很多人看来，有些费解。高海浩说浙报集团为什么退出房地产的原因很简单："传媒集团不是投资公司，更不是房地产公司，传媒集团是舆论阵地，传播的是信息，依靠的是公信力，营造的是影响力；对于国家来说，并不需要报业集团赚多少钱，我们需要集中力量进行内部转型，把舆论平台打造好。而房地产与我们的主业没有多大关系，所以主动退出。"

投融资：主攻传媒文化投资

除了房地产投资之外，浙报传媒还积极向外进行财务投资。从投资项目上看，刚开始的投资方向比较多元，什么产业都有，是真正的跨行业跨产业。2001年成立了浙江新干线传媒投资有限公司，这是浙报传媒控股集团全资的资本经营管理平台。在文化传媒产业、战略性新兴产业、高新技术产业和金融领域寻找投资项目，已实施项目十余个，其中大立科技、亚厦股份等已成功上市，浙报传媒获利颇丰。

现在浙报传媒投资板块的主攻方向是传媒文化等与报业集团主业相关的项目，比如东方星空创业投资有限公司。东方星空是2008年10月在浙江省委宣传部倡议下，在浙江省财政厅领导下，由浙江日报报业集团牵头，联合中国烟草总公司浙江省公司和浙江省财务开发公司共同组建，基金规模为5亿元人民币。

这是浙江省第一只文化产业投资基金，开创了国内文化传媒业以媒体集团牵头组建文化产业投资基金的先河。其投资理念是："以渠道集聚内容，以内容控制渠道"和"同一内容，多渠道分发"。目标是投资培育文化传媒类细分领域龙头企业；投资培育新兴文化传媒企业；参与国内文化传媒领域的行业并购；参与国内有影响力的文化影视项目投资等，比如宋城演艺上市股权项目和阜博通影视基因技术。投资重点是文化产业。

高海浩介绍：我们从2008年开始就研究默多克的新闻集团的资本市场变革，得出一些结论，一是世界上任何一个企业都是依靠资本杠杆，并购重组实现做强做大的。二是尽管默多克的新闻集团是媒体集团，旗下有六大板块，但主要是影视娱乐为主，新闻只是制高点。因此，传媒集团投资业务是必备选择。而且，浙报集团还有一个优秀的投资团队，对风险控制，眼光很独到，投资的项目到目前为止没有搞砸的。比如对华数的投资，投资2亿多元，现在市值5亿多。

从浙报传媒的投资轨迹上看，他们正在从打新股、买卖国债到委托理财到房地产项目融资，再到股权投资，寻找有意向上市的企业投资等财务投资方式，进化到战略投资。而最近投资边锋、浩方则为融财务投资与战略投资为一体的大手笔，代表了今后报业投资的一个重要方向。

2011年9月29日，浙报传媒股票代码启动仪式。

2011年9月29日，浙报传媒总经理蒋国兴（左）和上海证券交易所副总经理周勤业在上海证券交易所签订浙报传媒上市协议。

读者平移：少了互联网基因

在浙报集团，数字化转型在前几年被理解为"读者平移"。

实际上，国内媒体与国外媒体相比，更早接触和应用互联网。《杭州日报》1993年12月6日通过杭州市的联机服务网站进行传输，被认为是中国最早的报纸电子版，那时还没有阿里巴巴、搜狐、百度。但是十几年过去了，高海浩叹道："江山易帜，成了新媒体的天下。""不是对手强大，人家也没有把我们当对手；而是我们无能，我们没有把互联网搞明白。"

浙报集团旗下也拥有网站、手机报等一系列数字产品。2009年，浙报集团曾组织研究新媒体运营模式和产品体验，试图创造"读者平移"模式，推广Pad产品模型。包括财新传媒也都做出了Pad产品，但付费订户很少很少，所获得的收入还不够二三人的年薪。"老是烧钱，信心都烧没了"，全国的报业都遭遇了类似困境，办新闻门户网站，推出电子报、手机报，推进报网互动，卖阅读器，玩3D报，装备全媒体记者，试过二维码，眼下又忙着在微信中为公众账号求粉，但总没见成效，"玩票"的结果却总是没有结果。

原因在哪里？高海浩认为，这些都是基于媒体本位的思路，矛盾很多。特别是浙报集团与阿里巴巴合作创办《淘宝天下》后，发现进入互联网的第一个门槛就是传统媒体与互联网的文化冲突，为此付出了有形无形的"学费"，但收获了最基本、也是最宝贵的经验：一是要充分培育互联网基因，核心是理念和体制变革。二是拥有适应互联网浪潮的技术团队，关键是赢得制高点和话语权。三是要有强大的融资能力，构建自主的互联网用户平台。这些宝贵的经验被延续到浙报集团后来收购边锋、浩方等一系列成功尝试中。

在这样的理念指引下，浙报集团开始和阿里巴巴合作《淘宝天下》，和腾讯合作大浙网，阿里巴巴是从做平台开始，腾讯是从技术开始，最终两家都成为顶尖的品牌。浙报集团从与这两家的合作中得出的经验是：一切以用户为重，用户为基础。有了用户和数据，就从过去传统媒体的点对面的，变成了点对点。高海浩说："用户颠覆了我们的传播逻辑，正是互联网帮助我们完成这样的变化。"

可以说，传媒梦工场是这个思路的第一个实验。高海浩说："报业转型就要从最基础开始。先要了解、熟悉互联网。"于是，浙报集团从采编队伍中选拔十几人，转变他们事业编制的身份，成立了著名的传媒梦工场，进行系统性改造，投资其他的互联网团队。这样做有三个方面诉求：一方面为未来铺路，二是为我所用，三是赢利。

浙江杭州传媒梦工场创业孵化基地外景

更大的落子来自2013年年初浙报传媒控股集团作价32亿元收购盛大旗下的游戏对战平台边锋和浩方。2013年上半年，浙报传媒从边锋、浩方获得的收入和利润已经超过了浙报传媒主业的收入和利润。但其更大的价值在于浙报传媒正试图将边锋、浩方平台与报业集团的主业——信息传播力舆论影响力建设结合起来，让边锋、浩方平台上3亿用户成为报业集团信息传播、舆论影响的基础和目标，而不仅仅是报业集团的利润源泉。这样一来，这种转型路径就与投资房地产在本质上有了区别。从这个意义上说，浙报传媒的这条转型路径既考虑到报业集团的生存与经济支撑，又具有扩大报业集团传播力影响力的潜质，具有堪称为转型范本的价值。

数据库：用户资源与报业未来

大数据是媒体转型的极好机会，是催生媒体变化的核心密码。利用数据监控，找到用户，也能知道用户要什么。

在调研中，浙报传媒的高管们都尽量地避免使用大数据这个比较时髦的词，代之以"数据库"。

他们希望边锋、浩方的3亿注册用户、2000多万活跃用户，加上浙报传媒传统媒体板块的500万用户，能组成一个巨大的数据库。如此巨大的数据库资源，在全国没有第二家。

浙报传媒控股公司总经理蒋国兴说：报业由内容为王转型成以用户为中心，实现了点对点的转型。有了用户后，我们对用户再做精准分析，做出准确定位和信息、服务推送。但是这个转型模式的关键是数据库，用户的画像特征完全要靠数据库。

浙报集团2012年开始着手启动数据库建设，"数据库建设是互联网发展的一个核心问题，有了数据库，就有了吸引商家的法宝。"高海浩说。浙报传媒从各个新媒体公司高薪挖来了首席数据官，其工程师团队都来自各新媒体公司的专业人士，有15个数据库工程师进行数据的挖掘、运行、服务。

适应这种企业运作重心的转移，浙报传媒的人才队伍组织架构有望发生重大变革。高海浩介绍，报业转型应有三个转变：从大众到分众，从内容主导到技术主导，信息传播从大水浇田到滴水灌溉，也就是精准传播。在这样的基础上，未来媒体要重新定义，也要重新定义生产方式。浙报传媒现在有6000名员工，其中2000人是采编人员，那么在未来，这种结构就应该发生重大变化，应该再增加2000名技术人员。应该以技术为先导，编辑团队、主编只是创意，是副手，产品经理负责制。

数据库的价值并不仅仅只是概念上的，报业集团主业报纸的转型完全有望基于数据库来实现。

钱江报系总编辑李杲介绍：钱江报系为适应集团转型战略，提出了分众化传播和社区化运作的两个路径。分众化的实践刚开始，但肯定是纸媒生存发展的重要途径，如何精准把握人们的不同需求？现在只是在地方版上体现，将来必须基于集团的大数据来实现。

社区的家庭都拥有报纸网站"生活网"和"窝里快购"的登录密码，报纸网站成为一个服务平台。这个服务平台就可以和报业集团的边锋、浩方紧密结合，可以在小区进行线上线下互动活动。对于报纸转型的总构想就是以主报为车，加上分众化、社区化两个轮子，实现报纸转型。

在广告经营中，钱江报系的广告已经开始应用数据库资源。2012年《钱江晚报》开始用数据库分析房地产市场，进行对象化营销，与房地产商联合营销，楼盘的定位、销售方案制定都由广告人员提前介入，从而增加广告收入。

最后报纸拿的是房地产客户的推广费，而不是广告费。跟以前的广告费相比，推广费的模式实现了更多收入。依靠这个模式，增加了2012年《钱江晚报》房产广告的量。

大数据理念的核心仍然是用户，高海浩说："革命性的变革中，未知远大于已知。但无论怎样，找到用户就能找到市场，就能找到未来。"

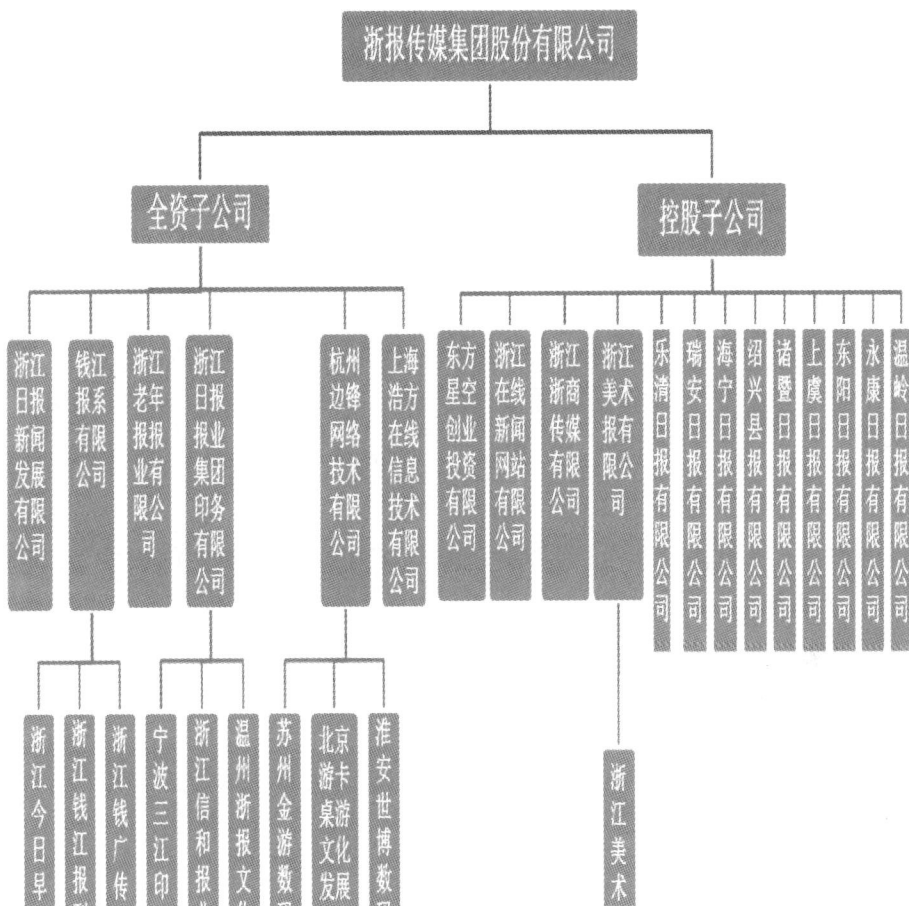

浙报传媒集团股份有限公司架构图

浙报传媒集团股份有限公司
├─ 全资子公司
│   ├─ 浙江日报新闻发展有限公司
│   ├─ 钱江报系有限公司
│   │   ├─ 浙江今日早
│   │   ├─ 浙江钱江报刊
│   │   └─ 浙江钱广传
│   ├─ 浙江老年报报业有限公司
│   │   ├─ 宁波三江印
│   │   ├─ 浙江信和报
│   │   └─ 温州浙报文
│   ├─ 浙江日报报业集团印务有限公司
│   ├─ 杭州边锋网络技术有限公司
│   │   ├─ 苏州金游数
│   │   ├─ 北京游卡桌游文化发展
│   │   └─ 淮安世博数
│   └─ 上海浩方在线信息技术有限公司
└─ 控股子公司
    ├─ 东方星空创业投资有限公司
    ├─ 浙江在线新闻网站有限公司
    ├─ 浙江浙商传媒有限公司
    ├─ 浙江美术报有限公司
    │   └─ 浙江美术
    ├─ 乐清日报有限公司
    ├─ 瑞安日报有限公司
    ├─ 海宁日报有限公司
    ├─ 绍兴县报有限公司
    ├─ 诸暨日报有限公司
    ├─ 上虞日报有限公司
    ├─ 东阳日报有限公司
    ├─ 永康日报有限公司
    └─ 温岭日报有限公司

第五章

报业区域整合：
严峻形势下的市场抉择

在现在的报业萧条紧缩期，区域整合将是大势。

本章核心观点:

同质竞争做大报业"蛋糕",培养读者

整合是严峻形势下的市场抉择

报业整合之后,更需要"报业鲶鱼"

第二子报的存在价值已被完全消解

都市报将形成"一城一报"格局

报纸永远不可能再有"暴利"

当市场处于繁荣扩张期，市场蛋糕被不断做大，参与竞争的主体将会增多，走向分散、多元；而当市场处于萧条紧缩期时，市场空间被不断压缩，参与竞争的主体将会减少，合并、整合、垄断将是趋势。

第一节　报业区域整合的不同诉求

这几年，随着报业的营收下滑，报业的区域整合越来越频繁，从原来的浙江日报报业集团、新华日报传媒集团整合所在省的县市报，到辽宁报业传媒集团整合地市报新闻资源，到最近的上海报业集团成立，报业区域整合步子越迈越大，动静也越来越大。但是，诉求却很复杂。

避免同质恶性竞争

自上世纪90年代中期，广州日报报业集团成立后，报业集团纷纷成立。成立报业集团的主要目的是做强做大，当时一个比较典型的说法是为了迎接中国"入世"之后国际传媒巨鳄的挑战，必须迅速地由小舢板变成航空母舰。

还有一个重要的原因是为了形成良性的同城竞争局面，以促进行业进步和提升。于是，就形成了各个城市现在的报业格局：一个城市一般都有两个甚至两个以上的报业集团。这在当时是比较先进的理念，也是报业面向市场、迅速提高竞争力的正确举措。在此之后，报业竞争激烈，一番跑马圈地之后，报业展开了激烈的厮杀，有效地提高了经营水平和舆论引导能力。[1]报业集团成立后，也的确做大了报业蛋糕，报纸数量增加，出现了一波都市报蓬勃发展的行情。

但跑马圈地、抢滩占位很快就沦为攻城略地、尸横遍野。当市场格局相对稳定之后，竞争手段开始变得残酷与"不理性"，各种恶性竞争的手段开始被频频采用，发行赠品、广告折扣、互相压价、新闻诋毁等非理性手段层出不穷，这些非理性手段，压低了报纸的利润水平，报纸由"暴利"变成微利。这对仍然处于扩张期的报业来说，并不会成为多大的问题，架照吵，钱照赚，只是赚得少一些罢了。但是，一旦市场形势发生变化，同质恶性竞争带来的就不是赚多赚少的问题，而是亏多亏少。

实际上，从2005年开始，报业发展就开始遭遇困难，这使原来代表报业先进生产力的同城竞争策略的价值发生变化，曾经繁荣的报业明显"产能过剩"。更随着移动互联网的冲击，报业的这种同质恶性竞争已经成为报业利润率的最大"杀手"。必须改变这种情况。

广电早就开始整合了。以上海为例，上海曾经一度拥有上广、东广、上视和东视，目的也是为了促进同城竞争。但随着形势的变化，上海的广电和出版领域已经先行一步，实现资源整合，上海广播电视从2001年就开始自破"五台三中心"格局，组建上海文广新闻传媒集团（SMG）。[2]

上海报业的整合进程则要慢一些，解放日报报业集团成立于2000年10月9日。文汇新民联合报业集团成立于1998年7月25日，由《文汇报》和《新民晚报》联合组建而成。2013年10月28日，由解放日报报业集团和文汇新民联合报业集团合并组建的上海报业集团正式挂牌成立。在上海报业集团成立之前，上海的报业市场上共有2份党报：《解放日报》和《文汇报》，4家都市类报纸：

① 陈国权：《为同质竞争辩护》，《新闻记者》2003年第5期。

② 俞振伟：《上海新一轮报业改革：出手快、动作大、看点多》，2013年10月15日，http://www.guancha.cn/YuZhenWei/2013_10_15_178714_2.shtml。

《新闻晨报》、《新闻晚报》、《新民晚报》和《东方早报》，2份地铁报：《I时代》和《行报》，2家社区报：《社区晨报》和《新民晚报社区版》。这么多同质的报纸，特别是4家都市报同城竞争，虽然定位有所偏重，但本质上都类似，都在争抢都市报的市场空间。整合之后，上海报业集团采取的第一个大动作是让《新闻晚报》2014年1月1日休刊。《新闻晚报》1999年创刊于上海，是解放日报报业集团旗下的一份都市类晚报，成为新集团成立后首家休刊的报纸。而与《新闻晚报》宣布休刊的同一天，《东方早报》发布了名为"中国上海互联网行动正在招募"的封面广告，称要做"一个全新的移动互联网产品"。①

上海报业的整合大幕正式开启，一些同质的报纸将在报业市场衰退的过程中纷纷转型，未来，将可能实现传说中的"一城一报"的格局。②

报纸在经历爆发式增长之后迎来市场萎缩，在这样的形势下，无论是从导向管理的角度，还是从媒体有序竞争的角度，适当减少一些报纸是恰当的选择。就像任何一场企业并购，同类合并、减少支出、优化配置，都是题中应有之义。以上海为例，以前两个报业集团并存，同城竞争的态势不改变，要想减少媒体数量、主动实行收缩战略，存在着现实困难。现在实行合并后，上海各报统一在一个平台上，主动瘦身可能成为自觉行为，也具备了可行性。从这个角度来看，未来，为了有序竞争，减少同质报纸的数量，实现减少竞争、降低竞争成本、优化配置的目的；同城间报业集团的整合或者合并将成为趋势，既可能是政府行为，如上海，也完全可以是严峻形势下的市场选择。

舆论宣传资源整合

从宣传主管者的角度看，提高各级各类媒体的舆论整合能力，优化整合各种舆论资源，从而提高舆论引导水平，这是在当前舆论形势严峻、舆论渠道舆论话语多元背景下的必然选择。报业的区域整合能够满足这个诉求。

---

① 高四维：《专家谈〈新闻晚报〉休刊：出身就带有致命缺陷》，《中国青年报》2014年1月2日。

② 陈国权：《上海报业整合与第二子报命运》，《传媒观察》2013年第12期。

2008年，辽宁省委省政府制订了以沈阳为中心，以鞍山、抚顺、本溪、营口、阜新、辽阳、铁岭等七市为支撑的辽宁中部城市群发展战略。以此为契机，2008年3月，辽宁报业传媒集团与铁岭日报社签订协议，《铁岭晚报》更名为《辽沈晚报·铁岭版》。《辽沈晚报》输出品牌、新闻资源、管理经验、模式、资金及人员，合作出版、经营《辽沈晚报·铁岭版》。

2008年12月29日，又对双方的党报资源进行了整合，合作出版经营《铁岭日报》。此后，辽宁报业传媒集团在辽宁省委与省委宣传部的领导支持下，与辽宁中部城市群7家地市级报社实施了战略合作。先后整合了《铁岭日报》、《辽阳日报》、《营口日报》、《本溪日报》、《阜新日报》、《抚顺日报》、《鞍山日报》。上述7家地市级日报按照"瘦报"、彩版、报头下方署"辽宁报业传媒集团主办"字样进行改版，加入辽报主办序列。铁岭、本溪、阜新、抚顺四市的晚报更名为《辽沈晚报》铁岭版、本溪版、阜新版和抚顺版。

2010年6月1日，作为辽宁中部城市群的报业资源整合的最新成果，辽宁中部城市群报纸新闻资源共享平台开通，包括《辽宁日报》在内的共8家报社，实现了区域报业新闻资源整合，文字稿件、新闻图片、音视频新闻互换互用。新闻资源共享平台是由辽宁报业传媒集团组织实施，鞍山、抚顺、本溪、营口、阜新、辽阳、铁岭7家城市日报、晚报参与的即时通讯平台。平台通过对多家报社新闻采编信息资源的整合、加工、挖掘，实现资源共享、报网互动、内容创新服务。该平台具有新闻采集功能，信息审核发布功能，提供各类信息浏览、检索服务，严格的业务权限控制功能，新闻资源平台与各报采编业务系统及网站发布系统预留接口。通过新闻资源平台的建设，实现了辽宁中部城市多家报社新闻资源的一次生产、多次利用。

这样一来，辽宁省就对舆论宣传资源进行了整合。随着辽宁中部城市群社会经济文化的快速发展，提高辽宁中部城市地市报的舆论引导能力，优化产业资源配置，为辽宁中部城市一体化建设营造良好舆论环境，成为了省市两级报业发展面对的共同问题。而省报集团与这些地市的报业优势资源整合，可从根本上解决这一问题。因此，整合得到当地新闻宣传主管部门的肯定与进一步推动。辽宁省委宣传部认为："辽宁中部城市各级报业应站在进一步深化全省文化体制改革、巩固主流媒体宣传阵地、优化全省报业资源配置、提升全省报纸产业规模与效益，推动全省文化大发展、大繁荣、促进辽宁中部城市群发展的战略高度，实施辽宁报业传媒集团与辽宁中部城市群报业优势资源整合，实现省市两级报业整体战略合作，在辽宁中部城市群范围内进一步深化省市两级报业的战略合作，要尽快实现辽宁中部城市群省市两级报业资源共享、优势互补、协同发展的一体化发展新格局。"①

形成区域垄断优势

近几年，各省会城市报业竞争面临天花板，格局基本稳定，也几无进一步拓展的空间，加上近几年新媒体对传统报业的侵袭与蚕食，省级报业集团急需拓展新的市场空间。与此同时，地市报市场发展空间亟待挖掘。于是，很多省级报业集团纷纷重心下移，将竞争重点放在了还有一定潜力的地市。各地市虽然报业市场还不够成熟，但是在面对省报这个外来"侵略者"时，顿时焕发出生机与活力，通过各种各样的方式和手段应对省级报纸的"入侵"。大连、青岛、厦门、宁波，等等，地头蛇打败强龙，或者强龙压住了地头蛇，这样的故事我们已经听得太多。

大众报业集团外景

---

① 马东升：《辽报集团实施辽宁中部城市群报业合作战略》，《传媒》2009年第8期。

如果区域报业只有一家报业单位，就能够形成垄断优势，产生垄断利润。所有的广告商和企业主想要进入这个区域市场，影响这个区域任何一个地区的消费者，它唯一的途径就是和这家垄断性的集团打交道。

山东大众报业集团近两年风生水起，在2012年报业一片萧条、很多报业集团大幅亏损的情况下，大众报业逆势上扬，净利润超过7.7亿元，其中主业利润将近4亿元，成为我国报业名副其实的"吸金王"。其重要原因就是大众报业集团整合了山东多个地市的报业资源，形成了区域垄断优势。2013年3月3日，大众报业集团半岛传媒股份有限公司与青岛报业传媒集团有限公司签署战略合作框架协议。半岛传媒股份有限公司投入2500万元注册资金、1.5亿元溢价，共计1.75亿元，占50%股份入股青报集团，并在9人的董事会中占据5席，这是大众报业集团继潍坊、临沂、菏泽之后，进行的第四次地市报整合。其未来的目标是在3—5年内完成区域市场的集中化，从而降低成本，"减少不必要的自相残杀，扩大生存空间"。近三年来，大众报业集团积极整合二三线报纸，在地市报整合上走在了全国最前面，形成了"股权连接，利益联合，文化融合"的报业资源重组模式：共同经营《潍坊晚报》、《沂蒙晚报》，控股经营《鲁南商报》，统一运营《牡丹晚报》。

整合之后，"竞争成本"大幅削减，合作方报纸质量明显提升，经济效益大幅提升，利润均达到整合前的三至四倍。以青岛为例，区域整合之后，2013年4月，青岛市场上的几份报纸同时开始提价。四报的价格提为1元，而在之前的恶性竞争状态下，几份报纸的零售价格除《半岛都市报》（0.8元）外只有0.5元。这个价格甚至比废报价格还要低，相当一部分报纸直接进了废品收购站，提价正好堵住了发行漏洞，剔除了无效发行。与此同时，"一家人"的良好局面也使之前斗争双方采取的"拼版面"、拼厚薄的做法显得不合时宜，四张报纸每日出版的版面总数由此也下降。种种措施相加，短时间内，《青岛早报》实现盈利，《青岛晚报》大幅减亏。

利用垄断优势还可获取垄断利润。比如，利用市场的独占地位提高广告价格。临沂《沂蒙晚报》已经连续四次提高广告价格。这使该报得以保持较高利润率，直接给合作双方带来现实收益。

第二节　报业区域整合成功的四大要素

报业区域整合涉及很多因素：当地主管部门的态度、各利益攸关方的诉求、区域报业市场的格局、报业集团的内部架构与体制机制，甚至是报业领军人物的个性、能力等，都决定着报业区域整合是否成功。观察分析那么多报业区域整合的案例，就会发现整合要想获得较好的效果，必须满足以下一个或多个要素。

对双方利益的充分尊重

无论是哪种合作，维系的纽带是合作双方的利益都得以实现；否则，如果剃头担子一头热，合作绝对无法长久。报业区域整合实际上是多方面合作的结晶，合作设计必须首先考虑合作利益攸关方的利益得到满足。

在辽宁报业传媒集团的区域整合案例中，合作前，双方的利益都得到了满足；合作后，双方的利益都得到了实现。

从辽宁报业传媒集团角度看，近年来省级报业市场的发展环境发生了重大变化，突出表现为区域性中心城市报业市场竞争日趋激烈与饱和，地市级报业市场发展空间亟待挖掘。大量市场定位相同、内容相同、经营模式相同的报纸纷纷涌入省会报业市场，市场面临过度饱和压力。

从区域经济发展角度看，随着辽宁老工业基地振兴规划的全面实施，辽宁中部城市群经济发展突飞猛进，城市经济总量不断扩大，消费水平不断提高。报业合作前的2008年，抚顺市的GDP总量达662亿元，同比增长16%，社会消费品总额286亿元，同比增长21.5%；本溪GDP总量611亿元，同比增长15%，社会消费品总额141.6亿元，同比增长22.2%；其他如辽阳、阜新和营口等中部城市的经济总量和消费水平也快速增长。伴随社会经济文化的快速发展，辽宁中部城市报业市场蕴藏了较大的发展潜力和发展空间。走出中心城市沈阳，向沈阳周边的地市报市场寻求新的发展动力，成为省级报业集团的必然选择。

从参与合作的地市报纸来看，作为辽宁中部城市群当地市委主管主办的《抚顺日报》、《本溪日报》、《辽阳日报》、《阜新日报》、《营口日报》、《铁岭日报》，受思想观念、创新意识、体制机制、传媒资源等主客观因素影响，办报水平与运营能力仍存在不足。而越来越多的强势晚报都市报跨区域进入地市报市场，对地市报的发展提出了严峻挑战。为维护和扩大各自的市场份额，地市报除了在内容、广告上进行竞争外，在发行营销方面也都投入了大量人力、物力和财力，成本压力巨大。

合作后，效果非常明显，无论是宣传能力，还是经营能力，都有很大提升。比如铁岭日报社，无论是在报纸内容，还是在运营效率和效益上都得到了明显改善，发行、广告呈快速增长。《铁岭日报》与《辽沈晚报·铁岭版》的舆论引导能力和市场影响力显著增强。原本《铁岭晚报》几乎没有或只有很少的零售量，而改为《辽沈晚报·铁岭版》后，零售量有了大幅提升，《辽沈晚报·铁岭版》的发行量比《辽沈晚报》与《铁岭晚报》两份报纸整合前的总量增长了20%以上。还凭借着地域特色与合作后的内容优势，迅速获得了铁岭当地读者的认可。

而且，辽宁报业传媒集团对铁岭日报社有承诺，每月足额打入广告收入，保证铁岭方面稳定的收入来源。这样合作后，铁岭日报社再不必为广告而发愁。从辽报集团角度看，合作后辽宁报业传媒集团也盘活了自身资源，实现了在中心城市以外地市级城市的低成本扩张，铁岭地区的运营成本平均下降30%左右。同时，还有机会分享铁岭报业市场快速成长的空间。

现实的竞争压力与缓解竞争的共同诉求，构成了报业区域整合的基础。而战略合作后，辽报集团与辽宁中部城市报社则由过度竞争走向战略合作，工作重心也从各自拼投入，转向了共同提高报纸质量、共同增强核心竞争力，不但节省了营销费用，而且建立起良性市场秩序，树立媒体良好形象。

在山东大众报业集团整合地市报的案例中，对于大众报业集团来说，其削减竞争成本、获得垄断利润的诉求得以实现；对于地市报而言，合作则是担心与大众报业集团正面竞争困境的预期后的抉择，也有利于缓解地市报由于种种原因所带来的经营困难。比如，临沂日报社与大众报业集团合作附带的条件之一就是大众报业集团收购停业多时的临沂新闻大厦。大众报业集团收购新闻大厦花了1.55亿元，收购临沂两张报纸的费用只花了大约4800万元。站在地市合作方的立场上，如果仅凭一己之力，仅仅让新闻大厦重装开业的新增投入，以及支付银行的贷款利息，就足以构成巨大的财务负担。在报业经济并不景气的现实下，通过合作，地市报不仅卸下了这一负担，并且换回了相当可观的现金收益，合作的结果是多赢。

内部市场机制

报业区域整合的主要诉求是避免恶性竞争，但是，某种程度上，没有竞争并不是什么好事。如果一个区域只有一个竞争主体，那么，很快，活力就会被消弭，竞争力就会下降，很多新兴报业市场，就是由于"报业鲶鱼"的出现而焕发生机，呈现出蓬勃发展的局面。因此，报业区域整合之后，更需要"报业鲶鱼"来搅动报业集团，提高集团竞争力。只不过这个"鲶鱼"不一定是外来的报纸，它可以是内部的市场机制。

内部的市场机制在集团架构中比任何因素都更重要，大部分报业集团成立之初，都采用集中型的集团架构，所有的财务、人事等权力都归集团所有，各子单位，特别是报社都仅仅成了编辑部，只负责采编。比如，本世纪初，解放日报业集团、文汇新民联合报业集团两大报业集团成立后，《解放日报》、《文汇报》、《新民晚报》的法人地位一度被取消，实质上变成三个编辑部。这种机制，办事程序繁琐，对市场的反应很慢，也不利于发挥各单位的积极性。统还是分，是大部分报业集团成立以来一直纠结的难题。

最近几年，各报业集团纷纷采用有统有分的方式，给予各子单位以独立法人的资格，特别是转企改制之后，大部分的报业集团的内部市场机制得以实现。天津日报报业集团2013年推进完成的集团转企改制，就实现了内部的市场化。明确资产关系，人员、业务、财务的关系，对收支进行核算，人力成本、办公成本等所有的成本都进行准确核算，对利润也有指标考核。天津日报报业集团社长杨桂华介绍："这样一来，大家开始变得斤斤计较起来，包括给领导的刊物，也少掉了。相互之间的宣传，广告费，也得亲兄弟明算账。"天津日报报业集团的人事权也下放给子单位，过去，每个部门都抢着要人，因为不需要考虑人力成本；现在呢，集团多给一个人都不要，因为多一个人就多一份费用。天津日报报业集团的印务公司过去是集团指定让印什么就印什么，也始终没有赢利，一直都是集团在给印务公司输血；现在印务中心开始实行内部的市场机制，每个月按照协议印刷、给付，已经扭亏为盈。杨桂华说："按照经济规律办事，比思想教育、报告都更管用。"

报业区域整合之后，面对更大规模、更复杂的股权结构，这种内部的市场机制更是重要。大众报业集团的区域整合就采用股权制。与临沂日报报业集团以产权为纽带，共同出资组建山东沂蒙晚报传媒有限公司，各占股50%，合作经营《沂蒙晚报》。共同出资组建山东鲁南商报传媒有限公司，大众报业集团占股51%；与菏泽日报社按照"产权联合、利益联结、行政推动"原则，成立菏泽牡丹传媒有限公司，统一运营《今日菏泽》和《牡丹晚报》。

2010年10月14日，山东沂蒙晚报传媒有限公司、山东鲁南商报传媒有限公司、山东临沂新闻大厦有限公司举行揭牌仪式。

上海报业集团成立后，集团以统筹经营为主要职责，在新技术运用、新媒体发展、新领域拓展上负起责任；而集团所属的解放日报社、文汇报社、新民晚报社则恢复报社独立建制，实行党委领导下的总编辑负责制。三大报社已经配备了广告、发行、财务、人事等部门，是独立的组织机构，对报纸全面负责，拥有事权、人权和财权。

上海报业集团社长裘新表示，三权统一是保证报社成为一个责任整体，既是报社舆论导向、广告经营的整体，同时也是向新领域、新品牌拓展的整体。独立法人比编辑部更能激发报社创新活力。

因地因时制宜

区域整合，没有固定模式可以遵循，所列举的这些例子，也都没有完全相同的情况，都各有特色。同样，面对一个区域内不同的地市，合作模式也完全不同，因地因时制宜。

辽宁报业传媒集团在与《辽阳日报》、《营口日报》的合作中，由于《辽阳日报》没有都市报，《营口日报》的广告经营工作已整体外包给了广告公司，合作并不触及经营层面，因此合作各方很快就达成一致。辽阳日报社、营口日报社同意将《辽阳日报》、《营口日报》的主办单位变更为辽宁报业传媒集团，加入辽宁报业传媒集团主办序列，并按照"瘦报"、彩版，报头下方署"辽宁报业传媒集团主办"字样等形式对《辽阳日报》、《营口日报》进行改版。辽宁报业传媒集团则向两家报社开放新闻资源，并对两家地市报包括改版在内的办报、经营及管理等方面给予适当支持。与本溪日报社和阜新日报社的战略合作的模式则有所不同，《本溪日报》按照"瘦报"、彩版，报头下方署"辽宁报业传媒集团主办"等统一要求进行改版，《本溪晚报》更名为《辽沈晚报·本溪版》。

大众报业集团的区域整合更是每个地方都不同。在青岛，大众报业与青岛日报报业集团各占50%股份的形式成立了合资公司，共同运营青岛日报报业集团旗下的《青岛早报》和《青岛晚报》，在新成立的公司董事会9位成员中，半岛传媒占5位，实现了决策上的主导权。与临沂日报报业集团的合作也是如此，但是，组建山东鲁南商报传媒有限公司，大众报业集团却占股51%；《临沂日报》则以让大众报业集团以成本价收购临沂新闻大厦为条件。

行政积极推动

在我国现有的行政体制情况下，报业区域整合能否实现，不单单由合作报社自身决定，更多要取决于各级党委对于战略合作的态度。

有专家曾说，很多区域整合都是行政主导的结果，而非市场主导的结果，比如上海报业集团、辽宁报业传媒集团；这不符合报业市场化的发展规律。

实际上，改革开放以来一系列的传媒改革，从广州日报率先成立报业集团，再到浙报集团的整体上市，其背后都有"行政主导"的因素。中国报业的深层改革几乎每一次都有行政力量的积极推动或干预。

辽宁报业传媒集团的新闻资源整合就离不开辽宁省委宣传部的高度重视、积极推动与辽宁中部城市市委的思想解放。辽宁省委宣传部不仅将辽宁中部城市报业战略合作列为2009年政府重点工作之一，提出了明确的路线图与时间表，还专门从省文化基金中拨专款用于建设连接辽宁报业传媒集团与辽宁中部城市全部地市报的报业信息资源共享平台。抚顺、本溪、辽阳、阜新、营口五市市委也召开市委常委会，对整合工作进行专题研究，并从地市政府的角度对战略合作给予肯定与支持。

上海报业集团更是在行政力量的强力推动下成立的。组建上海报业集团，是上海市委在深入调研、广泛听取意见建议基础上作出的决策，旨在通过体制机制的调整改革，更好适应形势和发展需要，更好发挥上海报业的影响力和引导力。上海市委为此专门召开多个专题会议和座谈会，探讨新媒体迅猛发展的新形势下，上海传统媒体转型发展的新路径。在启动筹备的近2个月里，通过数百人次的访谈、交流，进一步充分听取各方意见。最后，上海市委常委会审议通过报业集团调整改革方案，合并文新、解放两大报业集团而组建上海报业集团。

即使是人们所普遍认为的完全以市场化手段、市场化方式完成的山东大众报业集团的区域整合，其背后仍有各地行政管理部门的积极推动，否则，合作无从谈起。

大众报业的第一个整合案例就来自一个看似偶然的机会。半岛都市报社社长郑立波讲起合作的缘起："2009年春节前，我回潍坊老家，和当地的宣传部长见面。我开玩笑说要开地方版、设记者站。"宣传部长显然并不希望这样的事情发生。于是，合作，就成为双方之后讨论的一个主要话题。[1]并为了得到

---

① 张垒、陈芳：《报业整合 发展策略与走势分析——来自山东报业整合的报告》，《中国记者》2013年第8期。

当地宣传主管部门的支持，大众报业集团整合后的报纸，在重大问题上力争做得比当地党报还好，对当地中心工作配合得好，地方政府自然满意。在具体合作中，为进一步打消地方党委政府顾虑，大众报业总不忘在合同中加上一条：合作后成立的领导班子需要在地方宣传部备案，这实际上意味着赋予地方党委政府对媒体负责人"一票否决"的特权。

第三节　区域整合中的第二子报命运

报业当前最大的难题除了新媒体的冲击之外，更为揪心的是报业中的"内斗"，一个城市那么多的同质报纸共同争抢有限的、已经被新媒体蚕食得很少的市场份额。报业的区域整合主要是为了解决这个问题。上海报业集团成立之后，原两大报业集团所属其他报刊，将按内容类型、社会影响、品牌效应等，或归入解放、文汇、新民三大报系，或由报业集团进行整合优化，定位调整。①

如何进行整合优化、定位调整，则是个难题。早在2013年9月底，就有上海同行认为我眼观六路而向我讨教他所在的报纸会不会也被裁撤。我很悲观地告诉他，无论要不要整合，你所在的这张报纸都逃脱不了被裁撤的命运，或者彻底改变定位。他所在的报纸是张都市报，更准确地说，是份第二子报。果不其然，2014年1月1日，在上海报业集团成立两个月之后，《新闻晚报》正式休刊，成为上海报业集团成立之后裁撤的第一张报纸。

那么，在报业的区域整合中，原来的第二子报该怎么办？是裁撤还是重新调整定位？怎么调整定位？这些问题考验着整合者的智慧。

---

① 顾梦琳、廖丰、商西：《上海报业集团挂牌成立 三报社恢复独立法人资格》，《京华时报》2013年10月29日。

为什么会有"第二子报"？

上海报业集团成立之后就有了2份党报：《解放日报》、《文汇报》；4家都市类报纸：《新闻晨报》、《新闻晚报》、《新民晚报》、《东方早报》；2份地铁报：《I时代》、《行报》；2家社区报：《社区晨报》、《新民晚报社区版》。请注意，在这些子报当中，都是原来每家报业集团各有一份，只有都市报是每家报业集团各有两份。在所有的子报子刊中，人们最关心的是，两个集团整合之后，一下子就有了四份定位类似的都市报，该怎么办？

同样定位、同种性质的都市报，当初为什么每个报业集团有两份。

这种情况还不是特例，全国绝大部分的省会城市，都有这种一个报业集团同时拥有两份定位相同、基本同质的都市报的情况，这是普遍现象。

当时创办第二张都市报的初衷是什么？

一是在第一子报竞争乏力的情况下开辟竞争的第二条战线。自有报业集团以来，一般一个省会城市都有两家以上的报业集团，每个报业集团都拥有旗下的都市报，两张都市报的竞争经过一段时间之后，很快就会陷入"竞争瓶颈"，也就是，格局基本确定，你再怎么努力，也还是原来的那个样子，份额不会有太大变化。在这样的情况下，创建的第二张都市报就承担起开辟第二战线，成为集团新的经济增长点，或者拖垮对方报纸的重任。加之竞争者们都认为市场还有空间，于是，就不断有新的报纸加入战团。

二是与对方的第一子报正面竞争，试图用低价等方式拖垮对手。一份新创办的报纸，发行量较低，比如只有5万份，而对方的第一子报的发行量却有20万份。如果都降价2角，那么双方的收入损失比是1比4。挑战者能够实现四两拨千斤的效果。从营销角度来说，这种降价折扣非常划算。作为一个新加入战局的内容质量成熟度不高的报纸，以低价杀入市场可以迅速弥补质量上的差异，可用较少的成本损耗获取低价格，以低价格换取发展的空间和时间。

但是，报业集团的这些如意算盘都打错了。由于市场空间有限，第二子报的加入并没有完成开辟第二战场、抵御对手的任务，相反却也在争夺母报的市场，并且生存状况不佳。全力投入，大都亏损。第二子报对第一子报造成冲击，伤害到第一子报的利益。比如石家庄，1999年，石家庄日报社在《燕赵晚报》之外，又创办了《生活早报》，虽然给竞争对手《燕赵都市报》造成一定冲击，可同时由于定位与《燕赵晚报》相近，也在分流《燕赵晚报》的读者群和广告。新办报纸并没有带来石家庄日报社利润成比例增长。2001年，河北日报报业集团也在《燕赵都市报》之外，推出了第二子报《河北商报》。这些新创办的第二子报同质化现象严重，不但与竞争对手错不开定位，与报社内部的第一子报也形成了"内耗"。为争夺有限的报业市场，四家同质报纸展开了针锋相对的竞争……石家庄日报社经过长达一年的调研后，于2003年4月进行报业结构调整，砍掉了《生活早报》。2003年3月5日，《河北商报》也宣布停刊。

这是在河北，而在全国的其他大部分城市，大部分的第二子报都没有选择停刊，而是勉强维持，或是在集团的持续"输血"下，"打点滴"度日。成都的《天府早报》、《成都晚报》，南昌的《信息日报》，北京的《法制晚报》，当然也包括上海的《东方早报》、《新闻晚报》等，都是这种情况。

一些第二子报在困境中纷纷考虑转型为财经报纸，特别是"商报"，但由于财经报纸的市场空间有限，都是口号上转型，都市报的实质都没有发生变化。

于是，就出现了这种一家报业集团同时存在两张都市报的格局。

都市报将形成"一城一报"格局

有两个因素完全消解了都市报第二子报的存在价值。

一是报业竞争的形势。当前的报业竞争早就不是报纸与报纸之间的竞争，而是报纸在各种新媒体的蚕食中求生存。

从上世纪末到2005年左右，是都市报的跑马圈地时期，报纸间"战事"不断。近几年，随着竞争手段的枯竭，报纸与报纸的竞争格局已定，在每个城市，各报市场份额基本成型，即使折腾，也不会有太大的变化。而新媒体的异军突起，使都市报感觉到来自新媒体的正面冲击。报纸与报纸间的竞争就不再是主要矛盾，与新媒体的竞争成为首先需要考虑的问题。价格战、广告战、发行大赠送基本都偃旗息鼓。除了在一些市场层次较低的中西部地区，还能依稀看到以前的那种报纸间火热争斗的场面。比如江西的南昌，2013年发行季依然在打发行大战。

而第二子报的创办诉求就是应对都市报间的竞争，一旦这种竞争不存在了，那么第二子报的价值又体现在哪里呢？

二是由于报业利润空间的缩减，现在的报业集团已经不能支撑第二子报的存在。以前的都市报是暴利产品，信息供给、广告等报业资源都是供小于求。市场上没有多少媒介产品，《新民晚报》的老报人回忆，以前要是到了下午4、5点钟，晚报还没有送到的话，就会不断有读者打电话给报社，质问为什么报纸还没有送到。但是现在，读者对报纸的这种期待已经很少见了。媒介渠道的多元化，读者有了更多、更便捷的信息获取方式。报纸上的内容都是"剩饭"，报社成了专卖"剩饭"的饭馆。广告也是如此，以前市面上媒介产品不多，广告需求又很大。文新集团的《新民晚报》一度强悍到广告需要排队三个月才能刊登。但现在呢？都市报依靠的可能是客户的惯性投放，永远不可能再有"暴利"了。

都市报的问题又导致报业集团收入、利润锐减，又拿什么来支撑第二子报的生存呢？

同城报业集团合并后，共存两张以上定位类似、价值雷同的都市报都无甚意义。"一城一报"将成为现实，即使同城报业集团没有合并，现有的市场空间也无法支持那么多的都市报，在市场的作用下，仍然会出现"一城一报"现象。

整合之后，党报，由于特殊需要能多份共存；都市报则只可能存在一张，其他的都市报要么裁撤，要么就彻彻底底地改变。请注意，是彻彻底底！

第二子报该怎么转型？

对于第二子报，说裁撤，也是不可能裁撤的。那么多的员工需要安排再就业，那么多的负债需要处理，那么多的资产需要重新整合……更合适的做法是改变。

早在前几年，就有一些都市报定位的第二子报在发展无望、赢利遥遥无期的情况下彻底转型为财经报、地铁报或者社区报。

现在看来，由于内容定位不容易拉开差距，财经报纸往往不由自主地又回到都市报的定位。比如各地以商报为报头的报纸，《河南商报》、《温州商报》、《江西商报》现在本质上都是都市报。地铁报或社区报的转型思路，由于渠道的差别定位容易区分，在一定程度上能实现预期转型目的。

《北京娱乐信报》就经历了上述的转型曲折过程。《北京娱乐信报》是北京日报报业集团下的第三或第四都市子报，刚开始做娱乐，后来转型为都市报，不行之后又改为娱乐，但都不行。直到2008年才改成了地铁报，终于找到了独特的定位路径，实现了生存发展的价值和可持续性。现在，大部分有地铁的城市都创办了相应的地铁报，而这些地铁报绝大部分都是由原来报业集团的第二子报第三子报转型而来的。如《武汉晨报》，2011年12月彻底转型为地铁报，2012年就实现了利润1000万元。这在没有转型的第二子报中，很难想象。

社区报也是如此。社区报的细分区域特性使其可以很好地应对新媒体的冲击。新媒体并不是合适的区域性媒体，互联网、移动互联网，都是没有区域"疆域"的开放平台，即使它现在还有一定的限制；在这样开放的无空间限制的平台上，很难体现出区域性特征。因此，在一些社区，大的新媒体公司并无暇顾及也不适合顾及。而这，就成为了都市报往社区发展的条件和优势。

跟都市报相比，社区报是绝对不需要上网变成数字报免费给大家看的，因为如果社区报自己不上传到网上，市民们就必须买报纸来看，别无他法。而都市报的内容，如果你不上传，就会有别的都市报上传。从这个角度上说，社区报的区域特性保证了社区报内容的琐碎与贴近，而社区报埚碎的内容保证了社区报的独一无二性，这是社区报的核心竞争力。

从广告上看，社区报的广告价格要比发行量动辄几十万的都市报要低很多；而同时，以社区为特征的读者特征比较容易把握，他们除了有共同的地理位置和生活环境外，一般还能根据楼盘的售价判断出其基本收入情况，以及从开发商倡导的文化品位等推测出居民的教育水平和消费特征。这种明确的读者范围也就无形中为广告客户提供了特色鲜明的受众群，针对性强，从而确保广告效果。

第六章

报业地产：走还是留

　　甚至不敢想象，一旦房地产泡沫破天，对整个报业来说，是怎样的天顶之灾。

房地产收益能为舆论引导提供支撑

相关部门既然不能够为舆论引导提供资金支持，那么，就应该为报业提供优惠政策与资源

房地产的高收益值得报业冒险

报业地产最大的风险是房产市场转向的风险

撑大起来的泡沫总有破灭的时候

房产市场转向对报业的打击是双重的

房地产是全国人民的"主业"，现在全国大部分的行业，绝大部分的人都与房地产有着千丝万缕的联系。特别是报业，作为报业近十几年来经济与发展支柱的都市报，其繁荣发展就是借着房地产快速发展的东风。由于都市报的媒介特性适合进行不动产的广告推广，其读者定位与房地产目标人群相对合拍；因此，房地产广告一直就是都市报的核心广告类型，房地产广告的一举一动，都影响着都市报，进而影响整个报业的走势盛衰。

本世纪初以来，房地产极度繁荣，畸形繁荣，泡沫越发膨胀，成为真正的暴利行业，只要涉足其中的企业，基本上没有赚不到钱的。在这样的背景下，很多报社也开始深涉其中，不仅仅只是作为房产广告的承载体，而成为了房地产项目的策划者、开发者、销售者，还形成了一个很特别的词——报业地产。

第一节　报业地产的优势来自哪里

"无心插柳柳成阴"

很多报社并不是一开始就打定主意进军房地产的，绝大部分都是无心插柳的成果。

一些报社在建设或改造报业大厦或报社小区时，为了工程审批协调方便，不得不成立房地产公司。工程完工之后，新建的房地产公司也不可能一下子裁撤掉，于是就开始走向市场运作。开发建成部分除了留足报社自用面积，还部分作为写字楼出租或出售；在建设职工宿舍楼时也顺带增建部分商品房。比如浙江日报报业集团就是由浙报房地产开发公司对集团大院进行综合改造建设，兴建了传媒广场及创业人才公寓。

洛阳日报社的九鼎房地产公司也是由原基建办公室演变而来。最初，只是给自己建办公用房和住宅楼，洛阳市的新区建设催生了房地产开发，报社就抓住这个机遇注册成立地产公司。2005年开发的3.6万平方米的商品住宅楼投放市场后，项目投资回报率达到30%。2008年，金融危机爆发，洛阳很多房地产企业停建工程项目，洛阳日报社却逆势而上，开工三幢高层住宅项目。第二年，洛阳房地产回暖，多数地产商无房可售，九鼎公司6万多平方米的高层住宅旺销。九鼎房地产公司的优良经营业绩，也引起了洛阳市委、市政府的关注，根据洛阳保障性住房公益性和市政建设的需要，由洛阳市领导牵头组织相关委局，市财政和报社共同出资成立了洛阳力合房地产股份公司。洛阳日报社控股经营，市财政局参与管理。在政府支持下，开发面向低收入市民公益性、政策性经济适用房、廉租房，给报社跨行业经营开辟了一个新舞台。洛阳日报社的房产开发走出了自营—拓展—参与城市大规模保障房建设三个步骤。

现在，一些报社的房地产公司已走过了建大楼、改善办公条件的初始时期，变得越来越像一个真正的房地产公司。报社也早就开始把房地产作为多种经营的重要项目、一个新经济增长点，是一种积极主动的作为。媒体参与土地竞拍，以巨资拿地的新闻不时见诸报端，重庆日报报业集团以7.2亿元拿下渝北商住地块，湖北日报报业集团举资30亿元参与漳州迄今最大的房地产开发项目。河南日报报业集团成立了河南瑞奇房地产开发有限公司，2007年和2008年，先后开发了瑞园和东瑞园两个楼盘，总建筑面积30多万平方米。由于党报集团良好的口碑和信誉，房地产销售顺利，这两个楼盘的总销售收入10亿元左右，房地产业已成为集团的支柱产业。[①]

---

① 陈伊娜：《延伸产业链条 形成多点支撑——河南日报报业集团多元经营的实践》，《青年记者》2009年2月上。

多元经营中走出来的经验

报业地产的成功也是报业在十几年多元经营实践中走出的经验。这些年来，报业运作了数不清的多元项目，几乎什么行业都涉及，但成功的很少，或者即使成功了，收益也少得可怜，房地产却有高额利润。

比如金华日报报业传媒集团。"我们多元经营起步比较早，大概从1984年我们就和义乌的一个老板合作过，成立一个经济服务部；我们还租赁过下面一个县的造纸厂，生产再生新闻纸；搞过灯具市场，但这些基本上都是微利或者亏本。做房地产项目的契机是当时我们从江北搬到江南，报社领导考虑到职工工作便利，就在单位附近买了一块土地。因为不允许集资建房，所以必须要有一个开发主体。于是成立一家房地产公司，负责几个项目，包括小区的建设、（报社）大楼的建设、印务中心的建设。项目2011年结束后，这个公司如果不开发就要注销，所以性质变更为新闻发展总公司控股51%，另外的49%由职工自愿认购。做的第一个项目是和别人合作的，拿固定回报。积累了一点儿资金。第二个项目就自己搞了，刚开始两年正好碰到低潮，销售压力很大。但第二个项目大概有6000万利润。有一定经验了，接下来的两个项目就搞得比较顺。后两个项目估计有3个多亿的利润。"①这是金华日报社副社长黄健讲述的金华日报社如何从到处碰壁的多元经营中探寻出房地产业高利润的经过。

物业经营：稳定的回报

一些报社开发楼盘后，除出售外，还留下一些物业自己经营，比如开酒店、开商铺。有的报社因为业务接待量较大，干脆自办酒楼或接待所，河南洛阳日报社创办应天园酒店，河南日报报业集团办大河锦江饭店，经营上都很成功。有的则办旅行社、商超、文印店、书店、音像店、相馆……这种模式，相当于把开发楼盘与多种经营结合起来。

大河锦江饭店是河南日报报业集团的一个成功尝试。2002年，河南日报报业集团投资兴建了一家四星级饭店，取名为大河锦江饭店。大河锦江饭店依托报业集团强大的综合实力以及媒体覆盖优势，营业收入以每年800万元的速度递增，实现了超常规、跨越式的发展，创造了河南省旅游饭店业多项第一，饭

---

① 张垒：《金华：一份新型城市党报的发展观察》，《中国记者》2013年第3期。

店营业收入、经营利润、客房平均出租率、平均房价等各项经营指标在河南省四星级饭店中均名列前茅。从2008年开始，河南日报报业集团通过自主投资建设、租赁托管等形式，陆续开办了大河国际饭店、大河公馆酒店和大河商务酒店，形成了自己的酒店管理经营网络。2010年，四家酒店全部实现盈利，经营收入逾1.5亿元。

物业租赁也是很好的一种增资方式。2007年，深圳报业集团成立了全资子公司深圳报业房地产经纪顾问有限公司，深圳报业集团现拥有物业资产33万平方米，除部分自用外，对外出租部分的租金收入每年高达8000多万元，现在这部分物业的租赁工作将全部交由深圳报业房地产经纪顾问有限公司运作。在此基础上，报业地产公司还投资购入一些优质房产，包括商铺、写字楼、公寓等，进行整合包装后对外租赁、出售，以期获得长期稳定的投资回报。

报业地产的优势

房地产收益能为舆论引导提供支撑。既然各相关部门不能够为舆论引导提供足够资金支持，那么，作为一种重要的执政手段与执政工具，各相关部门也应该为报业提供优惠政策与各种资源。这也是报业地产与其他运作地产的普通公司的最大区别，也是报业地产的主要优势所在。

最大的优势是土地优势。报业集团能够以文化产业用地的要求获得一些划拨土地，然后就有了两种选择：

一是变成商业用地，比如，河南日报报业集团借助党报的品牌效应做大产业，先后把四块土地的性质变成了商业用地，然后进行投资开发。2011年10月20日，华商传媒集团成立了华商豪盛房地产公司，2012年，华商豪盛以建设华商文化产业园项目的名义，以挂牌底价竞得西安曲江新区三宗土地，三宗地面积合计18.5万平方米，总价款7.3亿元。需要考虑的是，土地"变性"的手续比较麻烦，也比较难办。除了在当地比较强势的媒体，一般都很难做到。

于是，在很多报社，一般采取另一种方式，就是土地盖成楼之后，作为租赁使用，赚取租金。这样就规避了土地变性之繁琐与困难；但缺点是变现比较漫长与不确定。河北日报报业集团在2007年兴建了报业大厦，大厦朝向大街的门脸租赁给了石家庄市神州七星酒店，背向大街的大门供报业集团办公使用。

这样既满足了报业集团办公之用，每年还有数目不菲的稳定租赁收入。

第二个优势是资金优势。房地产是资本密集的产业，最需要的就是资金。"暴利"的报业十几年来手里积累了一些现金。但报纸版面有限，不可能无限制扩张。同城竞争到了一定程度，格局稳定，投入再多，对市场份额助益也不大，最好的利用方式就是盖楼。2007年股市攀上6000多点的前后，就有很多报业资金在股市中的身影，盈亏不定。直到现在，很多报社仍然在购买理财产品，以获得超出银行利息的收入。总之，很多报社的手里还是积累了一些资金的。另外，报社广告日日产生现金流，广告产出能力、报社的社会地位以及所拥有的办公楼、印刷设备等固定资产，有助于提升授信额度，银行乐意贷款给报社，这为融资提供了极大便利。

公信力优势。媒体天天与受众见面，潜移默化，令人印象深刻。不少报社历史悠久、传播面广，这是品牌优势，报纸长期的报道以及报社"国家单位"的性质，使报社拥有与一般地产商不同的公信力和影响力。这种优势不仅可以帮助报业地产提升授信额度，对于房地产的销售也助益良多。

营销优势。报社本身就是从事信息收集、信息处理及信息发布的机构，能够及时掌握信息动态，了解政策先机，捕捉市场征兆，掌握地产买卖信息，这些对房地产开发经营至为重要。同时报社利用自家的媒体，能够及时发布相关信息，向读者吹风，在为自家参与开发建设的楼盘发布广告上有优势。

第二节　转型中报业地产的价值

承载着报业希望

近十年来，报业多元化经营中，最成功的就是报业地产；但是对于有些报社来说，最失败的项目也是房地产。在一些报业集团，报业地产已经成为收入与利润的支柱项目，但是也有很多报业集团在房产项目正风生水起时又激流勇退，这让人有些好奇。很多报人认为报业地产是报业转型的很好路径，但也有很多报人则认为报业不是房地产公司,不能舍弃主业而做其他……

但无论如何,报业地产,一个承载着报业很多希望与尴尬的产业,正成为报业转型的主路径之一。据统计,河南日报报业集团总收入中,报刊发行广告收入所占比重,已经从"十一五"初期时的90%以上下调至目前的50%以下,也就是说,河南日报报业集团的非报收入已经超过了报业收入,其中,最主要的就是报业地产的因素。浙江金华日报报业传媒集团以房产为核心拓展多元经营,收入远超报纸主业,2011年其收入是主营业务的两倍。重庆日报报业集团一年曾有10亿元的收入来自于房地产,福建日报报业集团有一年从房地产中赚了10亿元。

他们为什么退出?

但是,也有一些报社在房地产项目风生水起之时又令人奇怪地退出了,比如浙江日报报业集团。2005年8月,浙江日报报业集团和浙江省较大的房地产开发商绿城集团进行资本合作,共同组建了浙江报业绿城投资有限公司,资本金为8000万元,双方各占50%。公司借助浙报集团和绿城集团的资金、品牌和团队优势,进军二三线城市的房地产市场。在浙江宁波、山东聊城、福建宁德等地都投资了一些大项目,运营很好,收益颇丰。

但是就在房地产项目利润稳步增长、效益见增的时候,浙江日报报业集团却开始逐步收缩房地产的投资,先是将省外的房地产项目逐步出让,2008年7月拍卖出让福建九龙房地产公司75%股权,实现赢利1.84亿元。后在浙江本省的项目收尾后没有继续增加投资。到现在,已经基本退出了房地产业。

浙江日报报业集团社长高海浩谈到浙报集团为什么退出房地产的原因很简单:"传媒集团不是投资公司,更不是房地产公司,传媒集团是舆论阵地,传播的是信息,依靠的是公信力,营造的是影响力;对于国家来说,并不需要我们报业集团赚多少钱,我们需要集中力量进行内部转型,把舆论平台打造好。而房地产与我们的这个主业没有多大关系,所以主动退出。"[1]

华商传媒集团也曾经进入过房地产业务,但也很快退出。根据华商传媒的控股方华闻传媒投资集团股份有限公司2011年半年度报告显示,陕西华商豪盛置业有限公司于2011年4月20日成立,注册资本1亿元,由华商数码信息股份有

---

① 陈国权:《浙报集团寻找报业转型基因变革之路》,《中国记者》2013年第9期。

限公司及西安豪盛置业（集团）有限公司分别出资8500万元及1500万元，持股比例分别为85%及15%。

2012年，华商豪盛借用华商传媒的影响力，以建设华商文化产业园项目的名义，以挂牌底价竞得西安曲江新区三宗土地，三宗地面积合计18.5万平方米，总价款7.3亿元。根据2012年11月28日华闻传媒的公告，为帮助华商豪盛拿地，华商数码对其提供财务资助6.7亿元。特别值得一提的是，这三宗地都以挂牌底价成交，楼面地价显著低于同区段近期出让的土地。而这主要是华商传媒以建设文化产业园的名义争取的底价成交。

但是，令人好奇的是，根据2012年11月28日华闻传媒公告，控股子公司华商数码拟出让所持有的陕西华商豪盛置业有限公司84%股权，西安豪盛集团是主要受让人。也就是说，短短一年间，华商传媒集团在拿到低价地之后就退出了房地产市场，这甚至让分析师们起了疑心。[①]

华闻传媒集团副总裁齐东在接受采访时曾说道：华商传媒集团退出房地产，出让华商豪盛的股权主要是上市公司的要求，不允许子公司涉及房地产。从他自己角度也认为，报业转型应该考虑员工的因素，如果报社全都转型为房地产公司或者投资公司，这些公司都不需要那么多的人员，那么原有的员工怎么安置？[②]

房地产与报纸主业不相关，不希望报社转型为房地产公司。这一观点并非上面列举的独有，这也是很多报人的看法。苏州日报报业集团社长刘文洪说："一个冰箱厂，就应该力求在冰箱市场占主导地位，如果卖冰箱的收入只占总收入的10%，开百货商场反而赚了80%以上，那这是一个失败的冰箱厂，还不如改成一个百货商场。"刘文洪认为，有的报业集团搞房地产公司，偶尔赚一把、挖一桶金有可能，但从长远来看，不是报业的发展方向。

当然，有更多的报业集团还在房地产业拼杀获益。特别是当前的报纸"暴利"已成过去时，收成越趋微利化、甚至亏损的情况下，报业地产的高收益值得报业集团、报社冒高风险，更不会考虑是否与主业相关。

---

①　《拿地后低价转让股权　华闻传媒涉嫌利益输送》，财经网2012年11月28日。

②　陈国权：《华商传媒集团市场化转型之路》，《中国记者》2013年第7期。

报业到底要不要房地产？

在我看来，报业运作房地产是完全可行，也是完全需要的。

报业是以报纸为主的产业，从产业角度看，并不能排斥其他产业，任何在法律框架范围的转型方式都可以接受，都在报业转型的研究探讨范围。

考虑到报纸这种媒介所遭受的前所未有的冲击与挑战，以及报业作为国家舆论主阵地的职能，各种能为报业带来现金流的产业都可以考虑。从2012年以来，报业广告呈现出跳水式的下降局面，2013年报业广告下滑将超过两位数，都市报中的房地产、汽车、奢侈品等报业原来的核心广告类型迅速流失。报业整体收入、利润水平面临较大的挑战。未来，来自报纸本身的营收将呈逐年下降趋势，在这样的情况下，报业必须寻找新的营收来源。

房地产业作为报业近些年来多元化经营的一个重要方式，加之中国房地产市场的如火如荼，自然成为报业增加收入来源的重要渠道。很多报社所引以为傲的总体收入利润水平中，房地产做出了巨大的贡献，如金华日报社、泉州晚报社、河南日报报业集团等。甚至可以说，多年来，报业最成功的多元经营就是房地产。

报业运作房地产所获取的巨大的经济效益，能为整个报业的发展提供经济支撑，也为报业转型提供经济基础。辛辛苦苦办报好几年所获得的利润往往不及一个成功的房地产项目。因此，从报社发展战略角度看，完全需要运作房地产的经济收益来维持报社的生存与发展。

报业兼具意识形态属性和扩大再生产需求的商品属性，这两个基本属性不可偏废。做大做强经济实力，也是更好地巩固舆论阵地的基础，报业也需要做大做强。只有做大做强经济实力，报业集团才能够更好地实现发展，员工的利益才能够得到保证，才能提高报业集团影响力，才能更好地服务于巩固舆论阵地这个最终诉求。否则，经济实力不强，就做不出影响力；报纸、节目没人看，微博没有粉丝，巩固舆论阵地也就无从谈起。占领市场才能占领阵地，也只有提高整个传媒集团的经济实力和影响力，才能巩固舆论阵地。

传媒市场化是传媒在基本保持原有的所有制、政治立场、编辑方针的前提下，以市场经营的方式取得经济自立的过程。传媒市场化将使传媒减少或摆脱在经济上对政府或组织资助的依赖，取得经济上的独立地位。那么现在，仅仅依靠报业本身的市场化已经不能满足报业发展需求，需要报业面向其他方面"找钱"。与其他方式一起衡量，房地产业就是相对容易的增加经济收益的方式。

另一方面，主管部门已经很多年没有为舆论事业提供足够资金扶持了。大部分的报社都没有财政投入，有些报社能够获得一些项目上的扶持。有报人自嘲地说，也就是跟书记的记者想要买台好点的相机，然后找书记批一下，再找财政局要一点钱下来。在这样的情况下，相关主管部门就应该为舆论事业创造条件开源增收。因此，报业"找钱"之路，只要在法律许可的范围之内，都是应该被首肯的，也应该被相关主管部门支持。

从这些角度看，报业运作房地产无可厚非。

第三节　"伤不起"的报业地产

报业地产最大的风险不是资金，不是人才，更不是法律法规，而是承担与房地产业同样的风险，即市场转向的风险。

宏观调控的风险

报社事业单位的属性，决定了报社在进行多元经营时对风险的承受能力有限。泉州晚报社在多元经营方面曾成为一段时间的典型，泉州晚报社社长叶燕民说："报社今年赚了一个亿，人家不会说什么；但你要是亏了1000万，马上就会有人跳出来指责或者问责你。因此泉州晚报社坚持一个项目一个项目稳扎稳打。必须要有99%以上的把握才能自己运作。"而房地产是收益高、风险大的行业，微宏观经济的任何风吹草动，都会引起房地产市场的剧烈变动，必然导致报业地产营收利润的下降甚至亏损，报业地产的操盘者受不了这种情况。

政府对宏观经济的调控，往往从楼市调控着手，可以根据不同时期的状况，接二连三地出台政策抑制楼市过热。这些调控措施都是其次的，最为关键的撒手锏——房产税一旦祭出，房价将应声落地。买涨不买跌的心理将导致房地产市场遭遇重创。

从各方面信息判断，房产税已经在多个城市试点，在全国推广并不是多么遥远的事情。2014年3月13日，财政部部长楼继伟在十二届全国人大二次会议举行的新闻发布会上表示：税制改革的主要任务之一就是推进房地产税的立法。全国人大常委会法制工作委员会副主任阚珂在回答媒体提问时也表示：房地产税法草案和环境保护税法草案正在按照十八届三中全会的精神积极起草中。国税总局局长王军也在两会期间表态："我们会配合有关方面，加快房地产税立法的进程。"[1]

如果房企在楼市即将下行时介入，或者在楼市转向前未能脱身，或者高估了刚性需求未能及时规避，则会陷入泥淖。香港星岛集团上世纪80年代末由于对香港前景判断失误，投资海外房地产，多告失利，导致严重亏损，负债累累，究其原因是星岛集团未能准确把握市场走向。

城市化进程趋缓

房地产的黄金十年已经过去，虽然为房地产市场扩容的中国城市化进程还在继续，但接下来的城镇化进程将是漫长而缓慢的。中国城乡和住房建设部提供的数据显示，2009年我国城镇化率已达46.59%，2012年达到了52.67%。我们只用30年时间，城镇化率由5%达到了50%以上，赶上了西方200年的城市化历程。[2]但是，这两年的城镇化进程正在趋于减缓。多年以来，中国的城镇化增长率一直维持在1个百分点以上，而2013年，仅增长0.77个百分点。2014年3月，国家发改委向全国人大提交《关于2013国民经济与社会发展计划执行情况和2014国民经济与社会发展计划草案的报告》显示，2014年全国常住人口城镇化率预期达到54.6%，减缓的趋势越发明显。

国务院发展研究中心资源与环境政策研究所副所长李佐军说："之前城镇化追求数量和速度，现在则更强调质量。"也就是说，从中央的政策角度看，我国的城镇化率速度要减慢，预计城镇化率从50%到80%的过程将是缓慢而漫长的。而且，也不可能无休止地向上增长，城镇化率总有个临界点，经济

---

① 《房地产税法草案有望年内出台》，《证券日报》2014年3月13日。
② 高云才：《城市化不能"大跃进"——中国城市化观察》，《人民日报》2011年2月14日。

社会发达的国家，如美国，2012年城市化率也只达到了83%，这已经近乎极限了。再加上中国的特殊地理、人口、国情等因素影响，中国城镇化继续发展的空间委实有限。随着中国城镇化发展速度的减慢，房地产业也必然走向饱和。

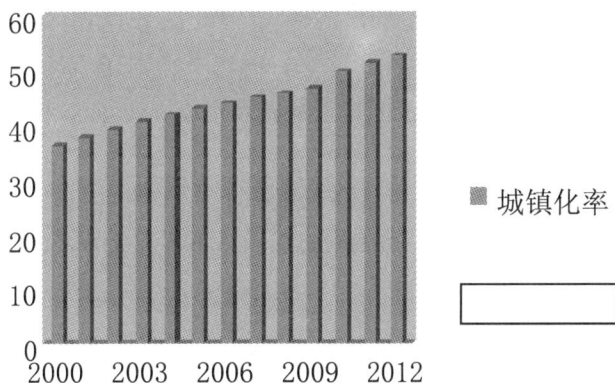

（2000年—2012年中国城镇化率）
（数据来源：国家统计局）

■ 城镇化率

更为关键的问题是，房价不可能像前几年那样无休止地涨上去。这一点，即使外行也能看出来，只是不知道这个泡沫究竟哪年哪天破灭。2005年后，中国房地产市场的狂飙突进给正走向衰弱的中国都市报注入了一剂强心针，使都市报重焕生机。大量的房地产广告挤上报纸版面，很多报业集团"亲自"开发房地产业务，大势所趋下，也都取得了不菲的成绩。但到了2013年后，房地产的泡沫化愈发严重，国家对于房地产的宏观调控愈发收紧，房地产业面临紧缩。投资者买涨不买跌，在房价持续下滑时，消费者持币观望心理严重，致使有房无市。随着银根紧缩，很多企业后续资金跟不上，最终会被压垮拖垮。从种种情况来分析，房地产的泡沫总有被刺破的一天。一旦泡沫破灭，损失的就不仅仅是没有房地产广告，对于深涉其中的报业地产，更是致命打击。

报业对地产广告的过度依赖

中国的报纸对房地产广告高度依赖，2005年第一次报业危机时，有识之士就在大声疾呼，要改变报纸这种高度依赖房地产广告的危险局面，但这么多年过去了，这种情况却愈演愈烈。

2013年，在报纸广告的前20个行业中，只有房地产、活动类和家用电器三个行业保持增长。在上半年还分别增长8.0%的酒类和12.3%的饮料，在下半年也进入下降行列，房地产一枝独秀的状况已经持续近半年。

由于其他行业全面下降，房地产广告占到报纸广告的比例上升到33.6%，而位居第二的商业零售业广告占比下降到16.2%，占第三的汽车广告占比下降到8.1%。房地产行业的比例显著提高，使前三个行业的集中度从上年同期的54%提高到57.9%。

在增量贡献中，唯一能够提供正向贡献的行业依然还是房地产，2013年上半年，房地产对报纸广告增长的贡献率达到了93%，下半年房地产对报纸广告增长的贡献率达到64.5%。商业零售业、汽车分别提供了25.3%和32.8%的负贡献，药品也提供了25.2%的负贡献。①

在报纸广告严重衰退的时候，房地产广告的增长几乎成了唯一的亮点和支撑。但是，风险也随之加大，目前，房地产广告在整个报纸广告的比重已经超过三分之一，而在都市类报纸中这一比例更高。

报纸广告仅靠房地产独力支撑，报纸对房地产广告的依赖性在不断加强，未来市场的不确定性也日益加强，一旦房地产市场转向，那么对报业的打击是双重的，或许报业在房地产市场转向之后，彻底坠入深渊。甚至不敢想象，一旦房地产泡沫破灭，对整个报业来说，是怎样的灭顶之灾。

在这样的背景下，报业地产应重新慎重考虑风险。

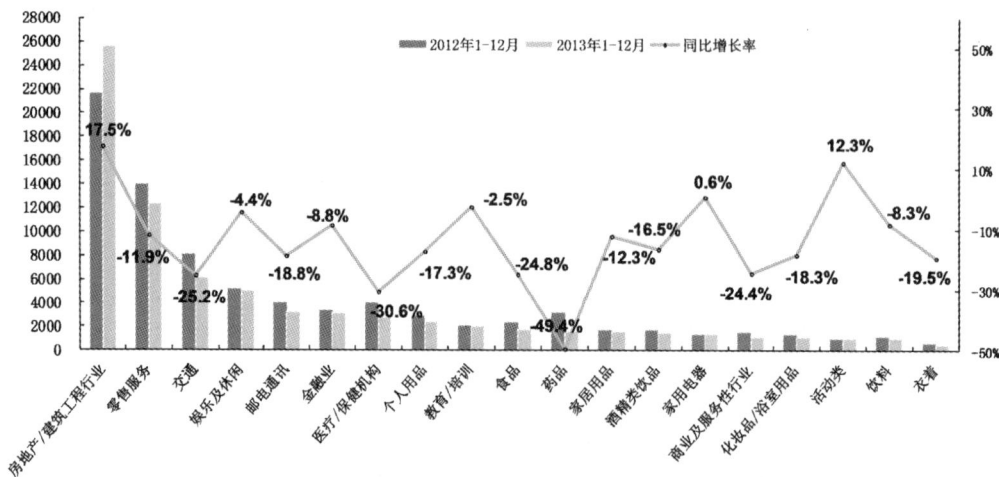

2013年报纸主要行业广告增长率（数据来源：CTR媒介智讯）

———————

① 中国广告协会报刊分会、央视市场研究媒介智讯：《2013年度中国报纸广告市场分析报告》。

第七章

上下游产业链的共转

　　"报纸卖不动了，那我们该怎么办？"面对报业危机，原先以报纸作为主要依托的整个产业链也必须转型。

本章核心观点：

新闻纸价格进入下行通道

产业链的共转是个恶性循环

报业印刷量的高增长不会再现

发行渠道重新洗牌

报纸发行"奢靡之风"正在没落

报 业积极转型，以应对危机。报纸上游的新闻纸、印务，下游的邮发渠道、自办发行，包括很多原先依附于报纸的咨询、代理等行业在需求降低、市场空间萎缩、渠道减少的形势下，也都必须转型。是随报纸转型而转，还是开拓全新领域？是固守挖掘原有优势，还是发展创造新的核心竞争力？

第一节　新闻纸转型的压力与困境①

2013年以来，全国报业用纸量明显减少，新闻纸价格频繁下调，一路走低。这从另一个角度显示了报纸发行量的下滑以及报业当前面临的困难。新闻纸作为报业产业链的上游一环，也面临着调整与转型的压力。

新闻纸用量为何创新低？

据中国报协统计，2013年国内新闻纸总产量约为380万吨，基本与2012年持平，但采购量约为310—320万吨，明显少于2012年，新闻纸市场供大于求。

---

① 本节作者为翟跃文，收录本书获作者许可。本章根据《中国记者》杂志社2013年10月的产业链转型调研（课题调研参与者：陈国权、翟跃文、程征）而完成，收录本书有删改。

2013年上半年，全国76家主要报社比2012年同期减少新闻纸用量6.6%。全年新闻纸用量比2012年下降5.8%，而实际上2012年是历史上新闻纸用量最低的一年。

影响新闻纸用量的两大因素是广告数量和发行量。互联网技术改变了媒介形态，纸质媒介的受众数量急剧下降。2012年以来，财经类、IT类等生活服务类报纸发行量锐减。虽然部分时政类报纸特别是中央党报、省级党报发行量有小幅上涨，但主要是依靠行政手段发行的结果。而晚报、都市报等发行量大幅下降，这与正在消失的报摊、报刊亭不无关联。零售减少，对晚报、都市报影响很大。报纸印数减少，导致新闻纸用量大幅缩减。

随着新媒体的快速发展，广告分流严重，传统媒体广告优势早已不再。据《中国报纸广告市场分析报告》披露，2013年报纸广告首次出现负增长，降幅为8.1%；2012年报纸广告同比下降7.5%，降幅有扩大的趋势。广告下降导致那些因大量广告版面被称为厚报的都市类报纸版面大幅缩水，多家每日100版以上的报纸平均缩至50—70个版，这是新闻纸用量急剧减少的又一个原因。

新闻纸价格堪称历史最低

新闻纸价格的变化对报业影响巨大。新闻纸是报社最主要的生产原料，在报业产业链中所占比重最大，几乎占到报社总成本的50%—70%。在报业高速发展时期，广告收入大大降低了报社对新闻纸价格的敏感度。然而，随着纸媒经营日益困难，报社对新闻纸成本高度敏感，纸价上涨有可能给原本就已面临生存危机的报社带来难以承受的重压。

2013年6月，国内新闻纸平均价格从2012年年底的5100元／吨，下降到4550元／吨，不仅降幅很大，而且下降次数频繁。

纵观2000年以来，新闻纸价格一直在3950元／吨—6100元／吨间波动，其中又以4700元／吨—5500元／吨为主要价格波动区间。从绝对数值上看，历史最低值出现在2009年年底，平均价格一度跌至3950元／吨。

从表面上看，2013年的4550元／吨价格并不算很低。然而当前新闻纸生产成本与2009年相比已大大增加。首先原材料成本大幅上涨。我国新闻纸生产的主要原料是美废8号，已从2009年的105元／吨，上涨到现在的175元／

吨。其次水、电、煤、运输费、人工成本等大大增加，还有环保成本也大幅提升。考虑到成本因素，以2013年新闻纸的价格，纸厂所获得的利润已远不及2009年的3950元／吨。因此，2013年新闻纸价格堪称历史最低。

2009年的低位价格属于特殊经济背景下产生的特殊情况，并不具有持续

1959年2月25日，苏州市华盛造纸厂女工正在整理刚生产的白色新闻纸。（新华社发）

性。其中一个重要原因是2008年奥运会前夕，一些报社为出奥运增刊过度囤积新闻纸，导致纸价飞涨，部分纸企见利而动，生产过剩导致价格骤跌。之后，报企双方理性面对，新闻纸价格在短时间内迅速回归正常，2010年一季度纸价升至4400元／吨。到4月，部分区域市场价格已上涨至4700元／吨。

与之不同的是，2013年的新闻纸价格低位持续已近一整年，并且短期内仍没有复苏迹象。新闻纸低价是报业自身遇到困境，使新闻纸需求大幅减少所致。长期来看，这种需求萎缩还将持续，新闻纸生产必须考虑转型。

产业链共转的怪圈

也许有人说新闻纸价格下降对报业来说并不是件坏事。从短期看，纸价下降对报社的确是利好消息，因为在主营收入下降的同时，若可减少一些支出，仍不失为一个节流的好方法，至少可以部分减轻报社的财务压力。

然而，从新闻纸行业长远发展的角度看，没有合理的价格就没有造纸企业的良性发展，也就没有报业的良性发展。当前，一些纸企已经开始限产保价或转产，从生产新闻纸转为生产生存空间相对大些的文化用纸。如果转产企业数量继续增加，新闻纸产量减少，又可能回到新闻纸价格居高不下的状态，这对本身已陷入生存困境的报业是一种极大的伤害。

其实，无论是转产还是限价，对纸企自身的损害也不容小觑。因此，在部分纸企转产停产的同时，大多数纸企仍在观望中继续生产，因为停产、转产都可能带来更大损失。一方面是需求持续走低，一方面是维持正常生产，因此必然产生大量库存。部分纸厂已达两个月的库存，几近饱和。于是想办法给报社发货，利用报社库存进行周转。有的纸厂连价格都不谈，直接将大量的纸送进了报社仓库，为的就是节省仓储费用。目前部分报社也出现了库存饱和的状态。

过大的库存量也使新闻纸价格在短期内难以回升。这更刺激了新闻纸生产商的转型欲望，如果越来越多的新闻纸厂商都转型，新闻纸生产者减少，对于报业来说，又将面临新闻纸价格上涨。吃尽报业所剩无几的利润，报纸就更需要转型，如此形成恶性循环。这实际上是衰退行业的普遍问题，破解这个恶性循环怪圈，关键是报企联动，形成协调互利机制。

中国报协从1996年起就开始协调新闻纸企业和报社的关系。2013年5月31日，中国经济报刊协会就与新闻纸行业的龙头企业华泰纸业联合召开了供需恳谈会。无论是在计划经济时期，还是在市场经济快速发展的今天，新闻纸行业要保持良好发展，价格应该在合理范围内浮动。从现在的情况看，纸厂利润已压至最低，有短期无利润、甚至负利现象，因此纸价继续下降的空间几乎没有了。4800元／吨—4900元／吨是一个纸厂可获微利、而报业又可承受的合理价格区域。希望新闻纸价格尽快回归理性，以促进纸报两业更好发展。

行业产能过剩背景下如何转型？

新闻纸需求不足，纸厂可以转型生产其他类型的纸张，如卫生用纸、打印纸、包装用纸等，但现在纸业的主要问题并不仅仅是新闻纸的产能过剩问题，而是整个纸业的产能过剩。

新闻纸市场为什么会出现今天的局面？产能过剩是最根本的原因。上世纪90年代，随着中国经济的快速发展，报业也进入大发展时代。在那个环境成本几乎为零的年代里，面对高额利润，新闻纸产业一哄而起。有些小企业甚至年产量不足万吨，但仍然有较大生存空间。进入新世纪，新闻纸市场供大于求的局面已经形成。部分企业认识到经营状况正在逐步恶化，于是开始转型升级，产能得到极大提升。然而，新闻纸行业刚告别了野蛮生长时代，又转身陷入了产能过剩的泥潭。有一种说法是，全世界最先进的造纸设备都在中国，厂家可随时根据需要调整生产不同类型的纸张。尽管如此，在新闻纸需求不升反降的情况下，新设备、新技术投入的速度太快，力度太大，导致开工不足。在旧的产能过剩没有完全消除的同时，又造成了新的产能过剩。中国轻工业信息中心副主任郭永新说，中国造纸产能在2008年就已经成为世界第一了。目前全行业处于供大于求的状态。纸企的产能过剩分为两种，一种是落后产能的过剩，一种是先进产能的过剩。一部分小作坊生产的低端产品过剩，一部分大企业用现代化设备生产的高端产品同样过剩。郭永新有一个形象的比喻：中国造纸业可能已经触到了产能的天花板。纸厂转型，究竟转到哪里去呢？这很成问题。

第二节　报业印企如何过冬？[①]

报业寒冬的危机进一步蔓延，更大的困境与压力传导至相关的印企。报业印企如何过冬，成为必须仔细思量的课题。

伴随着上世纪90年代报业的繁荣发展，中国的报纸印刷企业曾经有过辉煌的十年。1994到2004年这11年来，报纸印刷量每年平均增长率高达15%，利润滚滚而来。然而，近十年来，受宏观经济走势及传统纸媒衰退的双重影响，报业印企的发展如同坐过山车，跌宕起伏。2010年好不容易从金融危机带来的负增长阴影中走出来，2012年又出现了印量下滑的阴霾。可以肯定的是，报业印刷量的大范围高增长不会再现，而传统纸媒在新媒体时代受到的冲击还将持续。

巩固主业　稳住阵脚

根据中国报业协会印刷工作委员会的统计，2012年度全国报纸印刷总印量

---

① 本节作者为程征，收录本书获作者许可。

为1630亿印张，较2011年的1678亿印张降低了2.86%。显然，众多报业印企的老总都感受到了纸媒广告量减少所带来的连锁反应——报纸印量的下降。"报纸的发行量下滑、印数下降、版面减少，这是报业印刷厂印量下滑的主要原因。有些往年印刷几十万份的报纸，2013年只有几万份的印量。"新华社印务公司总经理吴国清表示。

新华社印务公司2012年印量同比下降12%，2013年初期又下降了7.3%。形势严峻的不止一家。统计显示，2012年有46%的报业印企出现了印刷量负增长，在年印刷量10亿印张以上的印企中，有70%的企业印量下滑，远远超出2011年的19%。

面对不利的形势，报业印企首要的任务就是巩固主业，稳住阵脚。在市场下行的压力下，如何增加报刊主业的印量，各印企费尽了心思。一个办法是内部挖潜，做大本报内部的各种印刷业务，将原来本报在社会上的订单揽过来；另外则是多承接社会订单，加大外报的印刷量。北京日报报业集团印务中心就是靠着这两个办法，2012年印量同比增长10%。新华社印务公司的思路也是如此。新华社年发行900多万份报刊，出版几百册图书，年总印刷产值接近2亿元，内部可挖的潜力还很大。为加大揽活力度，新华社印务公司提出"坐商"改"行商"的口号，组织营销人员深入新华社各部门开展印务营销服务，并筹划开办面向社内部门的生产营销门店，大活小活都接。现在新华社印务公司的本报业务占比30%，这一比例将来还能进一步提高。

依托于大型报业集团的印企，在内部挖潜上会有更多空间，而规模、实力较强的大厂在承接社会订单上也有自己的优势。如果报业市场继续萎靡，部分小厂关停，必然会导致一些业务流向大厂，把内功练好，大厂的市场基础是不用担心的。

多元发展 拓宽业务范围

报业印企大多都以报刊印刷为主业，纸媒一衰退，印企收入结构单一、抗风险能力弱的问题就暴露出来。意识到这个问题，全国许多报纸印刷厂几年前就开始尝试向商业印刷甚至包装印刷转型。

1. 商业印刷

商业印刷是大多数传统印企业务扩张的首选目标，尤其是大中型印企，大多借厂房改建、扩建之机，引进商业印刷设备。2013年，北京日报报业集团印务中心借搬迁新厂房之机，引进了国内最先进的M8000商业轮转印刷机，2014年投产。河南日报报业集团宣布在郑州市邙山区新征240亩地，计划投资几亿元发展商业和包装印刷。曾经因投入产出比低而放弃过商业印刷的人民日报印刷厂目前也在重新论证，准备在明后年搬迁新厂房时上马商业印刷项目。

有一些较早介入该领域的印企已经看到了成效。黑龙江日报报业集团旗下的龙江传媒有限责任公司（原为集团印务中心）上世纪90年代初开始进入商业印刷领域，2000年之后大规模投资1亿多元进行设备更新，开始承印各种杂志、省内大部分出版社图书及所有大型卖场的DM直投广告，其商业印刷收入已经占到总收入的60%，大大高于主业报纸印刷的收入。在近十年内两次报业印量下滑的危机中，龙江传媒的收入都没有受到影响。另外，宁波日报报业集团印务中心、新华日报报业集团印务中心的商业印刷业务也做得有声有色。

商业印刷对于企业的设备、地理位置和相关配套都有一定要求，所以对于那些客观上受地理位置限制，没有机会扩大企业占地面积和增加设备的报业印企来说，只能尽力而为，比如处在北京繁华地段的工人日报社印刷厂、中国青年报社印刷厂等。

2. 包装印刷

实际上，中国整个印刷市场仍在快速发展，其细分门类中只有书报刊印刷市场在萎缩，其余皆在稳定增长，尤其是包装印刷市场，增速甚至达到两位数。为了抓住商机，一些有实力的印企开始进军包装印刷领域。

杭州日报报业集团旗下的盛元印务有限公司将包装印刷视作下一个核心增长点。2011年，盛元印务正式上马包装印刷项目，主打折叠纸盒产品。一年来，盛元服务于欧莱雅、可口可乐、元祖等知名企业，营收四千多万元。总经理张韶衡表示，虽然营收额不算多，但为盛元打开了另一扇门，而且包装印刷的利润让人感到欣喜。目前，盛元的报业印刷占总业务量的60%左右，盛元计划在两三年内将这一比重降低到40%，并用5—8年的时间将包装印刷的份额提升至50%。

着眼于包装印刷的还有山西太报传媒印务园区。山西省包装行业起步晚，但市场需求强烈。看准了这个商机，山西太报印务园区2011年成立了太报传媒国际创意设计中心，把山西名特产品的创意包装设计与印刷作为主攻方向，已经与汾酒集团、闻喜煮饼、紫林醋业等多家知名企业建立了合作关系。

对报业印企来说，包装印刷完全是新的领域，既要有相应的设备投入、人员配备，还要有相应的市场和销售渠道，很多报业印企目前的探索结果仍不理想。

3. 数字印刷

尽管目前数字印刷在整个市场中份额还很少，但是它代表了未来印刷业的发展趋势，一些报业印企开始在此布局。2009年年底，盛元印务旗下的"盛元数码图文工场"正式开业，主要承接宣传册、明信片、相册、高保密账单、喷码报卡等印制服务，运营仅半年便开始盈利。张韶衡认为：虽然从账面上看，目前数码印刷直接盈利有限，但它能为企业的长远发展打下基础。图文工场的合作客户包括影像冲印零售门店以及影楼、写真馆等专业影像零售渠道，同时也自建渠道，与幼儿园、学校合作，印制个性化的毕业纪念册、画册等。除杭州外，盛元还在其他地区开了3家数码印刷体验店，旨在打造一个全国数码印刷领域的知名品牌。

因为数字印刷设备投入大、风险高，深圳报业印务公司发展数码印刷的思路十分谨慎，提出要"先有订单后生产"。公司在瞅准旗下地铁广告传媒公司掌握了大量广告喷绘业务之后，才筹建了数码喷绘公司，成功进入数码喷绘市场，实现了几千万元的营业额。

4. 对外租赁

为填补报纸印量下滑带来的损失，部分具备条件的报业印企利用自身的房产开展起对外租赁业务。在北京日报报业集团印务中心即将搬迁的新址中，厂房只占100亩，另外100亩准备出租。位于北京市区黄金地段的新华社印务公司2012年进行了厂房搬迁和环境整治工作，将毗邻街面的前楼整体出租，预计2014年的租金收益将达两千万元。新华社印务公司总经理吴国清表示："可观的出租收益不仅能暂时解决企业的吃饭问题，还能为企业腾出时间考虑长远的发展战略。"

纵向延伸产业链 重塑商业模式

当前报纸印刷越来越微利，商业印刷和包装印刷的竞争也十分激烈，一些报业印企开始向印刷产业链的上下游纵向延伸，从单纯的印刷向印刷服务转型，重塑商业模式。

1. 原辅料销售与物流配送

由于在行业内长年的摸爬滚打，传统印企在耗材、设备采购上等，往往拥有很大的议价权，市场需求一旦成形，做销售代理与物流配送则顺理成章。新华社印务公司2013年成立了物流公司，进行印刷耗材与设备的代理销售与物流配送业务。目前已经与十几家企业签订了几十种产品的代销合同，还与20多家印刷厂建立了销售关系。第一批物流业务已经在内蒙古、宁夏等地开展，比如给《银川晚报》做纸张代理。下一步打算依托新华社刊物在全国的代印企业，批发纸张、油墨、版材、润版液等耗材。为配合物流业务，新华社印务公司还上线了新华社印务网，试图打造集印刷新闻信息发布、广告经营、印务设备和耗材以及软件销售为一体的网络电子商务平台。

一些报业印企较早涉足该领域。比如《北京青年报》的物流公司目前已经做到了几亿的规模。盛元印务2006年成立盛景科技公司，从事印刷辅助设备、印刷机零备件及材料的代理销售业务，近年来逐步向设备销售服务、对外劳务输出等新领域推进。

2. 印刷设计与创意

为满足客户的需求，很多印企已经不再局限于印刷产品生产者的角色，而是向印刷产业研发者、设计者的身份转型，在产业链的前端做文章。比如盛元印务引进了一家广告公司的整个设计团队，根据业务需求对其进行培养改造。在创意设计的力量不断增强后，盛元还单独成立了杭州盛友广告设计有限公司。山西太报传媒印务园区则成立了国际创意设计中心，集中了40位高素质设计人员，主攻包装印刷的设计与创意工作。深圳报业近年开始尝试承揽中小学生毕业年册的设计和印刷业务，其中的核心不是印刷，而是设计。

3. 业务代理与外协加工

为避免同业恶性竞争，一些报业印企开始琢磨如何合纵连横，通过业务代理或外协加工的模式扩大产能。外协加工，就是一家印刷企业由于产能或技术原因不能独立完成一个大订单，将全部或部分环节交由其他印刷企业完成的做法。眼下不少印刷企业面临原材料成本和人力成本上涨的压力，外协模式显然可以合理配置市场资源，避免同行互相压价。

正在探索这一模式的报业印企有很多。成都博瑞传播股份有限公司印务分公司的目标是在西南地区找十几家资质相符的外协印刷厂，找十几家生产流程标准匹配的后加工厂，最终发展成一个大型的印刷代理公司。深圳报业的印务公司提出"印刷联盟"的理念，希望借比邻港澳的地理优势，与港澳的书报刊印刷企业来联合协作。联合的模式不仅能扩大业务的承接量，还能为印刷企业建立品牌和统领地位，有效锁定客户，为进一步的发展夯实基础。

第三节　邮发渠道：最后一个坚守者？

邮发渠道的窘境

一叶知秋，报纸市场份额的减少，很直观地体现在邮政报刊亭上。据调查，2013年北京的报刊亭日均营业额较2012年下降超过50%。2013年以来，北京各报刊亭营业额均再创新低，日均营业额100元左右，即便是位置不错、人流量不少的地方，日营业额也不过300元左右。某些位置相对较为偏僻的报刊亭，日营业额甚至低于100元。报刊亭的主要收入早已不是卖报刊，而是依靠饮料、零食、电话充值卡等维持。

报纸杂志利润微薄，各报摊售卖最好的是《环球时报》、《北京晚报》等价格低廉的报纸。一份报纸的利润只有2分钱，一本杂志赚不到1元钱，报纸杂志本就是薄利多销之物，日均营业额仅100元，其利润更是少得可怜。

当利润不足以维持生存时，报刊亭便纷纷倒闭消失了。据统计，2008年至2011年年底，全国邮政报刊亭共被拆除9508个，而截至2012年，全国共剩余邮政报刊亭30662个。

不可否认，全国报刊亭的减少，除了城市建设中要求退路进店之外，更重要的原因在于报刊销售量的减少。新兴媒体，特别是移动互联网的兴起，使报纸零售额下降剧烈。以往那种行色匆匆的上班白领在进地铁前，随手到报刊亭买份报纸看的场景已经不多见，在地铁里，已经少见读报的人，更多的人是在翻看手机，手指一页页地划过。即使在人流高峰期，各个报刊亭的常态也只是偶尔会有人买张文摘报或者其他什么报纸，更多的人只是购买饮料、矿泉水与充值卡，还有问路。现在，甚至连问路的功能都快要被百度地图所取代。移动互联网对于报刊零售渠道的冲击近乎致命。

报刊零售渠道是邮发渠道的重要组成部分，与整个邮发渠道一起，都面临着转型的压力与动力。

渠道价值再挖掘

作为城市文化的重要因子，作为邮发渠道的重要组成，报刊亭的价值应该得到重视。当然，仅仅重视还是不够的，还必须要让报刊亭有自身造血功能，能够自己养活自己。

中国邮政集团公司报刊发行局副局长戴建华说："发行渠道的价值需要再挖掘，要将渠道网络变成一个平台。"

现在卖报刊已经养活不了一个报刊亭的生计了，那么，转型就是要将其变成一个平台。变成一个社会、公共的文化平台，提供便民服务、代收水电、煤气费、售卖飞机票，甚至火车票，而不仅仅只有报刊零售、卖水、卖冰棍、卖电话卡。现在，福建、浙江、安徽等地的报刊亭代理便民服务的收入已经超过了报刊收入。

为丰富报刊亭业务经营种类，天津邮政报刊发行局于2013年4月在天津市的40处报刊亭启动了代售旅游年票业务。同时，还与各大影院洽谈合作事宜，争取最低廉的影票代售价格。与中影国际影城建立了合作关系，于2013年4月初在天津市河西区、和平区、河东区、南开区的18个邮政报刊亭代售观影券。

杭州邮政局投入2000万元对全市386个报刊亭进行升级改造，成本必然难收回，但是收到的社会反响很好。新报刊亭提供购票、充值、水电缴费、电动自行车充电、110报警等便民服务。同时，还努力开发报刊亭的文化宣传功能，所有报刊亭都加载了LED显示屏，第一时间滚动播放新华社和市政府的公益性信息、新闻。

威海蓝媒驿站报刊信息亭2013年8月正式上市。蓝媒驿站报刊信息亭是威海报业集团与威海市政府合作的项目，除了具备报刊亭所能拥有的全部功能外，未来还将成为威海市"便民缴费项目指定运营商"。威海报业集团还推出一个产品——"蓝媒都市通"卡，这张卡整合了所有费用缴纳业务，甚至还开通涵盖商场、超市、酒店餐饮、加油、医药、服装等20多个领域近200家商户的刷卡消费。

......

报刊亭还可以作为快件的发送点，有些地方已经在尝试包裹箱的形式，人们并不希望每天都有快递员去敲他们家的门，包裹箱就可以满足这种需求，包裹箱有密码，把箱号和密码用短信告诉收件人就可以了。

还比如物流配送方面，现在已经是恶性竞争了，但邮发渠道的优势在于网络很全，遍及全国城乡，现在中国邮政集团公司的物流收入每年以5—6%的速度增加。

戴建华介绍：邮发渠道还可以介入产业链上游，与报刊社合作，代理广告，通过邮发渠道销售，第三方买单，印务广告发行一条龙，现在已经与几十种报刊有了合作，每年流转额有5、6个亿。

但是，"多元化的前提是规范化、标准化，连锁经营的核心是分散销售、集中采购，包括卖水、饮料也要规范，要保证质量，统一价格。"戴建华说。

南京市场上过去有三家在做报刊亭业务：南京市邮政局、南京报业集团股份公司，以及区县街道自建的报刊亭，零零散散共有800个。杂乱放置影响美观，经营也不够规范，政府几次调试但依然整顿不到位。最近，报刊亭变身为"便民服务亭"，全部由南京邮政局来经营管理，南京市出台专门的管理经营文件，一改往日开放式经营，实现"形象、价格、种类、供货、配送"五统一。目前除了书刊，还可售卖饮料、代缴公共业务费用和办理一些简单的邮政业务，业务种类还在不断拓展。这样的便民服务亭计划在南京新建600个。

邮发渠道价值的再发掘甚至可以包括让报刊亭介入商业广告，这涉及广告位的出租，目前受限太多。"报刊亭首先是个文化窗口，不仅仅是邮局的事情，而是城市品位和文化的标志之一，也是党的舆论宣传阵地。这样一个肩负职责的平台，在经营困难时，政府能否允许其拓展经营范围。"戴建华说。

报纸体量下降中的渠道变局

中国邮政集团公司报刊发行局局长刘绍权认为："新媒体的冲击对渠道来说就是一个重新洗牌的过程。"

从现在报刊发行渠道角度看，总共有四种渠道共存：邮发、自办、民间渠道和报刊社委托关联发行机构印刷品邮寄。

自办发行方面，主要以都市报为主。都市报广告主导发行，随着广告被新媒体所吸引，广告下降，再加上新的劳动合同法出台后，用工成本越来越高，报刊社的自办发行逐渐难以为继，很多都市报都正在试图逐步放弃和退出自办发行，或者自办发行队伍把对报刊的发行作为副业，将电子商务作为主业。一些报社的自办发行甚至还希望邮政将其收编，但是涉及自办发行人员的安置去留问题，很难实现收编。

随着报刊零售的减少，一些民营的渠道，也就是所谓的第三方发行，现正在迅速地离开这个阵地，或关门或转业。由于没有人员、体制等因素制约，与自办发行相比，民营渠道的转型则要容易得多。

而邮发渠道，则是多元化经营的企业，内部有着交叉补贴的机制，还是一个开放性的平台。刘绍权介绍：随着邮政集团公司其他板块业务的发展，报刊发行在中国邮政集团总公司总体业务中比重将会越来越小，上世纪90年代中后期邮发分离，当时报刊业务占总业务的25%，现在只占总业务的三十二分之一。中国邮政集团总公司不怕养不起这个业务，还要加强报刊发行业务的建设。其他业务正在反哺曾经在历史上做过重大贡献的报刊发行业务，报刊发行业务的速度、质量、服务只会越来越好。

在重新洗牌中，刘绍权说："邮发渠道将是自办发行、二渠道的产业承接者，也将是最后一个坚守者。"

哪些纸媒还有市场潜力和空间？

所谓旁观者清，对于报纸的前景，作为市场终端的邮发渠道，则与报业内部观点不一样。

刘绍权认为：新媒体对于报纸的冲击是不争的事实，纸质媒体规模的确在下降，报刊零售方面，畅销报刊呈现出两位数的下降。但是从报纸发行量角度看，就并不是简单的减少，而是一个重新洗牌的过程，不仅是对渠道的重新洗牌，也是对报纸产品的重新洗牌。

对于不同的阅读群体，纸媒仍将长期存在，比如从婴幼儿时期到高中生的这个群体，阅读纸质的需求仍将长期存在，从保护视力角度，家长、老师、社会、政府都在为保证孩子的纸质阅读努力。另外，一些职业人群、知识高的阶层，纸媒也将伴随；高端人群的高端阅读需求，纸媒有着不可替代的优势，比如《瑞丽》、《时尚》，也不会轻易地为新媒体取代。还有中老年人也对纸媒有着生理上的依赖。对于纸媒未来的价值，戴建华说："在可有可无之间，我们不能老想着可无，而要想着可有。"

更重要的是，从中国的国情出发，党报党刊、行业报刊是党、政府、相关部门指导工作、引导舆论的重要手段和渠道，在短期内也不会被其他媒体所取代，退一万步说，即使报纸真的消失，这些有固定需求的占市场份额三分之一的报纸市场空间也不会消失。

刘绍权说："邮发渠道所应该做的，就是延长纸媒的生命周期，要帮助纸媒逆势增长。"

第四节　自办发行：往前走还是向后转？

1985年1月1日，《洛阳日报》在全国率先突破"邮局发行"体制，首创自办发行。自办发行的风潮在上世纪90年代中期，都市报诞生时开始全面推开。

几乎所有新创办的都市报，都是依靠自办发行快速占领市场，获得竞争优势。并在实践中不断地丰富自办发行的内容与手段，如"敲门发行"、"扫楼"、"洗街"。

但是，近几年来，随着劳动力成本的提高、报纸发行环境的变化、报纸利润的下滑，更重要的是报纸发行量的减少，自办发行正面临困境，这个曾影响整整一个都市报时代的发行方式或许即将消亡，或彻底转型。

自办发行是"奢侈品"

在自办发行之前，国内的报纸基本上都是邮发，邮发面临几个问题：一是发行费率高，二是回款慢，三是服务差，四是发行时效无法保证。对于当时攻城拔寨、高速增长、白热化竞争的都市报而言，前面两条都不是问题，尤其无法忍受第三、四条，发行时效慢，会让报纸没人看，服务差则对报纸竞争力影响很大。由此，自办发行很快就被普及到各个新创立的都市报。

其实，自办发行从经济角度考虑，甚至要比邮发昂贵，邮发渠道一名邮递员可以投递多份报纸，而自办发行一位发行员只会送一份报纸，成本非常大。北京青年报社副社长、小红帽发行股份有限公司董事长兼总经理刘涵说："自办发行就是个奢侈品。"但是，对于发行费率高、回款慢等经济上的问题，在都市报广告供小于求，商家做广告需要到报社排队、找关系，报社进账源源不断的背景下，都不是问题。为了能够保证时效和服务，自办发行这个"奢侈品"是都市报必须付出的代价。

从上世纪90年代中期都市报诞生，直到本世纪初的2002年、2003年，都是都市报最火热的季节，报纸发行大战此起彼伏，送米送面送油送彩电，发行成本高得让人咂舌。但报社不得不这样做，也无所谓，只要报纸的新闻"好看"，能有较高的发行量，广告就源源而来。报纸就有了继续"征战"的动力和必需的资源。当时的发行大战，也就是自办发行大战就是建立在能获得即时收益基础之上的，唾手可得的广告是自办发行能够普遍化的主要原因。

发行"奢靡之风"的没落

就像一个没落的贵族，收入剧减之后，是不能够维持"奢侈品"的巨大消费的，自办发行就是如此。

自办发行在短短十几年的历史上遭受过两次重大打击。

第一次是2008年1月1日，新的劳动合同法开始实施。新的劳动合同法以适度倾斜保护劳动者的原则，对我国现有劳资关系做了重大调整，对用人单位的人力资源管理理念、管理制度及经营管理产生了深远影响。[①] 自办发行是劳动密集型的行业，原来的用工成本极低，发行员大部分是兼职，很多都没有签署劳动合同，招之即来，来之即发。但新的劳动合同法实施后，就不能再这样过分了。一旦签署了劳动合同，确立了劳动关系，自办发行成本就剧增。刘涵说："报纸是多年来定价唯一不变的产品之一，但是发行的人工成本却增长150%以上。1998年时，发行员只要400元每月的工资，2007年也只要800元；但是到了现在，没有3000元，还加上社保，就养不住人。"

第二次就是从近两年开始的报纸危机，主要是由于新媒体的繁荣，特别是移动互联网的兴起，使读报人群逐渐离开报纸，都市类报纸的发行在逐年下滑，自办发行的主营业务面临危机。

更为重要的原因是报纸广告量的减少，2012年报纸广告比上年同期下滑3.26%，2013年报纸广告大幅下滑8.1%。房地产、汽车、商业零售、医疗保健、邮电通讯、医疗等原来报纸核心的广告都在全线下滑。报业不再是"暴利"行业，成为微利，甚至是亏损的行业。这样一来，没有持续不断的巨大收入来支撑，自办发行这个"奢侈品"所赖以为继的根基就没了。

"不务正业"的转型

据调查，由于用工成本太大，很多报社多年前早就想放弃自办发行，但苦于无法安置那么多的发行员，只好作罢。

转型就成为必需的选择。这几年自办发行探索转型是最早的，因为在报业终端，对市场比较敏感，自办发行也是最艰苦的，因为没有多少可依靠的资源。

刘涵介绍：一开始，自办发行转型的理念是朴素的，发行员只投递一份报纸，不想浪费队伍资源，自觉不自觉地探讨能不能投递点别的东西。

---

① 吴彬、蓝晓毅：《报纸发行如何构建和谐劳动关系》，《中国记者》2008年第5期。

2004年8月23日，以小红帽发行股份有限公司发起，全国十几家报业发行公司加入的"全国城市报业发行网络联盟"成立，刘涵是这个联盟的理事长。从那时起，全国的自办发行网络一直在积极地为转型踩点布局。每年召开一次年会，刘涵介绍，每次年会上讨论的都是"不务正业"的话题，怎样利用发行网络转型。

据介绍，全国城市报业发行网络联盟对于转型的探索主要分三个阶段。

2004年联盟刚成立时，小红帽发行股份有限公司拿到了出版总署的全国出版物发行的经营权，当时想到的是发行出版物。但很快就发现出版物发行行业非常细分化，最有前途的教材资源很难拿到，而期刊社又都掌握在他们自己手里。除了邮发之外，大部分都是第三方渠道。自办发行无法进入那个领域。

第二个阶段就是做物流，送奶、送水、送油、送面。还尝试着将各地发行网络整合起来，产品互通有无，但是由于各种问题，很难实现联网，最后基本上都还是一城一地运作。

物流做得较好的是送三元奶产品，2003年非典时，大家足不敢出户，小红帽送过几十万瓶三元牛奶。但后来发现，专业的公司要比自办发行公司做得更好，就又退出了。送水也是如此，社区边的水站速度很快，自办发行员还要送报纸之后再送水，客户不愿意等，只能逐步退出。

第三阶段是快递和落地配，网购电商模式。自办发行渠道对此的反应慢了一些，其实在2008年左右，一些为报社服务的报商报贩就开始转型做电商的物流快递了，而自办发行渠道直到2010年后，才开始成立大联盟里的COD联盟。

现在自办发行的转型路径是第三个阶段，也就是快递和落地配的转型，迎合的是网购电商模式。发行人员现在每天除了送报纸外，部分员工开始从事落地配的工作，但是一般只是投递，比较多的是做同城的投递。规模一般都较小，比如小红帽每天大概一万单左右，在北京属于中等规模。同时还承担直投广告的业务。这样的转型还是停留在挣点劳务费、辛苦钱，稳定发行队伍的层面，赚不到多少钱。这样的转型解决不了问题，与前两次失败的探索并没有本质区别。

转型的出路，要么向后转，自办发行既然办不下去了，那就交给邮局吧。但邮局是不可能接收那么多发行员工的。要么就往前转，找出路。现在看来，自办发行网络也有优势：公信力、品牌、网络系统、投递队伍，还有一定的管理基础。那么，往前走可能是更好的选择。

自办发行：往前走！

自办发行网络，除了卖报纸，还能做什么？这个问题，在十年前很多发行人就在考虑了，也都尝试过其他努力，但……

1. 哪个是主业

到现在，很多发行人已经意识到问题出在哪了，是对主业的理解出了问题。在新形势下，自办发行的主业或许就不应该是投递报纸，而是以报纸发行作为依托的数据库营销、配送系统，报纸发行可能仅仅就是副业。如果自办发行渠道在第一轮就抓住机会与电商合作，自办发行网络就不是现在这个水平了。现在，自办发行渠道更应该做的就是在大数据背景下对数据的挖掘及资源的整合。

2. 数据库营销

车子等红绿灯时被硬塞进的房产小广告，看重的正是有车一族对于远郊房产的购买需求和能力，这是一种精准营销、精准投递。商家对这种精准投递是认可的，就是简单的筛选。自办渠道如果有了数据，就可以通过数据进行挖掘联想，选择目标客户，选择相应的产品。2012年，《北京青年报》与德国邮政合作在北京成立了敦豪互动营销公司，就是在探索数据库营销与精准投递的模式。

数据库营销不仅附加值高，赢利点也很多。发行网络不应仅仅只赚投递的钱，不应仅仅卖苦力跑腿，还应该赚行、路、渠道的钱、配送服务的钱，还应该赚"发"的钱。销售的钱要比配送的钱附加值更高，渠道要朝营销方向探索。比如，小红帽现在已经尝试着提取一些目标客户的数据，做水果销售，卖芒果和火龙果，现摘现运，虽然量不大，但是这个业务一是可以实现电话销售的收入，二是还可以有DM投递的费用，另外还有销售费用，比简单的落地配投递收入更多元。

现在OTO已经成为流行的电商模式，线下资源怎么整合，这正是发行网络的机会。自办发行很有优势，既有电话坐席，又有投递队伍和网络，还有运输仓储，其他渠道没有这样的优势。

3. 跨区域配送联盟

到了现在，自办发行渠道如果仅仅靠一城一地的单打独斗肯定不行，必须联合起来，进行跨地区的配送联盟。联合整合是转型的必要条件。

2013年年初，北京青年报社与杭州日报报业集团、河南日报报业集团沟通，试图把几家的发行网络联合起来。再试图寻求资本进行整合，将控股权交出来，吸引业外资本介入，建立一个新的平台，开展新的业务。但是，资本对自办发行的体制还有很多担忧，进展缓慢。将来的情况有可能是报刊社都没有自己的自办发行队伍，由这样整合起来的股份制发行公司来运作，就形成了与邮发渠道并行的另一个大渠道。

下篇

报纸分化

　　现如今，报业仍然是以报纸为主的产业。报纸作为一种媒介形态，依然有其存在价值。形态的转型并不一定就是指要变成数字的，而可能纸质形态不变，内容分化，赢利模式分化。报纸分化，这是报业转型最重要的内容。

第八章

报纸会不会消亡

报纸是否会消亡不能一概而论，有些报纸种类确实会消亡，但有些报纸种类，在报纸分化过程中，将涅槃重生。

本章核心观点：

未来报纸的价值在于"情境价值"

报纸加速进化，以更适应阅读需求

报纸是否消亡不能一概而论

报纸困境的根源在于区域保护的丧失而导致的充分竞争

竞争青睐极端

报纸必须遵守新媒体制定的游戏规则

新媒体时代的"沟通效应"导致"赢家通吃"

渠道充盈的时代，综合性报纸没有竞争力

涉及报纸是否消亡的话题，我一直在坚持报纸不会消亡的观点。但是，某些报纸种类会消亡，比如一直红火至今的都市报，比如曾经热得发紫的文摘报。而有些报纸种类，则会继续繁荣发展。

报纸与生物一样，在争夺生存空间的竞争中，也在持续着进化与分化的进程。有些报纸种类会比其他的报纸种类更适应变化了的环境，或者由于转型而适应了环境，这样的报纸不会消亡，它们是报业未来的希望。

第一节　不会消亡，但会分化

很多人只是想当然地断言：报纸必将消亡，或报纸永不消亡。但有些理由是经不起推敲的，有人从自身出发，认为自己已经不看报纸，或者身边的人都不看报纸，而认为报纸必将消亡；而有的理由甚至有些可笑，比如有人认为中国人自古以来就有看竹简的习惯，所以可翻页的报纸永不消亡，如此等等。既无法说服别人，甚至无法说服自己。

社会在发展，媒介环境正发生深刻变革，报纸所面对的竞争对手也在日新月异，我们不能孤立静止地考虑纸媒的前途。探讨报纸是否消亡的问题，需要循着媒介发展的历史轨迹，探究报纸未来的进路，到底是生存还是毁灭。

报纸研究的"坏消息综合征"

近两年来，只要一有报刊裁人、亏损，或倒闭，就会有很多人欢呼雀跃，非常一致地高呼两句话：一是纸媒的末路来临；二是数字化为纸媒发展必然途径。每一家纸媒的颓境都给那些"纸媒数字化主义者"提供了证据，解读的角度也多为悲观论。比如，美国《新闻周刊》2013年年初只出电子版一事就是如此，大家没想到的是——2013年年末《新闻周刊》又复出纸质版。

2005年，菲利普·迈耶在《正在消失的报纸：拯救信息时代的新闻业》一书中，运用美国"全国民意研究中心"的综合社会调查数据制作了两个"线性拟合"图——"1972—2002年读者对报纸的信心分布图"和"1972—2002年日报读者数量变化趋势图"。通过对前者的分析，他预测道：到2015年，读者对报纸的信心趋势线将触到0点；通过对后者的分析，他做出了以下预测：如果用一把直尺将图中的线顺势延长，那么到2043年第一季度末，日报的读者将归于零。

这就是那个被人广为引用的名言"2043年的某一天，最后一位日报读者将结账走人"的缘起。

其实，早在1994年，美国未来学家迈克尔·克莱顿就将报纸称为"媒介恐龙"；《华盛顿邮报》的媒介批评家霍华德·库兹则称报纸产业正弥漫着"死亡的气息"。2006年，英国《经济学人》杂志发表了一篇后来很著名的文章《谁谋杀了报纸》，又掀起了讨论报纸是否会消亡的高潮。

2008年，菲利普·迈耶又在《美国新闻学评论》发表《未来的精英报纸》一文中强调："日报报纸读者数量将更加急剧地下滑"，他修正他之前讲过的话，"最后一个每天读报的读者"的消失时间将早于2043年10月"。

国内，最早引发对报业未来担心的是2005年《京华时报》吴海民提出的著名的"报业拐点论"，引发了中国报业的集体焦虑。虽然后来吴海民在多个场合修正弥补他的那个观点。他本身就是个报社社长，不想让下属看到他那么悲观，但由他引发的关于报业未来的讨论一直延续至今。

对报纸是否消亡的忧虑甚至引发很多人，包括一些专家、教授、记者都患上了报纸消亡的"坏消息综合征"。

来看看在微博中最受欢迎的消息，也是转发量、评论率最高的消息是什么：

2008年10月28日，美国主流大报——《基督教科学箴言报》在其官方网站上宣布从2009年4月起停出印刷版，每天改用电子邮件发送网络版报纸给读者，从而成为首家停止印刷，几乎完全采用互联网战略的美国报纸。

2009年，由于受到金融危机的影响，有着146年历史的《西雅图邮报》在一年亏损1400万美元的情况下，宣布停止出版纸质报纸，改为仅出版网络版；有着150年历史的美国《落基山新闻》，在2009年2月27日宣布"寿终正寝"。

著名媒体《新闻周刊》在2012年12月31日发行最后一期印刷版本，随后以"全球新闻周刊"的新名字，全面转为网络数字化期刊。

2013年，德国范围内的平面媒体已经出现了德联邦战后最大的倒闭潮，目前已经有上千人失业。《法兰克福论坛报》、《德国金融时报》、《纽伦敦晚报》等三家有影响力的报纸连续宣告破产，造成上千人"下岗"。

2013年8月5日，《华盛顿邮报》公司宣布同意亚马逊公司创始人杰夫·贝索斯以2.5亿美元收购该公司旗舰日报《华盛顿邮报》及其他部分资产。这是继纽约时报集团日前以7000万美元出售旗下《波士顿环球报》后，美国又一起媒体所有权交易，引发舆论对传统纸媒行业发展前景的担忧。

过去20年掌控纸媒的各大家族频频出售他们在报业中的股份，这其中包括《洛杉矶时报》、《明尼阿波利斯明星论坛报》、《圣地亚哥联合论坛报》以及《华尔街日报》。

……

从微博中的转发量可以明显地感受到这种倾向，越是说报纸不行的微博，转发量、评论率就越高。意识到粉丝的这种倾向的大小V们，于是就更多地发布类似微博。这些消息说的都是国外的事情，都明白无误地告诉我们，报纸已经不行了。

为什么这么受欢迎？我想，这应该是写的人与看的人都患有这种报业的

"坏消息综合征"，喜欢听到看到负面的东西，越是爆炸性的负面消息就越有吸引力。写的人就尽量地满足这种需求，有倾向性地刻意收集此类消息。

报纸还远没有到消亡的时候，为什么就一个劲地用国外的例子来唱衰与喜好听衰呢？更何况，即使报业确实是在衰退，我们也不应该以唱衰与听衰为追求与乐趣。"坏消息综合征"的倾向性一直是新闻研究者深恶痛绝的恶习，最不应该发生在新闻研究者的研究理念中。

死的是报，活的是纸

我要继续强调这个观点。

河南日报报业集团原社长朱夏炎说"死的是纸，活的是报"，他认为，今后纸媒这种传播形式必定会不断萎缩乃至消亡，可报纸的灵魂——报道，以及报道体现出的思想和观点，肯定会以新的载体来表达。概括地说，就是"死的是纸，活的是报"。

但是，我认为，应该反过来说。死的是报，活的是纸。这里的报是指报社，或者说是作为个体的报社单位，纸指的是报纸这种媒介形态。

2008年以来，西方先后有十多家报纸倒闭，或申请破产或破产保护，国内《中华新闻报》也宣布清产结算，那更说明了这一点。2014年1月1日，上海《新闻晚报》宣布休刊，未来，这样的"休刊"报纸将会越来越多。"休刊"的只可能是那些不适应新的竞争环境、市场触觉迟钝、转型不成功的报社。而报纸由于拥有：随性、最让人轻松；权威，让人觉得可靠；筛选，让人节约时间等特质，在未来的传媒市场中，或者是某个特殊的领域中仍然有需求。只是它可能会继续分化，发展出其他独特的赢利模式，比如分化成免费报、社区报，甚至量身定制个人报纸……想象力有限，无法找出其他的分化新种类。它将在某个特定的市场空间，找到它的价值，甚至比原来重要得多。

天津日报报业集团社长杨桂华说过的一段话让我深以为然："新媒体的出现不是否定了纸媒的存在和价值，而是确定了它应有的范围。这就好比爱因斯坦相对论出现之后，并不是否定牛顿力学，而是确定了牛顿力学的应用范围，一个新体系的产生不会否定先前的体系，而是确定先前体系的应用范围。"

至于人们常常所说的，报纸未来要转变为"艺术化生产"，或成为奢侈品，我则部分不赞同这样的观点。确实，会有一些报纸种类在未来会转变成艺术品或奢侈品，但同样会有一部分报纸种类会转型成为小众媒介，甚至还包括大众媒介。"对于有重大影响力的大媒体来说，更要注重公共空间和议题的设置和服务，而市场需求日益扩大的分众化、定制化传播则交由地域性媒介、垂直媒介和社区媒介去做。"①

发掘报纸的"情境价值"

在这个世界上甚至还没有找到一种死掉的媒介。任何媒介在面临新的媒介冲击时都会或早或晚地找到新的生存方式，以新的模式重塑价值。广播在电视与网络出现后面临暂时的弱势，却因为与汽车以及堵车搭上关系而迅速崛起，现在中国的各个城市，广播电台的日子是最好过的，成本低，收入多，利润高。话剧在电影的冲击下，在舞台上寻找到自身独有价值；同样，电影在电视的打压下，也就在前几十年，很多人纷纷预言电影将灭亡，但电影在电影院获得新的生机，在视觉效果和音响效果的观影体验下，电影的票价被抬得很高，甚至每年两会都有有关电影票价降低的提案议案，当然，结果总是不了了之。

报纸也是如此，列举微博中智慧的报人们对报纸未来价值的判断：订阅报纸是安居的标志；报纸的未来在抽水马桶上；当使用新媒体的新生代们都患上颈椎病，也就是报纸重获新生的时候……虽然，我们现在想象力有限，无法预测出未来报纸能在怎样的场合、满足了何种人的何种需求，而焕发生机，重获辉煌；但上个世纪90年代初的广播人也同样从未预言过广播会出于看似毫不相干的堵车而涅槃重生。

即使是现在的移动阅读时代，在不同的场合不同的时间仍然有着不同的阅读习惯。在地铁里，在等车的时候，人们惯常拿出手机玩游戏、看视频、看笑话，但是很少有人会在拥挤的地铁上浏览电商网站，去网购下单。坐在办公室的桌前，你一般也不会玩手机游戏、看视频，而只会看看报纸、看看书，或用PC上网。用户的媒介使用行为的情境化即使在移动互联时代，依然是那么鲜明。在不同的情境，使用不同的媒介。广播的情境价值在通勤工具内，电视的情境价值在客厅或卧室，话剧的情境价值在舞台，电影的情境价值在影院。报纸在某些情境的价值还有待发掘。关键在于报纸要如同广播一样能够找到新的

---

① 喻国明：《关于传媒业未来发展的若干断想》，《新闻战线》2014年第2期。

最适合报纸的情境模式，这是报纸的未来所在。

从传媒演变发展的历史角度看，报纸永远不会死亡，但会改变，必须改变，它们也正在改变。

第二节　报纸的进化与分化

正在加速进化的报纸

莱文森指出：媒介进化不取决于任何别的因素——复杂程度、技术含量、轻重美丑，而是完全由人的需要主宰。"人决定媒介的演化——哪些存活，哪些落到路边，哪些命悬一线，哪些如日中天"。"适者生存的媒介就是适合人类需要的媒介。从长远来看，发明家的意图、政治家和商界领袖的决策与这个过程没有很大的关系"。[①]只有人的需求才是决定媒介进化的决定因素。

面对新的环境、新的竞争形势，报纸的变革是加速进化，变得更适应人们的阅读需求，比如大量的图片、大号的标题、更多的彩色印刷，小开本报纸开始变得流行。怎样才能在拥挤的地铁里展开报纸呢？香港的免费报都是四开的，并且在中间都用装订针订起来，就像一本杂志，以适应地铁阅读的需要。平时的阅读也是如此，对开的报纸，对于大部分人的办公桌都是不合适的，不好展开。有时候，报人们真的应该摒弃那种面子思维，以为从对开大报变成四开小报很没有面子。其实，面子无论如何也没有生存重要。

从报纸版式的瘦身，我们能清楚地看到报纸适应环境、适应需求变化的进化进程。

传统的对开型大报由于体形肥大，已不适合现代人的审美特点和阅读习惯。"瘦报"，即在传统的对开或四开报纸的基础上缩窄、加长，使报纸在外

---

① 保罗·莱文森著，何道宽译：《手机：挡不住的呼唤》，中国人民大学出版社2004年，第12页。

形上显得更苗条、瘦长。由于其在长宽比例上更接近"黄金分割率"，因此又被称为"黄金报型"（美国报纸出版商协会规定的比率为1∶1.63），这是一种国际流行的报型。"瘦报"相比传统对开大报更具时尚感，更能吸引年轻人的目光。

从读者实用性的角度看，现代人阅读报纸的场合除了通勤地铁与公交车外，主要是办公桌。在这两个主要的阅读空间里，要展开一份大报颇不容易。相形之下，阅读一份"瘦报"或小报则要方便得多。"瘦报"最大的好处是方便阅读，便于携带和保管，因为其版面窄了，双手拿报展开阅读时，不会妨碍左右邻近的人。"瘦报"的尺寸根据人体学而定，注重阅读生理的科学性，读者无需扭头就可以浏览整张报纸；其展开的宽度恰好与手臂宽度一致，符合人体舒适度。报纸"瘦身"看似只是尺寸的变化，其背后却有着复杂的因素，是办报人对读者读报需求变化的感知和满足。

从经济实用角度看，由于"瘦报"减少了纸张大小，能在一定程度上降低纸张及印刷费用。《南方日报》在一次改版中，每周增加了24个版。但同时报纸"瘦身"，一年却可以节约成本2000万元。《华尔街日报》其美国本土版版面在高度不变的情况下，宽度减少20%，即从原来的15英寸减少到12英寸。"瘦身"后的《纽约时报》报型宽度比以前窄3.8厘米，这一举动将为该报每年节省大约1000万美元成本。

这些因素共同作用，导致"瘦报"成为一股潮流与趋势，但这只是报纸进化之路的一个小小的环节，报纸的进化几乎每时每刻都在进行。

最近十年，也是全国报纸改版最频繁的十年。《南方日报》自2002年到2011年，就有比较重大的改版八次，一些细枝末节的改动更是数不胜数，每次都有新的突破。第一次提出"高度决定影响力"的办报理念，定位于华南地区主流政经大报；第二次改版用行业专刊开掘目标市场，进一步强化政经媒体定位特色；第三次改版坚持梯次发展战略，试图贴近珠三角都市群；第四次改版核心是整合资源，让《南方日报》从过去简单的资讯提供者转变为"资讯管家、时事顾问、意见领袖"智慧型资讯提供者，通过"高度+本土+整合"的思路，提升信息加工档次；第五次改版核心是深耕报道体现"成熟的力量"，加强评论力度，提高主导舆论的力量；第六次改版启用680mm报型，加强时评和言论，深耕时政报道、文化报道、区域报道，同时成立新媒体发展部、机动记者部、市场部等部门，采编和运营机制再次突破。第七次改版除了之前一些思路的深化外，主要是开始着手全媒体运作，打造新机制、新流程。我们可以注意到，不同的时期，改版的重点是在不断推进深化的，《南方日报》试图用这些传统报业范畴的创新来满足读者不断变化的需求，应对新闻竞争的需要。[①]2011年8月9日的第八次改版，则是以全媒体的转型为重点和突破口，在继续深耕平面媒体的同时，要实现形成和提升全媒体的生产能力、全介质的传播能力、全方位的经营能力。[②]应对新媒体，凸显报纸特性与优势，是如此改版的主要诉求。

内容也在变得更有特色，以与其他传媒形态区分开来。重磅推出的深度报道，规模庞大的策划活动，越趋丰富的内容供读者选择。

报纸变得越来越观点化。从媒介特性上看，报纸表现政治问题确实要比电视、广播、网络更有优势。那些喜欢阅读新闻的人，尤其是那些喜欢政治新闻的人，对报纸的喜爱要超过其他任何媒介，这是新媒体竞争时代，报纸的核心竞争优势。据调查，美国喜欢政治新闻的人中，有66%的人喜欢报纸，46%的喜欢网络，36%的喜欢CNN。但是，在美国只有11%的人对政治比较有兴趣。[③]在香港也是如此，香港只有700万人口，但是却有200多万份日报发行量，主要原因就是各报纸都有比较稳定而不变的立场，迎合了某部分人的表达诉求与愿望。[④]内地近些年盛行的"观点"版面也正在诠释着报纸观点化的变革。

……

报纸的分化进程

报纸的进化与生物的进化从各个方面来看，都是类似的。目的一致：都在争夺资源；环境类似：都面临激烈的竞争；采用的方式也是类似的：都要将特

---

① 王春芙：《坚持改革创新不断 追求卓越——南方日报第七次改版的文化传承》，《中国记者》2009年第12期。

② 《转型中国与党报变革——南方日报全媒体改版在线访谈》，南方报网2011年8月16日，http://www.nfdaily.cn/special/2011zt/zxbg/。

③ 王正鹏：《报纸突围：数字时代传统媒体变身记》，中山大学出版社2010年。

④ 陈国权：《香港为什么容得下这么多报纸？》，《中国记者》2011年第10期。

长充分发挥才能勉强应对竞争；结果也是类似的：进化或分化。

观察回溯传媒形态的发展历史，就会发现，传媒形态一直在持续地进行着两个过程：一是进化，二是分化。进化是量变，分化则是质变。

传媒在竞争中，强化自身独特优势，抛弃某些缺陷，实现改良式的进化。当进化到一定程度时则发生质变，开始分化成新的传媒种类。报纸刚刚出现时，在中国只有邸报，在西方则是政党报纸。但是在对独特优势的强化与改进中，现在报纸已经分化成很多品种了。报纸在强化社会新闻、强化可读性的进化中，分化成繁盛一时的都市报；在突出政党资源、强化立场的进化中，分化成党报；报纸在突出免费属性、强化渠道特点的进化中，分化成地铁报；报纸在突出行业属性的进化中，分化成了行业报……

被称为新兴媒体的网络，也在诞生不久的今天出现了巨大的分化。现在网络的分化主要体现在赢利模式上，刚开始出现的门户网站的赢利模式如新浪、搜狐等，和传统媒体一样，依靠新闻获得点击量，再以点击量赢取广告；现在网络赢利模式已经分化出很多品类，被我们熟知的就有谷歌、百度的搜索竞价排名赢利模式，淘宝网网络购物赢利模式，网游赢利模式等，还有更多的现在还未发展成型的千奇百怪的赢利模式。可以肯定，这种分化还将继续；也可以肯定，其中某些分化会由于不适应环境而枯萎掉，有些则会长成大的网络分化支干。优胜劣汰的自然法则在传媒发展趋势上同样会起作用。

按照传媒进化的观点，传媒一直在不断地进化与分化，报纸的进化也正在如火如荼地进行着。

当变革到一定程度时，进化的量变逐步成为了质变，报纸也就不是原来的模样了，分化成不同的种类了，比如现在盛行的免费报纸。如果报纸的部分分支无论怎么量变，都无法适应人们的需求，量变无法冲破"透明的天花板"，这个分支将枯萎死亡。

1994年，美国的未来学家迈克尔·克莱顿就将报纸称为"媒介恐龙"，认为它正在走向灭亡。其实，从生物进化的角度，恐龙并没有灭亡，生物界公认的观点，地球上现在繁盛的鸟类就是恐龙进化的后代，一小部分小型蜥脚类恐龙在竞争中分化出来，完成了长出翅膀这一质变，成为鸟类，它们在天空中找到了自己存在的价值，而一些不能适应环境的诸如超级巨无霸腕龙、霸王龙之类的恐龙则灭亡。

从媒介进化的角度，报纸也是如此，一些不能适应环境的报纸种类将灭亡；而一些在竞争中分化出来的新品种将继续发展。报业的进化与分化，就像是一棵树，有些枝桠长得好一些，有些枝桠长得差一些；有些枝桠则会逐渐枯萎，而有些枝桠还会有新的树枝被分出来。

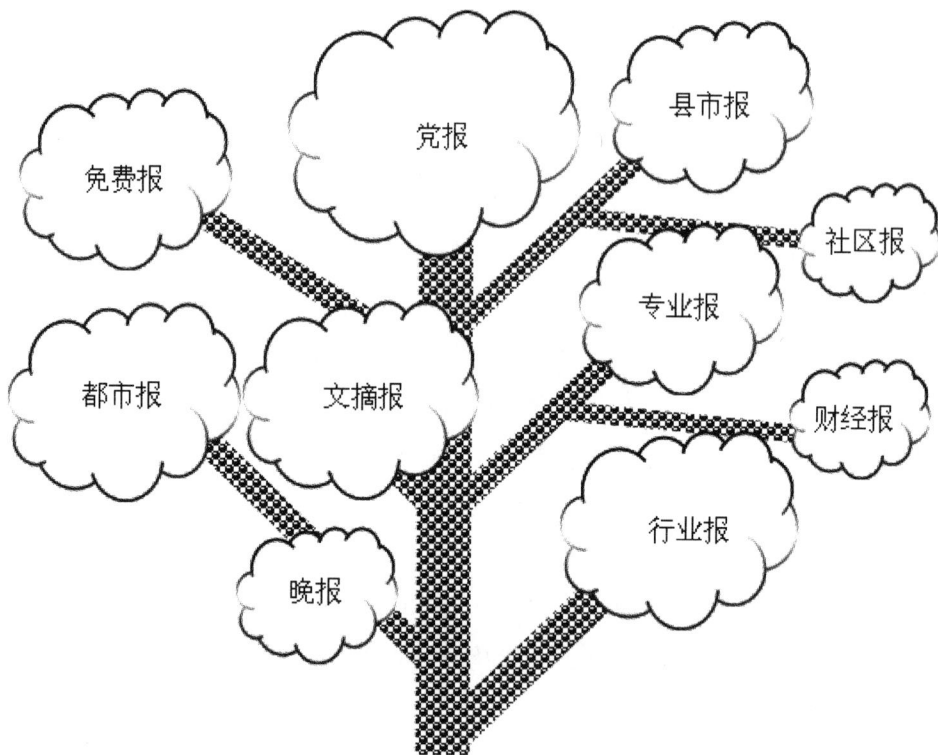

报纸分化之树

不能一概而论地讨论报纸生与死

经过报纸分化论的分析基础，讨论报纸是否消亡就变得简单而明了了。

经过一两百年的发展，如今的报纸是个种类繁多的大家庭。这些报纸种类、内容、渠道、功能、定位、服务对象、发展层次、市场空间、媒介使命、社会功能都千差万别，对于这样一个复杂而多元的大产业，不可能一概而论地断言整个行业的生存或死亡。据世纪华文的数据，2013年，在报纸总体销量下降的情况下，生活服务类周报、财经类报纸、IT类报纸以及党政类报纸的市场份额均出现不同程度的上升，这也体现着报纸市场集中化程度降低，多元化的发展趋势。①

对于各个报种而言，新媒体的影响各不相同。

新媒体对于报纸的最大冲击在于都市报，新媒体替代了都市报几乎所有的功能：新闻策划、海量信息、分类广告、舆论监督、社会新闻、鸡零狗碎的琐事报道，等等。都市报必须转型，彻彻底底地转型，否则，必死无疑。

党报历史最久，发展最成熟，但党报有党报存在的价值。党报党办，主要面向党政干部，8千多万的党员是党报的忠实读者；传达党和政府的声音，进行政策解读，统一干部群众思想等；权威而具有公信力；政府资源丰富，最近几年，随着各级政府部门公关形象意识的觉醒，各级政府部门的形象广告、各类公告成为党报广告的增量空间。

行业报则立足于行业，以服务行业内为基本诉求，具有旺盛的生命力。有些已经完全市场化，如《中国黄金报》、《中国汽车报》，有些则紧密依托所在行业，如《人民铁道报》、《中国水利报》。行业报有着各类新媒体所不可替代的专业性。

地铁报是个新兴的媒介形态，背景比较复杂，一部分地铁报是由处于报业集团的第三第四都市子报办不下去转型而来，也有一部分地铁报是由其他类型的报纸转型而来。地铁报借助于地铁的独特渠道，利用通勤人群的闲暇时间，免费方便易得，具有新媒体所没有的优势。地铁报规模还很小，但它的渠道优势、对特定需求的满足，仍然使它具有一定的生存空间。

县市报虽然在2003年的报刊治理整顿中损失惨重，但近几年，县市政府的强烈办报需求加上省市级报纸强烈的扩张需求使县市报重新繁荣起来；县市，有望成为未来很长一段时间报业竞争的主战场，县市政府的需求是县市报发展的最大市场空间。

社区报属新生事物。中国城市化进程加快，大的社区不断形成。虽然中国社区报还未成形，但已初具规模，由于具有贴近性等新媒体所不具备的优势，未来可期。

……

---

① 崔保国：《2014中国传媒产业发展报告》，社科文献出版社2014年。

第三节　分化为什么会发生

我们再来探讨一下报纸分化发生的机理。

自然界青睐极端

导致分化的一个最主要的原因是，生物在生存竞争时需要把自身的独特优势发挥到极致，才能够勉强应对竞争。用达尔文的话说就是"自然界青睐极端"。猎豹是世界上跑得最快的动物，为了将这个独特优势发挥到极致，也就是最快，它在体型上做出了大牺牲，并进化出了长长的尾巴，以保证快速奔跑时的方向。可以说，它整个身体的全部构造都是为了保证跑得最快这个独特优势。但是如果按照融合论支持者的观点，让猎豹融合有像狮子一样的庞大体型，以不被狮子追杀；融合有非洲鬣狗那样健壮的体格，不至于猎物被鬣狗抢去，那么猎豹就跑不动了，它可能抓不到任何猎物，只能挨饿。不倒翁虽然永远不会摔倒，但它由此而不能前进一步。

生存竞争让猎豹的祖先必须分化成跑得最快的动物，即使会因此被狮子追杀、被鬣狗欺负。拥有"鹰的眼睛、豹的速度、狮的力量、猴的敏捷"的动物，只能是孩子看的动画片里的"希瑞"或"希曼"。

从传媒竞争的角度来看，也是如此，竞争青睐极端。

"赢家通吃"的游戏规则

报纸现在所面对的竞争，不仅仅是区域内报纸的竞争，它将与其他众多的、数也数不清的新兴媒体展开全方位的竞争，区域的保护即将成为历史。近几年来，报纸所面临的困境，究其根本就是区域保护的丧失而导致的充分竞争的境地。在与新媒体的"完全竞争"中，处于竞争弱势的报纸必须遵守新媒体的游戏规则，新媒体的游戏规则便是"赢家通吃"。

以前传统媒体讲"马太效应"，也就是强者愈强，弱者愈弱。在新媒体当道的时代，"马太效应"进化成"赢家通吃"。在传统媒体的竞争中，前二、三位的仍然可能有赢利机会，比如成都、北京、南京的报业竞争中，排名比较靠后的报纸仍然还能活得下去。

可是在新媒体中，赢家真的是通吃，根本不会给落后者留下什么。在新媒体中，受众相互间很容易进行交流和沟通，每个人都习惯于看看别人是怎么做的，从而导致"羊群效应"。在这种效应下，市场份额的细微差别一定会被放到很大，在新媒体领域排名第一的媒体与排名第二第三第四第五的差距会非常巨大。在传统媒体中，如果有三个竞争对手，排名第一的媒体将获得60%的市场份额，排名第二的媒体可以获得30%的市场份额，排名第三的只能获得5%。但在新媒体中，这一比例更接近于95%、5%、0。"羊群效应"会导致注意力的高度集中，导致真正的"赢家通吃"。

用某种产品的人越多，感到不得不采取同样做法的人就越多，否则，你就OUT了，甚至无法与别人沟通交流。我称其为"沟通效应"。比如即时通讯软件、QQ和MSN，使用某种软件的人数越多，人们就不得不也使用同类软件，否则无法与别人交流。因此，QQ才能这么火爆，MSN却怎么也火不起来。微博也是如此，大家都在用新浪微博，一次开会的时候，腾讯请我在他们那里弄了个微博账号，后来为了鼓励我使用他们的微博账号，还给我加了十几万的"粉丝"，但我仍然很少用腾讯微博，因为朋友们、同行们大部分都在用新浪微博，还是因为"沟通效应"。

流量、关注都在朝着"赢家"集聚，这就是新媒体制定的游戏规则。报纸在这样的竞争环境下，要生存，就必须成为某一个小小领域的"赢家"，顺应这个游戏规则，报纸就必须分化。

渠道充盈的时代

传媒刚开始出现的时候，在没有充分竞争的时代，传媒供小于求，必定是综合性的，提供全面、丰富信息和服务的传媒形态；传媒在发展，不断地有新的竞争者加入，随着竞争者的增多，要想从中出类拔萃，赢得人们的关注就变得相当困难。你凭什么让人关注你，必须有自己的特点和优势，再将长处充分发挥。

将独特性发挥到极致的结果便是分化，而不是融合。分化以后，才能满足不同细分市场不断发展的需求，才能让人把你记住。

对于传媒而言，要专注于自己的长处，而不是见异思迁。苹果公司逝去的乔布斯是如此注重专注的价值，让我们在悼念他的同时，回顾他的经典话语："这就是我的秘诀——专注和简单。简单比复杂更难，你必须努力让你的想法变得清晰明了，让它变得简单。但是，到最后，你会发现它值得你去做。因为一旦你做到了简单，你就能搬动大山。"

在传播渠道日趋多元、媒介形态日益丰富的竞争格局中，毫无疑问，报纸不能再坚守综合性报纸的定位，不能再追求什么"一报在手，什么都有"；而应该实施分化，突出自己的长处和优势，在某一个领域用力，成为一个细分市场的领军者，而不是追随者。渠道充盈的时代，综合性报纸毫无竞争力，必须分化。

第九章

都市报：
最先消亡的报纸？

种种迹象表明，都市报或许将成为最先死亡的报种！

本章核心观点：

都市报市场化最彻底，最容易受影响

新媒体就是都市报的替代品

都市报的主要依托——市井阶层正在转移、进化

谁都可以来都市报口里抢食

都市报内容需要突破性的创新

从广告角度看，都市报正成为没有特点的媒体

应到新媒体不能企及的地方去

2005年，时任《京华时报》社长吴海民喊出了"都市报冬天"，此后几年，由于房地产的高歌猛进，都市报面对新媒体竞争的危机被房地产的繁荣所带来的房地产广告所掩盖；直到2012年，由于房地产涨势逐渐平稳，以及国家宏观调控的影响，房地产广告下滑，都市报逐渐开始呈现出它的"本来模样"，困境也被直接明白地显现出来。"狼来了"喊了8、9年，今天，"狼"终于来了……

第一节　都市报究竟怎么了

在2013年年底的都市报总编辑年会上，一些都市报总编坦言，广告收入与2012年相比有明显下滑，严重者下滑50%以上。

公开地坦诚衰弱的数据总是那么稀缺，但从一些侧面的数据还是能窥得都市报的真实困境：早在2012年12月，中国报业物资供应年会发布信息：由于报业广告经营的下滑，导致版面的减少以及都市报发行量下降等因素，致使报业新闻纸采购量下降。据中国报协最近对全国65家用纸量大的报社2011年、2012年用纸量的统计数据来看，这65家报社2011年总用纸量为1699000吨，2012年总用纸量为1580000吨，2012年比2011年用纸量下降了7%。这65家报社中，中

2013年11月5日，第十八届全国省级晚报（都市报）总编辑年会在南昌开幕，年会主题为："墨攻：新境下的报业变招"。

央级的12家报社的用纸量都有一定程度的增加，地市级党报基本与2011年持平，而各省的主要报业集团下降幅度较大，主要原因并不是报业集团的党报用纸量下降，而是因为旗下都市报广告下降幅度较大，最多的下降了近40%。因此用纸量大幅下降，由于都市报的新闻纸使用量在报业集团里所占比重很大，从而带动报业集团整体用纸量的下降。①

而根据世纪华文全国60城市的报纸销量监测数据，2013年都市报的销量降幅达到14.8%，2013年随着都市报的销量下滑，其市场地位也出现了下滑，2012年都市报发行市场份额占据71.9%，而2013年下降到64.9%，下降了近7个百分点。②原本占据报业市场最大份额的都市报究竟怎么了？

市井阶层与都市报 "主流化" 误区

上述的这些都市报让人揪心的经营数据，主要源于都市报受到了新媒体的冲击。在前一章，我曾写道：报纸是个种类繁多的大家庭，报纸品类、内容、渠道、功能、定位、服务对象、发展层次、市场空间、媒介使命、社会功能千

---

① 《2012年中国报业和新闻纸发展状况扫描》，中国报协网2012年12月28日。
② 崔保国：《2014传媒产业发展报告》，社科文献出版社2014年。

差万别，对于这样一个复杂而多元的大产业，不可能一概而论地断言整个行业的生存或死亡。同样，新媒体对各个报种的影响也不同。

从都市报的历史、功能、现状以及新兴媒体的功能与现状来分析，与其他报种相比，都市报受新媒体的影响显然要大得多。都市报是所有报种中市场化最彻底最到位的报纸，所以，报业外部环境的风吹草动，最先受影响的就是都市报。而如党报、行业报、专业报、地市报、县市报等，市场因素仅仅是影响运营发展的众多因素之一，外部环境对这些报纸的影响也要滞后一些，甚至产生不了影响。另一方面，都市报几乎所有的功能，新媒体都能替代，新闻策划、海量信息、分类广告、舆论监督、社会新闻等，新媒体甚至可以做得比都市报更好、更到位。新媒体简直就是都市报更高一级的替代品。

更为关键的因素是社会结构的多元化趋势。都市报原来的叫法是"市民报"，创办《华西都市报》的席文举曾说："《华西都市报》要成为一张什么样的报纸？回答就是一句话，办成一张市民生活报。"①都市报赖以发展的基础是市民阶层，也就是一般说的"市井阶层"。第一份都市报《华西都市报》创刊火爆不久时的宣传画就是几个骑人力车的大爷在拉客间隙翻看《华西都市报》，然后在一起讨论国家大事、家长里短。"市井阶层"应该是都市报的定位方向，也是争取的主要读者对象。但是，令人费解的是，此后，都市报却一直在努力地摆脱这种定位，所谓的"都市报主流化"的思路就是这种尝试。都市报希望摆脱低俗化、小报化倾向，而成为"高大上"的"主流报纸"。

但那些"主流化"的尝试并没有取得多大的成功②，都市报的主体读者仍然是市民阶层，市井意识、市井文化在都市报的发展中起到了重要作用。时至今日，如今的市井阶层已经发生了改变。现实中的市井文化缺少场地、空间、人气，正在逐渐地被边缘化，或转移到了网络上的虚拟市井文化中，并繁荣壮大。微博、社区论坛就是这种虚拟市井文化的平台。

而这些，对都市报的发展来说，是致命的。表现出来的就是：1. 市井焦点无法形成，都市报的新闻无法成为市井话题；2. 活动影响力变弱，都市报刚创

---

① 席文举：《新型晚报的新思维》，《新闻界》1995年第5期。

② 陈国权：《都市报主流化的误区》，《当代传播》2004年第6期。

刊时一个活动出来"万人空巷""洛阳纸贵"的场面已不可能再现了，一个活动还需要集团下各个媒体一起上阵，"全媒体"使劲推，还拉不来人气；3. 读者流失，原来的"敲门发行"，还能"敲"来发行，但现在小区门都不让进，都不知道到哪里去"敲"，发行员越做越难，报社记者每年的亲戚朋友发行任务原来完成非常容易，现在纷纷反映很难很难。

接触渠道的多元化。各种媒介形态层出不穷，每一个新的媒介形态出现，都从都市报那里抢走了一部分读者。党报、行业报的发行都是硬性任务，不能减少，只有都市报是有弹性的，最后倒霉的只有都市报。而由于都市报内容与其他一些媒介形态的重合性，读者的选择非此即彼，不可能同时选择，倒霉的仍然是都市报。别的媒介形态都到都市报嘴里抢食，都市报却不能从别的媒介形态中抢来读者，倒霉的还是都市报。

读者正在老龄化。上世纪90年代中后期，在传媒形态略显单一的时候，全国的都市报积极活动、积极策划，培养了大批的读者，直到今日，都市报仍然在享用着那时候的成果。但是，那时候培养的读者已经老去，新的读者却没有加入。都市报读者的老化已经非常严重，都市报甚至被戏称为"老年人的互联网"。都市报也通过一些都市报进校园、小记者俱乐部等方式，试图培养年轻的读者，但这些年轻的读者长大了之后却并不一定成为都市报的"粉丝"。

内容需要另一场"范式转换"

这是都市报最关键的问题。

都市报诞生于上世纪90年代中期，当时的综合性报纸市场上只有党报和晚报，席文举等人所创立的都市报模式是对当时党报和晚报的一场"范式转换"。[1]在内容上：大规模的舆论监督，大篇幅的社会新闻、家长里短，高密度的新闻策划、活动。在经营上：敲门发行，"扫楼"、"洗街"，广告则实行代理制。管理上：打破铁饭碗，采用市场化绩效考核机制，能上能下、能进

---

[1] 范式（Paradigm）是美国著名科学哲学家托马斯·库恩提出并在《科学革命的结构》中系统阐述的，过去被用来描述科学上截然不同的概念。现在经常用于描述在科学上或者认识论中的的思维方式。在库恩看来，"科学革命"的实质，就是"范式转换"；如今，报纸内容的创新，也需要这样的范式转换。

能出……这些突破性的创新使都市报从党报中分化出来，成为一个独立的报种而繁荣昌盛，成为报业的经济支柱，发展至今。

但是，随后的十几年，都市报的这些"革命性"的突破价值在逐渐被淡化。"敲门发行"、"扫楼"、"洗街"由于社区的兴起，社区管理的成熟而无法执行；报摊报贩则由于城市管理的趋严而日渐减少。几乎所有的媒体都采用了市场化的管理方式，都市报在这方面变得没有优势，一些媒体甚至比都市报走得更靠前、更先进。

随着时间推进到2010年左右，都市报所赖以为本的优势只剩下了内容的优势。都市报诞生时的价值在于它有别的地方没有的内容，比如舆论监督、社会新闻、新闻策划；后来的BBS论坛火爆也是由于它有别的地方没有的内容。新媒体中微博的主要价值也在于微博上有别的地方没有的内容，网友戏称微博与央视的"新闻联播"是两个世界。微博有的内容都市报或许没有；都市报有的内容，微博中必有，微博使都市报有被替代的危险。微博没有出现时，都市报的危机远没有今天这么严重。

再加上自身考核机制和办报思路的问题，都市报的内容不但网络上到处都有，还纷纷转抄、阐发大量微博内容，成为微博内容的二次传播者。更有甚者，把网络上的新闻稍微整合处理一下，就排上版面，这样就导致了都市报与网络的同质化。都市报与网络同质化的结果就是都市报完败：读者阅读报纸就跟上网没有什么区别，既然网络上的信息都能免费获得，那为什么还要劳心费力地订报看呢？更何况，网络还比报纸信息更快捷，检索更方便，更能互动……

现在的都市报经常改版，改版之后还常常沾沾自喜，有时还摆到网上去"晒"，但是改版一般都是细枝末节的改动，缺乏突破性的内容创新。十几年来，内容没有突破性创新，是都市报的最大问题。从"快乐大本营"、"非诚勿扰"，到"中国好声音"，同为传统媒体的电视几乎每年内容创新不断。回头再看看都市报，这些年来，除了舆论监督、新闻策划、社会新闻，都市报又有哪些可以让人们记住而又卓有成效的创新呢？都市报从对党报晚报的"范式转换"中分化出，现在更需要另一场内容的"范式转换"。否则，一百次一千次的改版也无济于事。

第二节　都市报核心广告为何衰竭

根据CTR媒介智讯的数据，2013年报纸广告刊例价下降幅度达8.1%，比2012年下降的7.5%还要严重，而且这仅仅是刊例价，主要是都市报。从很多报业老总私下里透露的信息来看，很多都市报的实际降幅达到20%以上。如此大的降幅历史上还未出现过。

房产广告、汽车广告、卖场广告是都市报的传统优势，它们占据了都市报广告份额的大部分，是都市报广告的核心、支柱、主体。受宏观调控、新媒体、人们消费习惯等因素影响，这三个对都市报至关重要的广告类型正在衰竭。它们在都市报广告的"巨大"降幅中做出了重要"贡献"。

都市报广告面对新媒体的困境

都市报的广告真的很贵，一些省会城市的知名都市报，半版广告十几万元一次，而且每年还在不断地涨价。当然也有便宜的，还有折扣。这个价格是否与价值相匹配呢？

新媒体的广告，相对于报纸广告而言，拥有精准性、可测量性的优势。

一是广告的精准性。新媒体广告赢利模式与报纸完全不同。比如百度，百度赢利模式的核心是将广告与内容结合起来，商家向百度支付了一大笔钱，让百度做传统媒体上绝对禁止的事情——有偿新闻。百度一直在做的事情就是有偿新闻，谁付钱就把谁放在搜索结果的第一位。但问题是传统媒体的广告为了覆盖10%对其产品感兴趣的人，却让90%对产品并无兴趣的人感到厌烦。而百度恰恰相反，它运用软件将广告展示给最希望看到它的人，覆盖了90%对其感兴趣的人，却只使10%的人感到厌烦。

二是广告的可测量性。报纸广告效果的测量方式是发行量，但发行量这个数据实在是太不靠谱了。不用说报社发行量的虚报与谎报，即使就是一份都市报果真有40万份的发行量，但这40万份真有40万人看过？是从头到尾看过，还是拿来就扔进废纸篓，无法测量。这种广告展示模式的千人成本的有效性有待考证。现在，广告客户一般采用投放广告之后，读者打来电话的次数或比率来测量广告的效果。但这只是广告发布后的测量，对于报纸广告的发布前测量，依然只能凭经验或者直觉，这就影响了报纸广告对广告客户的吸引力。

与新媒体相比，报业广告的这些缺陷使一些核心广告正在弃它而去。

房产广告："强心剂"药效退去

房产是大宗消费品，人们需要深思熟虑才会做出最终选择，因此，房产广告需要人们持续时间的关注才能实现广告效果，而都市报就成为最适合刊登房产广告的媒介形态之一，房产广告也成为都市报的支柱性广告类型。2013年，房产广告在下降非常多的情况下，占报纸广告总量的比重仍然达到33.6%，是占比最大的报纸广告类型。

都市报很早就意识到对房产广告的过度依赖将会导致危机，但这么多年一直没有找到合适的方式来解决这个问题。现在，这种情况还更糟糕了，2012年，房产广告只占报纸广告总量的26.5%，2013年还有7个百分点的增加。

2005年，都市报的危机第一次出现。当时，国家对房地产的第一轮调控导致房地产广告锐减，带动都市报广告锐减。当时，2004年刚刚成功上市的《北京青年报》利润下降90%以上，都市报遭遇"寒冬"。《京华时报》时任社长吴海民提出了著名的"报业寒冬论"，业内一片惶恐。但是，很快，都市报就摆脱了危机，是什么挽救了当时的都市报？不是别的，是房地产。2005年后，中国房地产市场的狂飙突进给正走向衰弱的都市报注入了一剂"强心针"，使都市报重焕生机，大量的房地产广告挤上报纸版面。2010年房地产广告增长7.7%，报纸广告增长18.9%；2011年房地产广告大增23.6%，报纸广告增长11.2%。那几年，报纸广告受益于房地产业的突飞猛进，也都逐年增长，直到2012年。2012年房地产广告则下降5.7%，报纸广告下降7.5%。房地产这剂"强心针"的药效已经退去。

房地产广告的增长与否，完全与房地产行业增长正相关，曾有人臆想过房地产越冷清，越没有人买房，房地产商就越要做广告。但无论如何，这种房地产走低时的广告繁荣也只能维持很短的时间。一旦这个行业真正地进入萧条，广告肯定也随之而去。2012年，房地产泡沫化愈发严重，国家对于房地产的宏观调控愈发收紧，房地产业面临紧缩，特别是上半年，导致报纸房地产广告的降幅达到了17.1%。可以说，房地产业的繁荣与否与都市报的前途休戚相关。

从房地产行业角度来看，我国房地产行业的影响因素非常多，也非常复杂。国家调控政策、城镇化进程、地方政府利益、开发商利益、投资性需求、刚性需求都对房地产业的兴衰发挥着作用。其中，国家的宏观调控政策起着决定性的作用，而各个利益相关方，特别是房地产开发商对调控政策的解读和预期，则决定着下一步的市场行为，并进而影响到对都市报广告的投放。2013年3月，为抑制房价的"国五条"出台，对房产交易产生剧烈震动，而对房价具有强大杀伤力的房产税的试点范围正在扩大。现在，各个利益相关方的利益平衡越来越困难，2012年上半年的衰退和下半年的繁盛，宏观调控并没有发生深刻变化，只是其他因素的影响。

房价不可能无休止地涨上去，房地产业发展到这个程度，也不可能永远繁荣下去。泡沫再大，总有被刺破的一天。都市报的房地产广告也是如此，2012年、2013年的都市报房地产广告已经初现端倪。

汽车广告：投放阵地转移

与房产类似，汽车是大宗消费品，人们在购买汽车时，必然经过细致的考察与慎重的分析，才会决定是否购买。报纸阅读没有时间的限制，便于人们仔细品鉴、分析，可以给人们提供各种详尽信息供购买评估，这也是以往汽车类的报纸广告投放远远大于电视广告投放的主要原因。

但报纸汽车广告也正在走下坡路，而且下降幅度越来越大。2011年报纸汽车广告下降幅度4.1%，2012年报纸汽车广告下降幅度13.0%，创下10年来最大降幅，到了2013年，下降幅度更是创纪录的25.2%。

虽然，汽车行业由于各个城市逐步施行的限行、限购、限牌、限号等措施，有下行的可能。但根据中国汽车工业协会的数据，2012年，全国汽车销量仍达1930.64万辆，比上年4.3%，增速提高了1.9个百分点。① 2013年国产汽

---

① 《中国汽车工业协会发布2012汽车产销数据》，http://www.motorchina.com/html/2013-01/15242.html。

车销量达到2198.41万辆，同比增长13.87％。[①]在汽车市场增速有所提高的时候，报纸汽车广告却大幅下降，这是什么原因呢？

自我国汽车产销量超过1800万辆后，汽车工业已进入总量较高的低速平稳发展阶段，这是汽车广告总体增速减缓的主要原因。2012年电视汽车广告增长3.6％，期刊增长3.9％，广播增长7.9％，户外增长5.8％。这些媒体增速相对于2011年都有显著减缓，但是仍然与汽车市场景气程度基本保持一致，传统媒体中只有报纸的汽车广告在大幅下降。这表明，汽车广告对都市报的热情已经大大降温，广告的转移已成为报纸汽车广告持续困境的原因。

从数据上看，报纸汽车广告并没有转移到电视、期刊、广播、户外等传统媒介上去，更多的蛋糕被新媒体所瓜分。新媒体对报纸的压力非常明确地体现在汽车广告上。与报纸汽车广告相比，网络汽车广告具有以下优势：一是网络媒体是"全媒体"，文字、图片、音频、视频等多种媒介手段都具备，可以为人们提供全方位的信息。二是网络媒体信息容量大，可以为人们提供产品、研发、设计、特点等全面信息，便于人们进行比对、分析、选择，这个优势至关重要。三是网络汽车广告易于检验效果，大数据时代，对汽车广告的点击偏好、反馈意见等都对广告客户有着重要意义和价值。四是网络媒体易于搜索，方便人们进行信息获取和分析。五是购车用车的目标人群绝大部分都是网络等新媒体的忠实用户，汽车广告的目标人群与网络媒体使用人群高度吻合。这些特点都促成了汽车广告从都市报向网络媒体的转移，人们购车更多地通过网络获取信息而不再通过报纸。

而随着网络等新媒体影响力日盛，在与网络等新媒体优势的对比中，都市报似乎已经成为没有特点的媒介，都市报对汽车广告的吸引力在逐渐降低，这是个此消彼长的过程。前些年，都市报的汽车广告的增长有赖于许多都市报频繁的车展，一般一个车展可以拉动都市报汽车广告几百万到上千万。但现在，随着接受渠道的日趋多元化，车展的影响在降低，车展对于都市报汽车广告的拉动也在衰减。新媒体对于都市报的影响是逐步的，但会有一个爆发点，2012年，或许就是个转折点，彼方愈盛，此方愈弱。

---

① 《中国汽车工业协会发布2013汽车产销数据》，中国联合钢铁网2014年1月10日。

汽车市场的稳中有进对2013年汽车广告的投放有所推动，但汽车广告仍然由都市报向其他媒体，尤其是网络媒体转移。令人担心的是，汽车广告由都市报向网络媒体的转移，这可能是一个长期趋势。

卖场广告：当网购成为流行

周五是都市报广告最多、版面最多的时候。其中，有很大篇幅是由卖场广告来填充的。国美、苏宁、家乐福等大型卖场刊登减价信息，具有强烈的地域要求，最适合的大众广告载体就是都市报。

但是从2011年开始，卖场广告开始急剧下滑，整个2012年，都没见到复苏的迹象。2013年报纸商业零售业广告出现了11.9%的大幅下降，成为拖累报纸广告下降的最大行业，这与2012年13.6%的下降幅度并没有多少区别。

但实际上，零售广告所依托的商业零售业的零售总额并没有减少。根据国家统计局发布的数据，2013年，社会消费品零售总额234380亿元，同比增长13.1%。较之2012年的14.3%的增速、2011年17.1%的增速，2013年增速的确有所减缓，对广告也会有一定影响。但仅不足4个百分点的增长率收缩不可能就引起都市报广告如此巨大的变化，真正原因并不在于此，而在于消费者购物方式的转变反映到零售广告上。

2012年是网购爆发式增长的一年，有数据显示网购总规模已经超过1.3万亿元，占社会消费品零售总额的6.2%。许多实体店成为消费者的体验店，人们跑到实体店偷偷地看货抄价，然后再到网店上购买，这已经成了一种流行的普遍购买方式。网购对实体店销售和广告的影响不言而喻，而且将越来越明显。

商业零售业的广告主要来自于这些实体流通终端，如百货店、购物中心、超市和大卖场等。苏宁、国美就是零售业最大的广告商。但随着电商模式的兴起与繁荣，实体卖场的销售额在逐年下降，大量实体卖场关闭。家乐福2012年在中国关闭6家门店；百安居2009—2012年在中国区关闭24家门店；雅芳2013年减少中国区部分省份分公司；沃尔玛2012年关闭在中国的4家门店；李宁匹克等运动品牌2012年关闭1200家门店。[①]实体店的大量关闭是导致都市报卖

① 《实体零售业衰退超预期》，腾讯财经2013年1月24日http://www.chinamedia360.com/News/NewsDetail.aspx？nid=630985921A46C2FD。

场广告来源减少的一个原因。

另一方面，随着新媒体愈发显示出营销影响力与爆发力，卖场营销模式的重心开始逐渐转移到新兴媒体。2012年，新媒体界最热闹的事情是国美苏宁京东的电商大战，在这场众所关注的电商大战中，新媒体成为战场、平台、获利者。2012年这场惊世绝伦的电商大战的结果，表现在都市报上就是卖场广告投放的逐年减少。2012年苏宁投向报纸的广告下降了35.7%，国美也下降了28.2%。而在网络广告的广告主中苏宁已经跻身前列。另外，家居装修的卖场红星美凯龙和居然之家的广告投放也分别下降了17.5%和4.5%。

种种迹象表明：消费者购物方式已经发生转变，商业销售模式的转变将是一个长期的趋势，转变后的商业销售模式将更多依赖于网络广告，对于都市报的广告投放将逐渐减少。都市报对此必须要有清醒认识，正确应对。

第三节　都市报的"毛细血管化"

都市报的变革势在必行。这几年，都市报都在积极创新、变革，其中一些举措已经具有"范式转换"的潜质，都市报极有可能从这些创新之举中找到突破的路径，获得进一步发展的空间。

向区县拓展——"区域组合城市报"的新发展

十几年前，席文举创办《华西都市报》时提出了"区域组合城市报"的营销理念。认为：四川的绵阳、德阳等核心市区人口已超百万，与成都距离在一小时车程内，乐山、宜宾、自贡等城区人口在50万至100万之间，与成都车程也在两小时左右。这些二三线城市的GDP总量不低于中心城市，与成都一起构成了以成都为中心的四川区域组合城市。因此，《华西都市报》就形成了以中心城市成都为中心，以周边城市为辐射带，建立区域组合城市的市场网络，全方位、强密度、大规模覆盖成渝经济圈，构建"区域组合城市"的营销市场。在区域定位上，《华西都市报》就不光定位于成都，还定位于绵阳、德阳这些二三线城市。当时的一个重要侧重点就是重庆，在重庆没有成为直辖市之前。

也有很多都市报也都秉持着这一理念。《海峡都市报》把福州、泉州城市群作为市场重点；《南方都市报》定位在珠江三角洲城市群；《三湘都市报》则把以长沙、株洲、湘潭三城市为中心组成的城市群作为发行的主战场，等等。辽宁中部以沈阳为中心，通过密集的铁路和高速公路，把鞍山、辽阳、抚顺、本溪、铁岭，甚至大连、营口等城市连接起来，组成了一个人口众多、经济繁荣、交通发达的城市群。《辽沈晚报》也以"区域组合城市报"作为定位方向。

这一布局在很长一段时间里，甚至为人所诟病，认为广告要求集中效应，"区域组合城市报"的理念是《华西都市报》在成都的报业竞争中落后很多年的重要原因。

但到了近几年，"区域组合城市报"的理念的价值正在凸显。《华西都市报》近年来创办了以自贡、泸州、宜宾、内江城市群为目标市场的"川南新闻"，2012年，"川南新闻"7个月的广告营收就达千万。《华西都市报》总编辑方野表示，这样一份相当于"子报"的新闻纸在当地所有晚报的环伺中突围而出，从而"用一份报纸撬起一片城市群"。

而很多都市报则采用更彻底的方式挖掘二三线城市的报业空间。比如，大

《华西都市报》的《华西城市读本》

众报业集团旗下的《半岛都市报》与青岛报业传媒集团有限公司的合作，与山东省内都市报的资源重组模式。

向社区深挖——内容延伸的"扫楼洗街"

除了社区报的做法，更多的都市报采用"深耕"社区的方式深挖社区报业资源。《楚天都市报》从2008年开始开展深耕社区计划，记者几乎全部"入驻"武汉中高档社区业主群，每周至少半天在社区挂职。在开展一系列社区活动的同时，更注重以"推"的方式点燃社区居民的热情。其开展的海选"江城十大最美社区"活动总投票人次过亿，受此激励，正计划开展"荆楚最美社区"新一轮海选。《楚天都市报》还与中心城区签协议，办社区报，每周一期，每期8版，为此专门成立社区部。

《厦门晚报》为渗透进社区，专门开辟了一个特别的栏目："报喜"。很多市民每逢家里有人结婚、生小孩了，或者考上大学、参加比赛得奖了，都打电话来"报喜"。《厦门晚报》就派记者登门采访，刊登在报纸上，让更多市民分享他们的喜悦。如此接地气的做法形成了对读者的凝聚力，正是因为这样细致入微的做法，在2014年的报纸订阅中，《厦门晚报》固定订户订阅量不降反升，逆势增长。

《厦门晚报》承办的厦门市和谐邻里节，已经成为服务市民的品牌活动，每到一个社区都受到市民的热捧。

深圳市有637个社区，《深圳特区报》便让全社350多名采编人员分散到各个社区去挂点。对此，《深圳特区报》总编辑陈寅说："党报进社区是非常有必要的。编辑一天到晚坐在报社里，对社区、对社会不是很了解，因此，我们要求编辑每个季度要去一次挂点社区。记者更不用说，挂点更方便。"①

《华西都市报》记者也以"助理"的方式在基层挂职。《华西都市报》广告牌、LED终端等户外媒体已经覆盖200多个社区。《华西都市报》将都市报进社区发展称为"扩域"加"扫盲"，这跟都市报刚诞生时的发行"扫楼洗街"类似。当年都市报发行的"扫楼洗街"模式为都市报加大覆盖面、提高都市报影响力做出了巨大贡献。如今这种社区发展的内容"扫楼洗街"模式也正在逐渐发挥其越来越大的作用。

新媒体力不能及的地方

现在，大型城市的报业空间已经发掘到极致，更由于新兴媒体的竞争，都市报空间越发紧缩。而在二三线城市，报业发展仍有一定空间。现在，新媒体的触角虽已延伸到基层，但竞争力还未触及二三线城市。新媒体并不是合适的区域性媒体，互联网、移动互联网，都是没有区域"疆域"的开放平台，即使它们现在还有一定限制。在这样开放的无空间限制的平台上，很难体现出区域性特征。因此，二三线城市的市场空间，大的新媒体公司并无暇顾及也不适合顾及。而这，就成为了都市报不同于新媒体的核心竞争力。在新媒体强势竞争的形势下，都市报需要"毛细血管化"，延伸到角角落落，才能够应对新媒体的竞争。

社区报已经为都市报的"毛细血管化"探出了新路。跟原来的都市报相比，社区报是绝对不需要上网变成数字报免费给大家看的，因为如果社区报自己不上传到网上，市民们就必须买报纸来看，别无他法。都市报的内容，如果你不上传，就会有别的都市报上传。从这个角度上说，社区报的区域特性保证了社区报内容的琐碎与贴近，而社区报琐碎的内容保证了社区报的独一无二性，这是社区报的核心竞争力。《宝安日报》把本地社区新闻作为主推板块，虽然宝安区是多家省市级报纸的必争之地，如《深圳特区报》、《南方都市

---

① 袁舒婕：《转型发展，打造100分的党报》，《中国新闻出版报》2012年6月12日。

报》、《南方日报》等，很多报纸也都开办了"宝安新闻"版，但《宝安日报》坚持把社区新闻做深、做透、做细，小区趣闻、家长里短、红白喜事等社区新鲜事全都跃然纸上。办了"一份无法替代的社区报"。①

从广告上看，社区报的广告价格要比发行量动辄几十万的都市报要低很多。而同时，在社区报投放的广告又更为精准，以社区为特征的民众特征比较容易把握，他们除了有共同的地理位置和生活环境外，媒体还能根据楼盘的售价判断出其基本收入情况，以及从开发商倡导的文化品位等推测出居民的教育水平和消费特征。这种明确的读者范围也就无形中为广告客户提供了特色鲜明的受众群，从而确保广告效果，针对性极强。

社区、县市，更小的区域，是新媒体不想来也来不了的地方，有望成为都市报今后几年拓展的重点。或许，都市报的"范式转换"就在于这种区域的极致细分。

第四节　警惕区域门户网站

现在的形势：一方面，是都市报对更小的区域资源的抢占、深挖；而另一方面，是都市报对自己本身区域资源的放弃、利益出让。

区域门户网站的诉求

2012年11月，随着腾讯大浙网的成立，腾讯"大"系列网站在全国已经达到了10家，腾讯区域门户网站的全国布局初步完成。从2006年5月，腾讯与《重庆商报》联合推出了"腾讯·大渝网"，这是腾讯设立的第一家区域门户网站，此后，腾讯频频出击，相继建立了10家区域门户网站，分别是：大渝网（2006年5月）、大秦网（2006年6月）、大成网（2007年10月）、大楚网（2008年7月）、大闽网（2010年8月）、大豫网（2011年8月）、大粤

---

① 卞灏澜：《办一份无法替代的社区报》，《中国报业》2013年第1期。

网（2011年8月）、大申网（2012年7月）、大湘网（2012年7月）、大浙网（2012年11月）。从腾讯区域门户的布局频率来看，近几年有加快的趋势。

事实上，腾讯在新闻门户领域已经足够强大，2013年4月3日，门户网站Alexa排名里，腾讯排名第一；① 其在区域门户领域的发力源自于对新闻门户的竞争已经基本稳定，可以说，已经到达了一个"透明的天花板"，增长空间有限。而对区域资源的竞争将成为新的增长点。2010年8月18日，在腾讯·大闽网上线的新闻发布会上，腾讯网副总编辑、主管腾讯区域门户的王娟介绍：区域网络门户已经成为中国发展的新热点。网民对于互联网发展的需求，已经由"网尽天下事"转变为"网尽身边事"。他们希望在网上获得与本地相关的新闻、生活、消费等信息。腾讯成立区域门户，正是基于这种趋势和诉求。②

百度，同样也在布局区域门户。2010年8月，百度与新京报社合资成立了北京生活消费社区京探网，其计划将区域性电子商务服务作为业务的突破口。京探网方面表示，自2009年秋天组建公司开始运营京探网开始，百度和新京报社每年对京探网投入的有形推广资源价值超过1亿元。京探网宣称，京探网已成为全国前十大社区网站，在北京地区同类网站中位居第一。在河南，百度与《河南商报》合资地方网站河南100℃（henan100.com），其中，《河南商报》占多数股份，提供内容、渠道资源等支持，百度提供技术支持。百度认为：这些举措"一方面能加强百度和媒体间的关系，另一方面百度有很多客户来自当地，通过合作可以加大在当地的渗透率，进一步为核心业务获得广告客户。"

与门户网站相比，区域网站有很大优势。地方用户的生活、消费、出行、咨询、娱乐等需求五花八门，相对来说，这些用户对区域网站的熟悉度、信任感都要高于全国性站点。厦门的小鱼网现在拥有百万会员，并且树立了"有困难找小鱼"的招牌，成为当地影响最大的网络营销平台。常州化龙巷从2006年建立起，年收入以百分之百以上的速度增长，2011年的收入已经达到千万级。DCCI互联网数据中心每年对互联网的50多个细分领域做追踪研究显示，这50多个领域每年增长的情况、竞争的情况、发展的状况，都显示互联网的区域化发

① 站长之家：2013年4月3日，http://top.chinaz.com/list.aspx?t=247&fn=alexa。
② 《大闽网正式上线 打造福建城市生活门户第一网》，2011年1月13日，http://fj.qq.com/a/20110113/000165.htm。

展是相关指标发展最快速的。①在这样的情况下，各新闻门户网站布局区域，也就有了合理性与可行性。

区域门户网站对报业资源的掠夺

报业当前的困境大家都非常清楚，各式新媒体对读者与广告的分流让近年来的都市报遭遇困境，发行量急剧下降。

在这当中，各新闻门户布局的区域门户网站对报业的困境"贡献"良多。由于腾讯没有新闻采集权，因此，大部分的"大"系列网站都是选择与当地的报纸联合推出，互占一定股份。当地的报纸为区域门户网站提供内容。而一些没有与当地报纸形成稳定合作关系的区域门户，也在挖空心思地赚取当地的新闻资源。比如大闽网，由于是自建自运营，大闽网的最大劣势、最核心的制约正是新闻类资讯内容，于是，大闽网与福建部分地方媒体签订了内容合作与资源置换协议，内容依赖东南网、海都网等报业网站。再加上大闽网本身三四十人的团队也全部投入到内容运营上，大闽网也获得了当地的新闻资源。

在广告方面，目前各个区域中，竞争最激烈的仍然是广告市场，所有区域门户核心收入基本是广告。腾讯区域门户网站的赢利模式非常清晰，就是通过整合各种资源，利用资讯产品、社区产品打造媒体影响力，然后拉动广告收入。在这一点上，区域门户与报纸形成正面的竞争关系。

从各个区域门户网站的频道设置就可以看出区域门户对报业资源的争夺。比如，大成网的特色频道包括：新闻频道、健康频道、汽车频道、房产频道、理财频道、家居频道、人才频道等，②简直与一般都市报的版面设置如出一辙。同一块蛋糕，此消彼长。

哪里是报纸的"主场"

新媒体是没有区域限制的媒体，凡是互联网络、移动互联能够通达的地

---

① 胡延平：《互联网产业分工体系初成，区域网站将极大发展》，荆楚网2010年04月23日，http://news.sina.com.cn/c/2010-04-23/150517416448s.shtml。

② 百度百科：腾讯·大成网，2013年4月11日，http://baike.baidu.com/view/6374145.htm?fromId=3228083。

方，都是新媒体的主场；而报纸受局域性的限制，同时也受区域性的保护。在外区域，报纸是在客场"作战"，只有在本区域内，才是报纸参与竞赛的主场。

从某种意义上说，新媒体并不是合适的区域性媒体，互联网、移动互联网，都是没有区域"疆域"的开放平台，即使它现在还有一定的限制。在这样开放的无空间限制的平台上，很难体现出区域性特征。从新闻内容上看，新浪新闻的首页上就绝对不可能有上海江宁路社区一户人家被盗窃的信息，但《新闻晨报》就会刊登，而且江宁路社区的居民们还很关注，因为担心也被偷。从内容上看，报纸似乎天生就是区域性的媒体，过去人们讨论的是全国性报纸的广告效果一般不及区域性的报纸，报纸的影响力需要集中度，这种区域的集中度也正是报纸优势所在。报纸内容的区域特性非常明显，也非常重要，这是报纸与新媒体所不同的地方。

广告也是如此，大量的广告定位于区域的，如分类广告、卖场广告、房产广告、家居广告，等等，这些都是报纸最为核心的支柱广告类型。大型新闻门户一般都无暇顾及，也不方便涉及。

而这些，就成为了报纸不同于新媒体的核心竞争力，也是报纸的"主场"，需要格外珍惜。

都市报为何放弃这一阵地？

一些纸媒已经深刻地认识到，区域对于报纸应对新媒体竞争的重要性，他们纷纷在抢占更小的区域市场。

《华西都市报》的"主阵地"原本是集中在成都，近年来积极开办更小的区域市场，创办了以自贡、泸州、宜宾、内江城市群为目标市场的"川南新闻"。很多都市报都在积极挖掘二三线城市的报业空间，还有一些都市报在面向更小的区域，深挖社区的资源。

但是，一方面，是报纸对更小的区域资源的抢占、深挖；而另一方面，是报纸对自己本身区域资源的放弃、利益出让。

各大报业集团仍然纷纷与各门户网站合作建区域门户。大渝网是腾讯和重庆日报报业集团旗下的《重庆商报》联合创办的；大楚网是腾讯与湖北日报传媒集团旗下的《楚天都市报》共同创办的；大豫网由腾讯和河南日报报业集团共同打造；大粤网由腾讯与南方报业传媒集团合作；大申网由腾讯与解放日报报业集团旗下的《新闻晨报》联手；大湘网由腾讯与中南出版传媒集团旗下的《潇湘晨报》共同创办；大浙网由腾讯与浙江日报报业集团旗下的浙江在线合办。从中可以看出，腾讯选择合作伙伴的标准也很高，一般都是当地较为强势的报业集团或纸媒。

在这样的合作模式下，报业提供核心的内容资源给区域门户，其诉求是利用腾讯的QQ等用户资源，获得报业转型的平台。河南日报报业集团社长朱夏炎在大豫网成立时的一段话就很有代表性："六年前我说过，死的是纸、活的是报，互联网是新兴产业，就要突出一个'新'字，要敢闯敢试，创新优先，办好腾讯·大豫网，为报纸的未来买单。腾讯·大豫网的成立，可以将传统纸媒最宝贵的渠道资源'黄金一公里'做成'一公里的黄金'，而这一发展必将势如破竹。"

这种以牺牲报纸自身优势的转型布局举措，不能不说是一种自己搬石头砸自己脚的行为。区域优势，是纸媒与新媒体竞争中为数不多的优势之一，如今，在与门户网站合作建立有区域门户的城市，这一重要优势已经被拱手让出，门户网站的触角已经延伸到了这些城市。而随着门户网站对区域资源的进一步深挖，一些刚刚被开发出来的更小的区域也将成为门户网站下一步觊觎的"沃土"。报纸将在新媒体的一步步蚕食中，逐渐失去自身的优势。

都市报的这块阵地，真的不能够再失去！

党报回来了

党政资源，是党报的优势所在，也是党报未来所系。

本章核心观点：

党报创造出都市报，是有史以来党报最成功的转型，没有之一

党报已经彻底"翻身"了

要理直气壮地要政策、要资源、要支持

内容创新需要"增量改革"

党员构成的多元化意味着党报读者的多元化

党政资源是党报未来所系

十年河东，十年河西。党报曾被当作落后报业生产力的代名词。但如今，在都市报经营数据大幅衰退的背景下，党报却一直逆势上扬，经营数据、影响力与日俱增，党报成为报业集团新的经济增长点。如今，党报又回来了！

第一节　党报的过去和现在

文革之后的1978年，国内所有的报纸主要有三种类型：党报、行业报、专业报（其中大多数是部门机关报），而党报却占据了报纸数量和报纸发行量的绝大部分份额。改革开放后，新创办的各级地方党报如雨后春笋般地冒了出来，在1980年到1985年间新创办的1008种报纸中，党报占到377份。①

对党报的三轮冲击

对党报的第一轮冲击来自行业报。上世纪80年代中期，改革开放的稳步实施和经济的高速增长，使社会对经济信息的需求增大，构成了经济类报纸的市场空间。行业部门领导需要一份报纸来引导舆论，进行行业信息发布、行业宣

① 朗劲松：《中国新闻政策体系研究》，新华出版社2003年，第72页。

传和行业工作指导。另外，我国报纸刊号实行审批制，当时的政策规定：每一个部委可以有一报一刊一个出版社，在地方，省市厅局一级也可以有刊号。由于刊号资源的稀缺性，因此几乎所有的部委和厅局都珍惜拥有一份自己的报纸的机会。在这些原因的共同作用下，行业报在很短时间内就被新创出来。1986年，党报在整个报业中所占的比例降至20.7%[1]，党报传统上的压倒性优势被行业报迅速消解。1991年至1993年，全国新增报纸中，行业报占了43%。截止到1993年，全国报纸种类中数量最多的是行业报，占报纸总数的40.7%。[2]

对党报的第二波冲击来自晚报。上世纪90年代初，在世界各地的晚报纷纷衰落的形势下，中国晚报却逆向而动火了起来。当时有晚报"四朵金花"：《新民晚报》、《羊城晚报》、《北京晚报》、《今晚报》，发行量都在百万左右，广告额都在3亿元以上。还有《扬子晚报》、《钱江晚报》、《齐鲁晚报》、《金陵晚报》、《成都晚报》、《辽沈晚报》……这些晚报当时的发行量和广告收入都是同城党报的4—8倍。报业市场空间有限，晚报抢占了很多原本属于党报的资源。与晚报形成鲜明对比的是党报的衰落，党报就像一个没落的贵族，眼巴巴地看着晚报崛起，分食了党报的原有份额。1996年年初，《人民日报》的期发数比它鼎盛时期的1979年下跌了66.3%。在30家省级党报中，下跌幅度在30%以上的达到23家，较之于历史最高期发数下跌幅度最大的依次为《安徽日报》（59.8%）、《贵州日报》（59.7%）、《广西日报》（57.4%）。[3]

面对横冲直撞的晚报，党报创造出了新的挑战者——都市报。原本也打算叫晚报，但是当时的新闻出版总署为避免一个城市两张晚报而创造了"都市报"这个名字。许多的省级党报都申请到了这个晚报的替代品——都市报。在成都，面对《成都晚报》，《四川日报》创办了《华西都市报》；在广州，面对《羊城晚报》，《南方日报》创办了《南方都市报》；在石家庄，面对《燕赵晚报》，《河北日报》创办了《燕赵都市报》。都市报的办报理念要比晚报的"飞入寻常百姓家"更新、更灵活、更有效，很快就赢得了市场，并在全国

---

① 梁衡：《新闻原理的思考》，人民出版社1996年，第185页。

② 孙燕君：《报业中国》，中国三峡出版社2002年，第269页。

③ 梁衡：《新闻原理的思考》，人民出版社1996年，第186页。

"一纸风行天下"。都市报的赢利能力完全超过了原先的党报、行业报、晚报，有效地扩大了整个报业蛋糕的规模，培养了一大批读报的人群，而成为中国独领风骚的报纸种类，而党报则在继续下滑。1998年年初，时任国家广电总局局长的徐光春在文章中透露：十多家中央级报纸在1998年1月的发行量，除了两家各增长0.34%和1.1%外，其余都在下降。[①] 2001年10月，中国记协发表了"全国省级党报现状与改革途径新探索"课题组的调查报告。报告说，全国省级党报的平均日发行量，已从1980年的37.78万份，下降到1990年的31.49万份，又下滑到1999年的23.91万份。其中前10年的下降幅度为17%，后10年为24%，20年总共下滑37%。[②] 从这个意义上说，党报的第三波冲击来自于都市报，党报创造了自己的竞争对手。

党报发行量的下降，显示出以政治宣传为首要功能的党报，未能适应市场经济的现实和人民群众日益增长的精神和文化需求的问题。党报发行量的下降，不仅导致党报经济效益的下滑，其社会效益也令人担忧，因为发行量的萎缩直接降低了社会影响力。在国家已经不再给予大多数党报直接财政补贴的情况下，不少党报面临着生存和发展的危机。

但是，从另一个角度看，党报转型创造出都市报，是有史以来党报最成功的转型，没有之一。党报不能完全面向市场，但党报创办了都市报来占领市场。党报的丰厚资源为办好都市报提供了优越条件，都市报也在很大程度上减轻了党报的市场压力，保证了党报得以全力完成自己的政治宣传任务。自都市报形成气候之后，党报在营收上的位置就退居幕后，成为"母报"，都市报"儿子养老子"的模式也成为全国大部分报业集团的潜规则。而随着都市报营收的进一步扩大，党报集团日子越来越好，财政也开始逐渐断奶。

可以说，党报是最具"牺牲"精神的报纸种类，有点类似于现在的腾讯，为自己的QQ创造了新的替代者——微信，然后自己甘居幕后。但是，有人供养、甘居幕后的党报开始逐渐成为报业落后生产力的代名词，摊派发行，广告很少，内容很傻，基本上成了当时党报的特点。

---

①　徐光春：《关于新闻改革和报业集团的几个问题》，《新闻与写作》1998年第4期。

②　刘万永、包丽敏：《人民日报等党报上摊》，《中国青年报》2004年6月23日。

党报的"咸鱼翻身"

要是没有近两年党报的卓越表现，人们都以为党报会一直"沉沦"。

2013年上半年，全国报纸总零售量环比（与2012年下半年相比）下降8.87%，2013年下半年总零售量环比下降2.16%，同比（与2012年下半年相比）下降10.83%。但是，报业市场并不是全面下跌，在一片"下跌"声中，党报逆势上扬、平稳发行、缓慢上升，影响力不断提升，呈现恢复性增长的态势。

2012年中国报业物资供应年会上公布的消息：2012年，报纸总印张数下降2.86%，主要是都市报的发行下降，从而引起全行业发行的整体下滑。但是，中央级报社和各级党报发行量保持平稳。中国邮政集团总公司报刊发行局局长刘绍权说："报刊发行，从零售到订阅都在下滑，特别是原先市场上的畅销报刊，都有两位数以上的降幅。但与此同时，党报的发行却保持着稳中有升的态势。"

广告方面也是如此。中国广告协会报刊分会、央视市场研究媒介智讯发布《2013年度中国报纸广告市场分析报告》，报告显示，2013年报纸广告刊登额下降8.1%，降幅超过了2012年的7.5%。但是《工人日报》、《湖北日报》、《天津日报》、《江西日报》、《河北日报》等党报的广告经营都出现了新的增长。[①]

党报的翻身是近几年才有的事情。《河北日报》2007年的经营利润只有200多万，而2013年《河北日报》给河北日报报业集团贡献了4000万的利润，有33万份的发行量。《江西日报》2013年发行量增长了5000多份，广告收入从2012年的5318万增长到5800万。

即使是经济不甚发达的宁夏，经过多次改扩版，《宁夏日报》信息量大大增加，新闻品种更加丰富，经济效益连年攀升，2008年盈利407万元，2010年突破1000万元，2012年达到1400万元。报纸发行量也稳中有升，零售量由过去的每天几十份猛增到了上千份，实现了扩信息量、扩影响力、扩经济效益三大目标。

---

① 晋雅芬：《报纸广告衰退加剧 去年降幅达8.1%》，《中国新闻出版报》2014年1月29日。

第二节　党报未来的核心竞争力

未来，党报的核心竞争力就是各级党委政府对于党报的各种支持，包括资源、政策等方面。

对党报的各种给力支持

党报近几年良好的发展态势来自于各级党政部门对于党报的各种扶持。

1. 直接的财政支持

上海报业集团成立后，上海市宣传文化专项资金连续3年、每年1亿元扶持上海报业集团。其中，5000万元用于支持发展新媒体，另外5000万元用于扶持《上海日报》、《文学报》等外宣媒体和具有文化影响力的报纸。上海报人惊叹：《解放日报》"从来没有吃过皇粮"，从2014年1月1日起，"终于开始吃皇粮了"。今后，或许这种吃皇粮的党报将越来越多。事实上，最近几年，随着各级政府对舆论的重视，给予党报财政支持的案例在不断增多，但这关键是看各报社领导班子的工作力度和主政地方大员的态度。

从党报角度看，党报作为党的重要的舆论机关，就应该要进一步理直气壮地向政府要资源、要政策、要支持，这一点毋庸置疑。

2. 在发行上的支持

最直接、最为直观、也是最为人所诟病的扶持是对党报发行上的支持。2014年1月7日，出现一条微博"《河南日报》在自家报纸曝光不愿征订报纸的单位"，还配发了图片，很多人在微博中冷嘲热讽。

其实，用党费订阅党报并没有什么不合适的。现在，各级党政部门对党报发行的支持早已经形成惯例了。我们来看看近段时间的相关报道，就能明显地体会到这种"潜规则"。

205

序号	单　位	计划数	目前完成数	差额	完成百分比
1	省委党史研究室	15	9	-6	60%
2	省委党校	91	44	-47	48%
3	省委老干部局	36	32	-4	89%
4	团省委	28	20	-8	71%
5	省社科院	30	27	-3	90%
6	省总工会	94	67	-27	71%
7	省民政厅	89	60	-29	67%
8	省事管局	65	54	-11	83%
9	省档案局	22	0	-22	0%
10	省民委	37	7	-30	19%
11	省武警总队	50	19	-31	38%
12	省武警消防总队	30	19	-11	63%
13	省人防办	21	16	-5	76%
14	省侨联	9	0	-9	0%
15	省科技厅	88	79	-9	90%
16	省公安厅	468	120	-348	26%
17	省科学院	69	45	-24	65%
18	省教育厅	175	112	-63	64%
19	解放军信息工程大学	100	53	-47	53%
20	河南农业大学	95	79	-16	83%
21	河南财经政法大学	100	81	-19	81%
22	河南工业大学	50	10	-40	20%
23	中原工学院	50	42	-8	84%
24	郑州航空工业管理学院	60	13	-47	22%
25	华北水利水电学院	60	48	-12	80%
26	河南工程学院	50	18	-32	36%
27	河南牧业经济学院	60	18	-42	30%
28	河南医学高等专科学校	40	12	-28	30%
29	河南警察学院	50	3	-47	6%
30	河南铁路集团有限责任公司	20	3	-17	15%
31	中铁隧道集团有限公司	5	0	-5	0%
32	中石油河南销售分公司	27	0	-27	0%
33	中电投河南公司	45	0	-45	0%
34	国电河南分公司	11	0	-11	0%
35	中石化华北石油局	61	2	-59	3%
36	华电河南分公司	23	0	-23	0%
37	省电力公司	222	149	-73	67%
38	华融资产公司郑州办事处	15	10	-5	67%
39	河南铁路投资有限公司	10	0	-10	0%
40	省政府研究室	9	0	-9	0%
41	省有色地矿局	68	10	-58	15%
42	省地矿局	71	29	-42	41%
43	中化河南地勘院	11	3	-8	27%
44	省安全监管局	46	0	-46	0%
45	省煤矿安全监察局	44	20	-24	45%
46	河南中烟公司	24	1	-23	4%
47	河南交通投资集团公司	14	0	-14	0%
48	长城资产公司郑州办事处	10	2	-8	20%
49	省国有资产控股运营有限公司	5	0	-5	0%
50	省商务厅	136	75	-61	55%
51	中国河南国际合作集团	10	7	-3	70%
52	河南中原石油天然气开发总公司	14	4	-10	29%
53	中国建筑第七工程局	30	14	-16	47%
54	省质监局	79	21	-58	27%
55	省食品药品监管局	50	31	-19	62%
56	省盐务局	15	11	-4	73%
57	省黄金管理局	9	5	-4	56%
58	省国防科工委	25	16	-9	64%
59	省烟草局	8	4	-4	50%
60	省人力资源社会保障厅	130	125	-5	96%
61	河南航天管理局	15	0	-15	0%
62	河南证监局	20	0	-20	0%
63	国泰君安证券	3	0	-3	0%
64	中原证券股份有限公司	16	0	-16	0%
65	郑州电力高等专科学校	40	0	-40	0%
66	人行郑州培训学院	16	0	-16	0%
67	人民人寿保险河南公司	20	0	-20	0%
68	平安人寿	20	10	-10	50%
69	郑州粮食批发市场有限公司	13	0	-13	0%
70	河南黄河河务局	57	38	-19	67%
71	省水利厅	200	125	-75	63%

《河南日报》刊发各单位征订进度表，引发争议。

衡东完成《湖南日报》征订任务

11月10日，湖南衡东县在衡阳市率先完成了2014年度《湖南日报》等党报党刊征订任务。衡东县建立完善"私订公助"、"财政划拨"、"集订分送"发行机制，将征订任务逐项、逐单位分解。对规模以上企业、酒店宾馆及金融、保险等部门、单位，开好会、定好数，强力推进征订工作。县委宣传部派出多路工作组下基层，根据党报党刊征订任务数，分片包干进行督促，确保了全县党报党刊征订任务提前全面完成。

河源确保《南方日报》征订全面完成

"今年《南方日报》等重点党报党刊征订任务必须在12月20日前全面完成"——河源市2014年重点党报党刊发行工作14日启动。

河源市委常委、宣传部部长吴善平在会上强调，凡是用公款、党费订阅报刊的单位，必须优先保证订阅重点党报党刊，未完成重点党报党刊征订任务的单位，严禁用公费订阅消费娱乐类、生活服务类等报刊和行业报刊。各级各单位要确保重点党报党刊订阅经费专款专用，不能因办公经费紧张而把重点党报党刊订阅经费挪作他用。

保定首次超额完成《河北日报》征订任务

河北新闻网保定1月15日电（葛西劝、韩瀚、徐华）记者今天从保定市委宣传部获悉，保定市超额完成2013年度《河北日报》征订任务。据了解，这是该市第一次超额完成《河北日报》征订任务。至此，我省共有9个市超额完成2013年度《河北日报》征订任务，分别是承德、张家口、唐山、廊坊、秦皇岛、衡水、沧州、邯郸和保定。

在2013年度重点党报党刊征订期间，保定市委明确要求各级各有关部门要以学习贯彻党的十八大精神为动力，充分认识做好党报党刊发行工作的重要意义，全面完成发行任务。该市采取有力措施，确保按时按量完成订阅任务；查找薄弱环节，确保订阅对象全覆盖；拓宽经费来源，确保订阅经费落实到位；创新方式方法，拓展党报党刊发行空间。通过周密部署，密切配合，为做好党报党刊发行工作提供了有力保障。

中牟率先完成《郑州日报》征订任务

记者昨日获悉，截至12月6日，中牟县已在全市率先超额完成《郑州日报》等重点党报党刊征订任务。全市党报党刊发行工作会议后，中牟县立即召开会议，要求全县各乡（镇、街道），县直及驻县各单位主要负责同志亲自部署、亲自安排、亲自过问，确保党报党刊发行不留断档、不留空位。全县快速形成了县委统一领导、宣传部门组织实施、组织部门积极支持、纪检监察部门督促检查、财政部门提供保障、邮政部门密切配合的工作格局。

中牟县科学分配任务，探索党报党刊发行新途径，县里积极鼓励社会力量征订党报党刊捐赠给农村、学校等基层部门，鼓励个人自费征订，推进党报党刊进报亭零售工作，全面扩大了党报党刊的覆盖范围。

……

这些，从另一个角度说明了各级党政部门对党报发行工作的支持。更有甚者，在一些地方，党报的发行是由地方财政买单的。在第21届省级党报总编辑夜班工作会议上，内蒙古日报社社长王开介绍经验：《内蒙古日报》的发行是由地方财政全资购买，免费发放到各级党政企事业单位。共23万份发行量，全款8400万元，其中的25%发行费率拨付给邮局，其余全部划归报社。但是这却造成了另一个很难处理的问题：各级宣传部都纷纷强烈要求多领到《内蒙古日报》的额度，不好平衡……

而有些财政买单的范围不是那么大，比如湖北云梦县。

截至2013年12月4日，云梦县共征订《湖北日报》3550份，在孝感市各县市区率先完成2014年度《湖北日报》发行任务。该县对《湖北日报》等重点党报党刊的发行实行"财政划拨、集订分送"，还创新订阅模式，积极推广将党报党刊作为公共文化产品统一实施政府采购，并拿出一定数量的党费，用于支持基层党组织特别是非公有制经济党组织订阅党报党刊。

3. 最见直接效益的广告支持

最实惠的支持是广告方面的扶持。地方经济的飞速发展，使各级政府的地方财政收支有较大盈余，各级党政部门用于宣传的经费增多，大量投给党报。各党报每年两会的广告收入量都很大，其中大部分是各级党政部门国企的形象广告。党报是刊载这些形象广告的最佳载体。2009年—2010年，《河南日报》通过借势几个大型活动，实现了经营额的快速增长。建国60周年，通过5+2合作模式（5个彩版送2个彩版），7个版展示地区形象。连续18期为河南全省18个市展示建国60周年取得的成绩，一共出版了90个版面，收入超过1000万。

4. 策划活动方面的支持

党报天然拥有权威性、公信力等资源，还拥有党政资源，这些东西都是其他报纸所没有的，关键是如何用好这些资源。2012年1月6日，《郑州日报》举行了郑州都市区"践行者"年度盛典活动；当天同一时间，郑州一家省级都市报也正在举行类似年度活动。由于《郑州日报》利用政府资源优势，请来了多名市级领导，各县（市）区主要领导全部到场，因而吸引了大批企业老板亲临现场，使"践行者"年度盛典活动场面热烈。与此相对照的是，都市报请到的则多是企业中层领导，相对冷落了不少。这种情况能够直接地体现到经营上。

事关党报未来的"8·19讲话"

近年来，对党报的最大政策利好来自于习近平总书记在全国宣传思想工作会议上的讲话，也就是"8·19讲话"。

"8·19讲话"的核心观点包括："意识形态工作极端重要，要坚持党性、坚持党性和人民性的统一。要坚持团结稳定鼓劲、正面宣传为主，弘扬主旋律，传播正能量。提高质量和水平，把握好时、度、效，增强吸引力和感染力。在事关大是大非和政治原则问题上，必须增强主动性、掌握主动权、打好主动仗，帮助干部群众划清是非界限、澄清模糊认识。讲好中国故事，传播好中国声音。"这些工作，主要依靠的是党报等传统主流媒体。这些工作，也是党报正在做、也是可以做好的事情。党报是国家舆论工作的"主阵地"，无论新媒体怎样发展，这块"主阵地"绝不可能轻言放弃。

"8·19讲话"还提及："宣传思想部门承担着十分重要的职责，必须守土有责、守土负责、守土尽责。宣传思想部门工作要强起来，首先是领导干部要强起来，班子要强起来。做好宣传思想工作必须全党动手，各级党委要负起政治责任和领导责任。"这些，更是党报的极大利好，在这样的背景下，中央以及各级党委政府对党报的重视，对我们所能掌握的舆论主阵地的重视，应该会超过以前，而且会越来越重视。

第三节　内容创新：戴着镣铐的舞蹈

党报的内容创新受各种因素的制约，很难很难。

读者范围扩大　呼唤内容创新

正襟危坐，在办公桌上看着一张《人民日报》，这是我们对于党报读者的直观印象。党政干部是党报的主要读者群，这是社会主流中的核心人群。中国传媒大学的王武录认为："从理论上说，工人、农民、青年学生、小商贩、退休人员、基层干部、中层干部、高层干部、知识阶层，都应该读党报。理论读者的10%是基层、中层和高层干部及知识阶层，包括一批有理性追求的企业家……党报的实际读者是在上述的10%的理论读者中。"①

但是，如果党报的读者仅仅只有这些党政干部，那么，党报的发行量就会减少到很低的程度，党报影响力就会萎缩，党报的舆论引导职能也不能很好实现。党报一直被称为"主流媒体"，但一个不被主流人群广泛接受、发行量萎缩的媒体是不能被称为主流媒体的。

新时期，党报必须扩大阶级基础和社会影响力，不仅仅只覆盖党政干部。党报要实现发展，要提高影响力与舆论引导能力，就必须扩大读者对象为社会阶层中新生的主流人群。

江泽民同志的党员来源和阶层构成创新理论，为党报扩大覆盖面提供了明确的理论基础与现实指向。江泽民同志认为："党在以工人、农民、知识分子、军人、干部作为最基本的组成部分和骨干力量的同时，也应该把承认党的纲领和章程、自觉为党的路线和纲领而奋斗、经过长期考验、符合党员条件的社会其他方面的优秀分子吸收到党内来。"②"改革开放以来，我国的社会阶层构成发生了新的变化，出现了民营科技企业的创业人员和技术人员、受聘于外资企业的管理技术人员、个体户、私营企业主、中介组织的从业人员、自由职业人员等社会阶层……他们与工人、农民、知识分子、干部和解放军指战员团结在一起，他们也是有中国特色社会主义事业的建设者"。③

这意味着党的阶级基础和社会基础扩大了，党报的基础与读者范围也扩大了。党报要贴近群众、贴近生活、贴近实际，要实现生存发展，就应该贴近在发展先进生产力第一线的这些新生社会阶层和这些阶层中的共产党员、干部群众。没有对这些新兴人群的影响力，党报要发挥舆论引导职能也就失去了前提。

① 王武录：《王武录自选集》，北京广播学院出版社2004年，第5页。
② 江泽民：《论"三个代表"》，中央文献出版社2001年，第170页。
③ 江泽民：《论"三个代表"》，中央文献出版社2001年，第167页。

社会阶层的分化，党员队伍构成的多元化，党和国家工作重心的转移，党报读者范围的扩大，这些都意味着党报不可能用过去的观念、方法、模式来办党报，不可能用过去的内容结构、表达方式来组织内容。党报只有具有"亲和力、吸引力、感染力"，才能"体现时代性、把握规律性、富于创造性"，才能成为真正具有舆论引导能力的主流媒体。

版面做增量

由于党报的特殊性，以及一些地方主政者对于党报的"特殊要求"，党报的内容改革推行起来很困难。最容易、也是最简便的创新便是"增量改革"的创新方式。如《广州日报》，在改革之前与当时所有的党报一样，大量的会议新闻，领导人的活动充斥版面，而人民群众喜闻乐见的各种信息都没有。直接进行内容版面创新，完全按照新闻规律，满足大部分读者要求，则不太现实。于是，《广州日报》采取扩版的方式来做增量，从4个版一直扩张到80个版，内容丰富了，功能多样了，既满足了人民群众的信息需求，又保证了头版的领导人"信息需求"。

现在很多党报普遍采用了一种"双头版"模式，也就是一个头版是封面目录版，刊登的都是各种符合新闻规律的新闻标题；另一个头版在5版，刊登的是领导活动、会议报道等。这样，党和人民群众都喜欢。

党报都市报化？

中国报业有两个大的倾向：一方面是都市报的主流化，一方面又是党报的都市报化。《围城》中的那句话"城里的人想出去，城外的人又想进来"用在这里形容最恰当不过了。

都市报的主流化已经持续了很多年。都市报始创不久，在取得良好发展的同时，却又同时面临许多问题：市民生活报的定位思路、强烈的功利性出发点使都市报裹足不前；以社会新闻立足的办报方针所导致的"小报"作风为人所诟病，剧烈的恶性同质竞争又使都市报的进一步发展雪上加霜。在1999年11月召开的第二届全国都市报总编会暨理论研讨会上，为应对这种困境，有代表提出了"迈向主流媒体"的理论观点。之后，几乎所有的都市报都开始打出"主流媒体"的旗号,要"迈向主流媒体"。①但是天性使然,那些"主流化"的尝试并没有取得多大的成功,都市报的主体读者仍然是市民阶层,那些问题依然没有得到解决。

在都市报向主流化迈进的同时,党报却朝都市报靠拢。几乎所有的党报都专门开设了都市新闻专版。比如,早在1999年年初,河南的《南阳日报》就撤掉3个周刊,尝试创办以刊登社会新闻为主的《社会早刊》,进行了一系列改革创新。2009年起,《江西日报》在改扩版中将C叠4个版打造成《都市新刊》,现在《都市新刊》还通过市场发行的办法进入市民家庭。但是,都市新闻版很容易就会陷入到都市报的藩篱,而失去了党报本身的那些特性,最后陷入党报不像党报、都市报又不像都市报的境地。有报人提出党报的都市报新闻专版:"既要民本也要根本、既要告知更要告诫、要通俗不要媚俗、要责任不要放任。"②便是对党报都市新闻专版问题直视基础上的告诫。

党报和都市报都在眼馋对方的优势,却很容易在试图融合对方优势中迷失自我,忘记了自身的优势和特点。

党报都市新闻的内涵与都市报不同,党报都市新闻绝不应是都市报的简单翻版,它既要反映市民生活,为市民提供服务信息,更应体现权威大报的要求和风格,提供有用信息,轻松愉快阅读,还要正确引导舆论,使都市新闻与党报新闻相互渗透、相互融合。党报的都市报化,应该是学习借鉴都市报"三贴近"的方式方法,学习借鉴都市报的体制机制;但必须坚守党报的品位与格调,要确立自己的位置,而不是单纯地变成和都市报一样的报纸。

中央"八项规定"的利好

很多报人认为,对新媒体和传统媒体不一样的新闻管理方式,也是造成传统媒体危机的主要原因之一。大众报业集团社长傅绍万认为:"严格管制着传统媒体,却无限制地开放了网络媒体,这种做法的弊端不言自明,这种开放带来的后果将极其可怕。随着理论上的清醒,网络管理必然走上正规,近一段时

---

① 陈国权:《都市报主流化的五大误区》,《当代传播》2004年第5期。
② 高庆华:《党报都市新闻版的价值取向》,《新闻战线》2007年第12期。

期以来，全国人大常委会就网络管理作出决定，管理部门拿出整治的决心和行动，就说明了这一点。因此，网络和报纸同台、同规则竞争的局面有望来临，网络对报纸的冲击将逐步减弱。"[1]当然，解决这个问题还有一个途径是：呼吁给报纸"松绑"。

2013年1月，中央颁布的"八项规定"为党报进一步松绑提供了条件。其中第六条对党报来说，是完全的利好。"要改进新闻报道，中央政治局同志出席会议和活动应根据工作需要、新闻价值、社会效果决定是否报道，进一步压缩报道的数量、字数、时长。"这为各级党报的内容松绑提供了有利条件。加之现在，随着各级主政者观念的转变，对党报的认识、对新闻规律的认识不像从前那样局限。新形势下，主要领导对于党报的态度，大部分都朝着有利于党报内容创新的方向发展。从各种场合与党报总编们的交流看，内容环境好的党报已经变得多起来了。党报内容创新的空间将越来越大，未来可期。

第四节　经营创新：独一无二的资源

任何企业的经营活动，都必须仰仗既有资源优势进行。党报的政府资源是其他报种无与伦比的。

活动策划

在以前，党报是不会组织策划活动的。近几年，党报的活动策划有增多的趋势，这是党报在核心价值和市场竞争态势之间看清了本质，找到了规律。走出了一条以党报的政治性为发展的基础原点，以党报的政治资源为经营的外延驱动这样一条具有行业共性又有自身特点的创新发展之路。[2]

---

① 傅绍万：《三个维度看报网》，《中国记者》2013年第5期。

② 崔保国：《"新华现象"：开启党报经营大思路》，《广告人》2010年第9期。

2013年，《天津日报》的广告收入在逆势中飞扬，同比增长11%，所占市场份额持续上升，成为全国为数不多的广告额上升的报纸之一。这与《天津日报》积极策划组织活动密不可分。2012年以来，《天津日报》先后推出两会金刊、3·15诚信特刊、达沃斯专刊、津城最美楼盘评选、天津市白酒品评会、"爱上武清——武清发展成就"摄影大赛、品牌铸就辉煌系列活动、津商论道商业论坛、"慈铭杯"健康达人PK大赛、"天津市品质旅游总评榜"活动、最佳中小企业金融服务机构评选、"榜样天津——企业社会责任榜"大型评选活动等一系列丰富多彩、富有实效的线上线下活动，为《天津日报》的广告增长提供了有力保障。

同时天津日报报业集团还确立新的经营理念，加强与各区县、各委办局及大企业集团的交流合作，积极培育新的经济增长点。报社领导班子成员每人联系一个大集团，拓展创新项目，打造经营平台，谋求合作共赢。

党报策划活动关键是要利用好党报的核心资源。党报的核心资源是各级党政部门对党报的看重及支持力度。世博会时，《河南日报》在"河南活动周"期间策划了世博会特刊，主要刊登各地市的形象广告，为报社创收500多万。在世博会会场备受游客青睐，《魅力河南》赠送柜台共送出了8万份特刊，很好地宣传了河南各地的优势、河南的变化。《河南日报》还利用祝贺河南日报报业集团成立10周年的特殊日子，发行了特刊，带来了600多万元的收入。推出"十一五回眸"特刊，为报社带来1000万元的收入。

2013年10月22日，《郑州日报》推出《郑州解放65周年纪念特刊》，在特刊头版发表了河南省委常委、郑州市市委书记吴天君的署名文章，以提高特刊的权威性和公信力。有了这篇文章的提纲挈领，从而吸引了更多政府部门的关注。在这期特刊上，仅仅是政府部门的文字形象类广告就有十几个版。

这些广告促进举措无不需要利用党报的影响力和资源。在这样的活动中，党报收获的不仅仅是广告收入的增长，更为重要的是，体现了党报的存在感、提高了党报影响力，为更好地履行职责奠定受众基础。

党报进报亭

原来，党报一般走订阅路线，近年来，党报在零售发行市场上正频频出击。根据世纪华文监测数据，2013年，全国党报报刊亭覆盖率达到54%，仅次于都市类、时政类、财经类三个类别的报纸，覆盖率排名第四。党报市场份额有明显上升，增幅为10%。党报的市场覆盖率从46%提升到58%，越来越多的报刊亭出现了党报的身影。①

虽然党报进了报亭，但需要警惕由于机制、内容等跟不上趟，上摊行动的流产。10年前，党报曾有过一次轰轰烈烈的上摊行动。2004年4月26日，《人民日报》、《光明日报》、《经济日报》和《北京日报》等党报开始在北京市城八区部分报刊亭上摊销售。北京八大区街头的报刊亭，一半以上都挂起了北京市邮政部门统一制作的A4纸大小的招牌，写着"《人民日报》、《光明日报》、《经济日报》、《北京日报》销售点"。但上摊零售并没有取得多少效果。"一家报亭，四种报纸每天都只有一份，是由'公司分下来'。但就是这一份，这位报亭主说，经常也卖不出去。"②

经过这些年的发展，党报在体制机制、内容创新、人员素质等各方面都获得了巨大进步，党报上摊已经开始结出丰硕成果，比如《辽宁日报》。截至2013年年末，《辽宁日报》在沈阳市场日均零售2万余份，送报上楼1500多份。而且，党报进报亭进家庭取得了明显社会效益和经济效益，《辽宁日报》广告收入从改版前的3300万元增长至2013年近1亿元，不仅彻底扭亏为盈，而且成为辽宁报业传媒集团新的经济支柱。在提升新闻品质的基础上，《辽宁日报》开始挺进报刊零售市场，抢占沈阳1000余个报亭、报摊。根据世纪华文的调查，沈阳报业呈现出两个主要特点：一是2013年下半年，沈阳6份综合类报纸的整体平均销量达到162.13份，与2012年同比增长率达到5.72%，与2013年上半年环比，增长率为3.66%；二是《辽宁日报》销量和市场地位也呈现了增长。③

---

① 田珂：《2013年中国报业市场发行盘点》，《中国报业》2014年第1期。

② 刘万永、包丽敏：《人民日报等党报上摊》，《中国青年报》2004年6月23日。

③ 崔保国：《2014传媒产业发展报告》，社科文献出版社2014年。

《辽宁日报》进报刊亭销售。

合作办报

党报的本职是传递党和政府的声音，反映人民群众的需求，沟通党和人民的联系，引导社会舆论。而包括各级政府以及有关职能部门在内的行政机关，都有展示单位形象、工作成就、典型经验的愿望。从宣传效果来看，党报无疑是最佳选择。

目前，此类宣传体现在各级党报的版面上，主要是领导活动、重大会议、报纸策划的专题报道、个别形象专版。这些内容如果具体到每一个单位、部门、行业，力度有限，较为分散，效果也有限。由于行政机关缺乏足够的宣传，信息公开的程度有限，群众对于行政机关的职责、作用、义务知之甚少，影响其社会认知度，妨碍了其更好地为社会服务。

因此，党报可与地市政府和各行政机关如环境、交通、税务、文化、卫生等部门合作，协作办版或开设专栏，既可拓展这些部门、行业的宣传空间，增强宣传的专业性和吸引力；又可提高行政透明度，满足群众的知情参与权；还可带动报纸发行，增加广告收入。近年来，《新华日报》的"江苏金融"、"江苏工商"、"江苏税务"等行业专版，《福建日报》的"思明新闻"、

"翔安新闻"等县市专版，都是这方面成功的典型。

《陕西日报》专门开设了"陕北观察"、"陕南瞭望"、"关中直击"、"天天西安"等地方专版，致力于各个区域读者与广告资源的开发与运用。这些以区域为指向的专版效果很好，"陕北观察"2010年7月创刊，到2010年年底时，广告收入就达400多万元了。

河北的媒体经营环境很差，有几个因素：一是河北的产业结构，重化工业比重很大，但重化工业是不做广告的。二是河北中心城市缺乏经济的带动能力。三是北京、天津在中间隔开了整个河北。这些，都对报业经营有很大制约。面对这样的经营困境，《河北日报》近年来积极拓展地市合作办报。河北共有11个地市，现在每个市都有合作办报，再加上一些行业，如地税、外贸、会展、园区的合作办报。现在，《河北日报》每天都有合作的地方版。这为党报带来源源不断的收入利润，也丰富了党报的新闻资源，强化了党报与地方的关系，助推了地方经济与社会建设，达到多赢的局面。

党报提价

由于各级党政部门对党报的支持，党报发行基本上处于一种较为稳定的状态，党报发行的价格弹性很小。价格上涨，并不一定会带来发行量的下滑。因此，近两年来，很多党报纷纷采取提价的方式来增加利润，立竿见影！

2008年《河北日报》提价，由原来的2百多元每年每份，提到268元。2009年，《河北日报》利润一下子就达到了3000万元。2013年又提价，从328元提价到386元，一份报纸涨价58元，利润一下子又增加了1000多万元。河北日报报业集团社长郭金平介绍，提价对于发行量几乎没有影响，《河北日报》提价后，发行量甚至还有所增加。

《湖北日报》的发行量达到了60万份，如此巨大的发行量，2012年亏损3000万元。《湖北日报》总编辑蔡华东介绍：本来预计2013年亏损8000万元的，但是随着广告的好转，新闻纸价格的走低，以及报纸版面的减版，2013年竟然扭亏为盈，能够赢利几十万元。一周96个版面，全彩印刷。2014年，报纸价格从288元涨到了358元。这70元的涨价如果顺利的话，将全部转为2014年的利润4200万元。

《重庆日报》总编辑张小良认为，党报的二次售卖模式必须转型，要控制印刷版量，确保除广告之外，发行就有利润。《重庆日报》每年328元的定价，每周100个版面，23万的发行量。《新华日报》几乎是最贵的党报，438元每年每份，但2014年的发行量竟然又增加了5万份。现在的党报定价基本上没有低于300元的，这与都市报订报送米送油送彩电形成了鲜明的对比。

党政资源，这正是党报的优势所在，也是党报未来所系，谁也无法否认。

延伸阅读：《辽宁日报》上摊举措①

1. 整合发行队伍，拓宽发行渠道。以前，《辽宁日报》单一依靠邮局发行；进报亭之后，《辽宁日报》利用《辽沈晚报》红马甲和《华商晨报》黄马甲的发行渠道，在沈阳1000多个零售报亭、报摊、流动售报点全面铺开。凡是有卖报纸的地方，都能买到《辽宁日报》。

2. 与报摊业主座谈，做好零售终端推介。为了促进零售，《辽宁日报》主要领导多次与报摊业主代表交流座谈，向他们介绍卖的是一份什么样的报纸，并拜托他们在卖的时候要注意哪些细节问题。另外，报社每年邀请报摊业主到编辑部讲课，向编辑记者反馈终端读者对报纸的意见和看法，并提出改进建议。这样，报摊业主对辽报有一种亲切感和归属感，用心用情向读者推荐。

3. 制作大幅导读，吸引读者眼球。每天凌晨，《辽宁日报》全部版样付印后，编辑部还要制作一张彩色大幅导读，将当期最精彩内容重点推荐，张贴在报摊最显眼位置，读者在20米开外就能看得十分清楚，产生强烈购买冲动。

4. 影响力卖报。在报刊零售市场上，《辽宁日报》可能不是卖得最多的，但肯定是最显眼的。摊主将《辽宁日报》摆放在报摊报亭最重要的位置，主动向读者介绍推荐，凸显省级党报的强势地位。

5. 加入"套报"销售。《辽宁日报》每份零售0.5元，但在沈阳报刊零

① 张小波：《〈辽宁日报〉上报亭：五年的实践与思考》，《中国记者》2014年第3期。

售市场上，很多读者爱买"套报"，1块钱买3份。读者一般会选择一份晚报、一份都市报和一份《辽宁日报》。另外，报摊业主还将《辽宁日报》与《环球时报》或《参考消息》"套卖"。加入"套报"行列，大大提高了辽报的零售量。

6. 注册条码，进入超市。进报亭进家庭后，《辽宁日报》注册商品条码，在沈阳上百家"每之购"连锁超市零售。还进入五星级酒店客房、各大知名餐馆、民航客场、高铁动车车厢等，覆盖高端受众。

第十一章

县市报价值重塑

县市报不是"小散滥"的代名词，不是"关停并转"的对象，而应是报业应对新媒体竞争的关键力量，是报业转型的新生队伍，是国家舆论格局的一个重要组成部分。

本章核心观点：

报业治理整顿并没有减少县市报数量

县市报的价值在报纸之外

不应以行政干预决定县市报生死

县市报是报业应对新媒体竞争的关键力量，是报业转型的新生队伍

报业竞争重心已下移到县市

"一城一报"的格局在县市已经实现

2003年，报刊治理整顿后，一大批县市报关停并转，留存下来的挂靠在省或市级报业集团。

十年过去了，留存下来的县市报和新创办的新型县市报境况总体较好；特别是在新媒体竞争压力巨大、都市报面临困难的背景下，县市报的良好发展令人瞩目。随着报业竞争重心的下移，县市等小区域必将是未来报业的主战场。而作为一个拥有丰厚资源、又天然具有贴近性的报种，县市报在未来完全有成为报业重要分支的潜质。

第一节　县市报整顿十年观察

2003年7月15日，中共中央办公厅、国务院办公厅联合发出《关于进一步治理党政部门报刊散滥和利用职权发行，减轻基层和农民负担的通知》。《通知》要求："县（市、旗）和城市区不再办报刊，已经办的要停办。对个别影响大、有一定规模的县市报，可由省级党报或地市级党报进行有偿兼并，或改为地市级党报的县市版。"

2003年7月30日，根据中共中央办公厅、国务院办公厅《关于进一步治理党政部门报刊散滥和利用职权发行，减轻基层和农民负担的通知》（中办发

[2003]19号）精神，新闻出版总署发布了关于治理报刊摊派实施细则，开始对报业进行建国以来力度最大的一次整顿和变革。《细则》规定：由党委主管主办1份党报，市级党政各部门所办报刊一律停办（民族自治地区用民族文字出版的报刊予以保留）。而县（市、旗）和城市区报刊将基本停办，只保留新中国成立前由我党创办的报纸和民族自治县（市、旗）的报纸及民族文字报纸。

县市报被"收编"的形式

2003年的报刊治理整顿，并不仅仅是裁撤报纸那么简单，还包括一系列的"组合拳"。19号文件《实施细则》规定："可由省级党报或地市级党报进行有偿兼并，或改办为地市级党报的县市版。"跨过生存"门槛"的县市报绝大多数划转（或说被兼并）到了一些党报报业集团麾下。如浙江省经营状况达标的县级报纸有14家，均划归党报集团，其中杭州2家划归杭州日报报业集团，宁波3家划归宁波日报报业集团，其余9家均划归浙江日报报业集团。湖南的《浏阳日报》被划归长沙晚报报业集团。2004年，一般的省级报业集团和市级集团旗下都有市场化程度非常高的都市报，整个报业集团的市场化程度也已很高。可以看出，这则规定实际上就是希望让县市报在报业集团下加快市场化步伐。

浙江日报报业集团下属县市报分布图

2004年，各报业集团开始"收编"县市报时，大部分报业集团并没有对县市报抱有很大期望，甚至是在上级压力之下，勉强接收。一些报业集团在收编县市报时采取了股份制方式，比如浙江日报报业集团通过有偿兼并方式，以各县市报社净资产为出资，成立公司，浙报集团控股51%，9家县市政府通过国有资产管理机构分别受让9家公司49%股份，既保证对县市报的实际控制，又确保县市报服务地方。在集团内成立了县市报督导组，负责县市报业务的指导与互助提高；并将各媒体经营性资产剥离，分别组建媒体经营公司。经营方面，县市报自主权很大。

还有一些报业集团则以完全控股的形式"收编"县市报，如新华报业传媒集团旗下的《海门日报》、《昆山日报》、《靖江日报》、《东台日报》等四家县市报。而《浏阳日报》与长沙晚报报业集团之间的关系则没那么紧密，之间保持着一种兄弟单位间的互助合作关系，《浏阳日报》自主权非常大。

这三种形式，无论股份占据多少，地方党委政府都在县市报的运作中发挥着非常重要的作用。毕竟，县市报赖以生存发展的基础就是当地县市，必须为地方经济与社会发展大局服务。

县市报整顿效果观察

2003年，在全国范围内开展的报刊治理整顿终结了四级办党报的历史，共有200多家县市报被停办、取消刊号；50多家经营状况良好，拥有相当的市场和赢利能力的县市报被幸运保留，但退出了党报序列，分别由省级或地市级党报有偿兼并，成为综合类服务性报纸。十年时间过去了，从今天情况来看，报刊治理整顿成果斐然。

一是留存下来的县市报经营状况良好，发展前景广阔。《萧山日报》经营收入过亿元，广告收入2013年达5000多万元，《永康日报》自费订阅率超过90%，《浏阳日报》、《海门日报》、《诸暨日报》、《乐清日报》等，都发展很好。

部分县市报版面图

二是农民负担确实减轻了。实际上，2003年的报刊治理整顿工作的主要目的，在于治理党政部门报刊散滥和利用职权发行，以减轻基层和农民负担。而现在的大部分县市报纸基本都是走市场的综合类服务性报纸，摊派少了，农民负担减轻了。

但从另一个角度看，留存下来的县市报经营情况良好，主要是由于所在县市大部分都是全国经济百强县，有些县市的经济规模甚至超过了一些地级市，拥有强大的报业经济基础和较大的报业市场空间。2011年全国县域经济百强县（市）的平均规模：人口83.12万人，地区生产总值475.64亿元，地方财政一般预算收入29.04亿元，人均地区生产总值为64070元，城镇居民人均可支配收入约22170元，农民人均纯收入约10560元。①在此经济基础上，加上治理整顿之后各县市报在市场压力面前，充分发挥主动性，满足市场需求，积极创新求变，县市报才能够实现快速发展。

农民负担确实减轻了，但基层政府的负担并没有减轻，相反还加重了。因为从县市报数量上来看，经过近几年发展，县市报数量并没有减少，反倒有增多趋势。以浙江省为例，浙江2003年报刊治理整顿前有57家县市报，其中有国内统一刊号的27家。整顿后按规定保留16家，主要划归为浙江日报报业集团或杭州日报报业集团主办，后又变通增加了2家。据调研，目前浙江全省有刊号无刊号的县市报共65家，比2003年增加8家，也就是说，浙江省现在基本上每一个县市都办有报纸。而在其他省份的县市报也大都相继恢复，或者更名，变收费发行为赠送订阅。

特别是大部分以"今日**"为报头的免费赠阅县市报，没有发行收入，只有很少的广告收入或其他收入，基本上都是财政全额拨款单位。在2003年治理整顿之前，这些县市报都有一定的发行与广告收入，财政拨款相对较少；现在没有了刊号，只能免费赠阅，也没有刊登广告的资格，只能偷偷地打点擦边球。财政拨款反倒比治理整顿之前多得多。

县市报重出"江湖"

与整个报业特别是都市报的窘境相比，县市报，这个最贴近基层的报纸反

---

① 《第十一届全国县域经济基本竞争力与县域科学发展评价报告》，2011年8月20日。

倒是一番火热场景。2012年12月20日，中国县（市）报改革发展现场经验交流会在萧山召开，从会议透露的信息看：近些年来，全国县市报在转型升级、科学发展过程中，充分发挥了区域性报纸的优势，各县市报都有了较大发展，特别是《萧山日报》、《永康日报》、《浏阳日报》等县市报发展速度、规模、效益较为显著。有数据显示，2009年以来，县市报广告额的增长率一直保持在两位数以上，其增长性远高于其他类型的日报。2012年的报业广告困境对县市报几乎没太大影响。

2012年12月20日，中国县（市）报改革发展现场经验交流会在萧山召开。

另一方面，县市报的数量也在快速增加。除了50多家保留下来的有刊号县市报外，近几年，各种类型的县市报如雨后春笋般创刊。其中，又有几种类型：一是县市政府主办主创的、没有刊号、免费赠送的县市报，如《今日桐庐》、《今日桐乡》、《今日宁乡》、《今日玉山》、《长兴新闻》等。二是由省级报业集团或市级报社与当地县委合作新创办的有刊号的县市报，如《义乌商报》与浦江县委合作创办了《今日浦江》；福建日报报业集团与各地政府合作创办的《石狮日报》、《晋江经济报》、《南安商报》；长沙晚报报业集团与当地政府合作创办的《星沙时报》。三是地方版形式。如《泉州晚报》的

《今日台商投资区》；广东《东莞时报》的《虎门新闻》；《珠江时报》在佛山的南海、禅城两个区，多个镇街合作创办的区报。

第二节　以市场价值决定县市报未来

对县市报的政府需求

2003年的报刊治理整顿后，全国有200多家县市报被停办、取消刊号。但是，从实际情况看，很多县市的报纸虽然关停并转了，当地政府对于报纸的需求依然非常强烈。在福建一些没有报纸的县区，他们甚至发展了以前只面向"三胞"（台湾同胞、港澳同胞、海外侨胞）免费赠送的"乡讯"为当地"机关报"，即使它们都没有刊号。

大部分新创刊的县市报背后，都有当地政府的强力推动。政府对一份能传播县委县政府声音的县市报非常看重，即使它仅仅是一份没有刊号的免费赠阅的报纸。县市报广泛、细致地传达县市委、县市政府的政策、文件精神，紧紧围绕县市委中心工作，反映典型经验，报道典型事件，化解矛盾，团结、凝聚人心，引导主流意识，净化社会风气，发挥着非常重要的作用。

一方面，通过报纸传达政令与红头文件的效果并不相同，地方党委政府需要这样的另一个角度的效果。党委政府可以通过媒体发现问题，然后出台一些相应政策。《浏阳日报》曾经刊登过一篇稿件，反映一些偏远地区小学课桌短缺问题。分管教育的副市长看到后非常重视，先是调研，然后投资，并发动社会捐赠，解决了课桌短缺的问题。

《浏阳日报》社长刘家川认为：县市报能够推动党委政府中心工作，能对工作部署、政策传递，起到很大作用。基层党委政府离不开基层媒体，政策要落地，县市报的作用甚至超过了地市报、省级报纸，比如解决征地、拆迁问题。浏醴高速公路开建，《浏阳日报》专门开办了专题版面"走高速"，把人民群众对高速公路的期盼表达出来，也报道了人民群众对高速公路建设的支持。在县市报助推下，浏醴高速两个月就完成了征地拆迁任务。

《浏阳日报》副社长张之俭说："县市报的最大价值在于推动党委政府工作。领导有什么想法，如果开个会议，找几个人谈，只能影响到几个人或几十个人，但通过县市报报道后，却能影响全市几十万人。"这种需求，就是县市报的市场价值。

另一方面，通过报纸宣传当地经济社会发展成就、主政官员表达发声的需求等因素，都使"能有一份自己的报纸"成为当地党委政府的愿望。

县市报的价值在报纸之外

从报社来说，县区以及镇街是新闻资源开发的一个空白点。"在前些年，当报纸每个版面广告几十万一次的时候，谁会考虑多元经营、县区报这些东西？"《泉州晚报》社长叶燕民说。他所在的泉州是个地级市，有常住人口787万人，但市府所在的鲤城区只有30万左右的人口。在整个泉州却有《泉州晚报》、《东南早报》、《海峡都市报·闽南版》、《海西晨报》等4家都市类报纸。读者、发行、广告空间都所剩无几，既然无法向上发展，走向县区是必然选择。这在全国很多地方都是如此，县区报发展的最大动力来自于此。

而且，从行政区划以及经济影响力来看，泉州是一个没有中心的城市，市府所在的鲤城区很小，人口也很少；而晋江市有146.15万人；石狮市有49.87万人；南安市有138.72万人；惠安县有89.71万人；安溪县有101.08万人。而且，晋江、石狮、南安等地是中国经济最发达的地区之一。比如南安市有个水头镇，主业是石材加工，一年税收20亿元，一个镇有50万的外来人口。这些地方，经济的发达也意味着报业运作的广告经营资源的可能性。而如果仅仅局限在主城区，发展空间则十分狭小，到这些县区创办报纸能挖掘这些县区的潜在报业资源。

实际上，虽然晋江、石狮、南安等县区是中国经济最发达的地区，但可直接提供给报业运作的资源还是很少的。《泉州晚报》副总编辑郭培明说："这些地方的经济主要是生产型企业，比如恒安集团、柒牌男装、七匹狼等，虽然整个泉州有近80家上市企业，但所生产的产品主要面向外地甚至国外销售，一般不会在当地投放广告。他们最喜欢的广告平台是中央电视台，央视的第五频道体育频道，甚至被戏称为泉州频道。"滋生报业最肥沃的土壤是第三产业，但这里第三产业并不发达，与其他地区相比甚至还有些落后。

从读者资源上看，这些县区的情况也对报纸不利。大量的外来人口，都是企业的工人，有读报需求的很少，购买力也不够旺盛。《东南早报》总编辑王家声说：从吸引人才角度，县区报纸更加困难，一般好的大学的毕业生有谁愿意到一个小小的县级报纸来呢？

这些，都是县市报的不利因素。

看来，县市报的价值并不能简单地以直接的经济指标来衡量。福建日报报业集团在泉州创办了四份报纸，除了《海峡都市报·闽南版》外，《晋江经济报》、《石狮日报》、《南安商报》皆是县市报纸。有同行评价，这三份报纸，要想有多少赢利实际上也很困难。县市报的价值还在于以下几个方面：一是福建日报报业集团的全省战略，虽然县市报不能带来直接的利润，但正是由于这些报纸的存在，使全省战略更扎实，其他的报纸才能有更高的赢利。二是布局抢点的需要。福建日报报业集团、《泉州晚报》的县市报应该都有这个诉求。在省会、地级市的报业空间已定，拓展乏力的情况下，县区是未来报业发展的可能空间，抢滩占位。

更为重要的是，由于当地政府对一份"自己的报纸"的重视，政府的支持力度还是很大的。发行广告都可以被层层分解完成，报社可以不用发愁这些本让报人非常头痛的难题。虽然赚钱有点困难，但持平应该没有多少问题。

还有一个很大的利益是政策优势。办报意味着需要办报场地，有当地政府的支持就意味着可以通过划拨等手段拿到土地。

在各种利益格局的交织与互动下，县市报的价值已经不能仅仅用直接利润来衡量了，县市报的价值在报纸之外。从全国各地的情况来看，报纸的价值也是在报纸之外，这或许就是中国报业未来很长一段时间发展的趋势与方向。

县市报的经济与社会意义

"关停并转"之后，县市报的繁荣昌盛还在于其他价值。

1. 经营价值

2009年以来，县市报广告额的增长率一直保持在两位数以上，其增长性远高于其他报纸种类。浙江日报报业集团下属的《乐清日报》，2011年的广告增长率超过50%。杭州日报报业集团下属的《城乡导报》，广告以每年500万元的增长额，已经保持多年，至今没有止步的迹象。还有作为县市报领头羊的《萧山日报》，一年的营收超过1亿元。

当然，对县市报的考量也并不仅仅在于其产业价值与经营指标，更多的来自于其他一些方面。

2. 熟人社会

县市报最大的优势是与基层贴得很近。中国的县级市或县是相对独立运行的经济体，有着相对独特的历史文化沿革，是个封闭的熟人社会圈子。各县民众之间，口音、风俗、地理意识等区别很大。特别是南方各省，由于历史上交通并不便利，各县间连语言都完全不通。这样一来，除大城市的各区相对统一外，县域内人们的生活和工作半径，基本上以县为单位，与所属的地级市并无太多关联。在这一点上，县级市有点类似于美国的社区，一个社区有着相对独立的圈子。美国的社区报在美国大报萧条的情况下仍然取得不错的发展。[1]因此，国内一些县市报也纷纷提出社区报的概念，这种概念是可行的，而且可能比美国的社区报更有发展潜力。我的判断，中国未来的社区报将呈两个走向：一是县市报，第二才是立足于社区的社区报。至于它们究竟应该叫什么，则不重要。中国的县市报与美国的社区报除了立足于熟人社会这种本质属性外，还有行政的功能。这是县市报与社区报的不同之处，也是独特优势。

这种熟人社会的独特性还表现在面对新媒体竞争的强大生命力。《浏阳日报》副社长张之俭说："县市报是所有媒体中最贴近基层的媒体。都市报新闻为什么争先恐后上网，关键问题是博弈论，如果你的内容不上网，别人就上网了。但《浏阳日报》的新闻，对外面的人来说，并没有多少价值；所以我们不上网，读者要看新闻就必须买报纸。"

---

[1] 陈凯：《走进美国社区报》，南方日报出版社2012年。

3. 读者需求

越是与读者生活接近的报纸越受读者欢迎。但中央大报、省级报纸、市级报纸一般都不会刊登县市琐碎新闻。从现状来看，即使是地市报也无法覆盖所有区县市，地市报的广告和新闻来源，主要来源于几个中心城区。因此，县市报的新闻有着先天贴近性，这种贴近性也是县市报区别于其他报纸的独特优势。《浏阳日报》中90%以上的新闻是浏阳本地新闻，《浏阳日报》总编辑戴建文说："我们其他的不能跟别的媒体竞争，但《浏阳日报》要突出本土优势，'守住浏阳河'。《浏阳日报》要'深耕本土，服务浏阳'。"2010年，《浏阳日报》还增加了"街坊版"，主打社区新闻。新闻入户，服务老百姓家里的事情；新闻贴近，做老百姓身边熟悉的新闻。

4. 区域优势

区域优势是县市报的核心竞争力所在。绝大部分的县市只有一份报纸，是当地当之无愧的主流媒体，这种区域优势对于县市报影响力就具有重要意义。《永康日报》坚持把区域价值作为新闻价值的取舍标准，即使在近四年五次改扩版中，也不是简单模仿都市报的做法，而是始终保持鲜明的区域特征和不可替代性。提出"永康日报，影响永康"的口号，就是为了把区域优势发挥到极致，引领区域价值，推动区域发展，最大限度提升"区域第一传媒"的影响力。

5. 广告价格

由于受几十万发行量的成本影响，现在都市报的广告价格动辄十几万半个版；而县市报发行量小，广告价格也低。在这一点上，县市报也独具优势。《浏阳日报》广告部主任熊玮认为：《浏阳日报》的广告独具市场价值。一般而言，《长沙晚报》、《潇湘晨报》的广告价格是《浏阳日报》的8倍左右。如果产品主打浏阳市场，从广告投放的性价比考量，《浏阳日报》就是首选媒体。这是县市报的经营优势。

应重视县市报在舆论格局中的重要性

2003年7月23日，新闻出版总署关于印发《关于落实中办、国办〈关于进一步治理党政部门报刊散滥和利用职权发行，减轻基层和农民负担的通知〉

的实施细则》的通知，提出了保留下来的县市报的标准，即："对人口在50万以上，国内生产总值在100亿元以上，社会消费品零售总额在30亿元以上的县（市、旗）所办报纸，年广告收入在400万元以上的，经严格评估论证后，可由省级党报或地市级党报进行有偿兼并，或改办为地市级党报的县市版。"

时间已经过去了10年，当年的这些标准，现在看来，还有很多县都能够创办出符合这些标准的县市报。比如，在"百强县"中排名第11位的山东龙口市、排名第13位的辽宁瓦房店市、排名第15位的山东邹平县、排名第42位的浙江桐乡市，等等。经济发展水平这些年突飞猛进，而且还处在急剧上升期，完全有需要、有能力创办一份县市报。但由于刊号资源问题，这些县市的报纸仍然是只能免费赠阅，没有刊号。

在调研中，有报人认为，一个城市功能发挥得好与不好和信息传播有着密切关系。一个城市拥有多大规模的报纸，应该由这个城市的报业市场空间和读者需求来决定，而不应以行政干预，特别是以计划经济的思路来干预县市报的生死。

需求是决定一种产品的生存与否的关键因素，对于县市报而言，一方面是强烈的办报需求与渴望，地方党委政府、各地地市报、省级报业集团、读者、广告商都对县市报有着强烈需求。一方面却是刊号资源的稀缺，各种免费赠阅的"县市报"不仅耗费大量的财政投入，还名不正言不顺，打着各种各样的擦边球，夹缝中求生存求发展。

作为一个处在报业整体衰退中却欣欣向荣的报纸种类，县市报对于报业前景具有方向性价值，将发挥重要作用。因此，对于县市报，应给予充分重视，县市报不仅仅是"小散滥"的代名词，不仅仅是"关停并转"的对象，而应是报业应对新媒体竞争的关键力量，是报业转型的新生队伍，是国家舆论格局的一个重要组成部分。对于一些没有刊号的"县市报"，有条件的，应在可能的情况下，用正规刊号统管起来。扫清发展障碍，突破发展瓶颈，使其在国家舆论格局及报业转型中发挥更大作用。

延伸阅读：2003年年底，治理整顿之后留存下来的54家县市报

浙江省：《诸暨日报》《乐清日报》《绍兴县报》《上虞日报》《海宁日报》《东阳日报》《永康日报》《瑞安日报》《温岭日报》《萧山日报》《富阳日报》《鄞州日报》《余姚日报》《奉化日报》《慈溪日报》《义乌商报》《城乡导报》（由原浙江省杭州市余杭区的《余杭日报》借用杭州市《城乡导报》的刊号而成立）、《兰江导报》（由原《兰溪日报》借用浙江省《金华日报》的子报《浙中科技报》而成立）

江苏：《张家港日报》《宜兴日报》《武进日报》《东台日报》《昆山日报》《海门日报》《靖江日报》《江阴日报》《太仓日报》《常熟日报》《丹阳日报》《吴江日报》

广东：《珠江商报》《珠江时报》《宝安日报》《增城日报》《番禺日报》

山东：《寿光日报》《滕州日报》

江西：《修水报》《瑞金报》

山西：《太谷报》

湖南：《浏阳日报》

福建：《石狮日报》

辽宁：《蒙古贞日报》《喀左县报》

河北：《定州日报》

重庆：《酉阳报》

湖北：《仙桃日报》《天门日报》《潜江日报》

新疆：《库尔勒晚报》《察布查尔报》

第三节　争夺县市：对报业未来发展重心的判断

近几年，我们发现，省会城市的报业竞争已经趋于平淡，但是县市的报业竞争，却越趋激烈。平淡，说明大局已定，没有空间；越激烈，就越说明有发展空间。

报业竞争重心下移

一滴水见太阳，我们从福建一个省的情况来分析研判报业未来发展的重心。

福建的报业竞争情况比较复杂，特别是在闽南，报业间常常是你中有我、我中有你，犬牙交错的局势。要把它们之间的关系、各自目标、区域定位等理顺也不是件很容易的事情。泉州是个地级市，但泉州市2011年GDP达到4270.89亿元，超过了省会福州，位列福建省第一，全国地级市第三；泉州所处的闽南地区是中国经济最具活力的地区之一，因此，闽南也成为报业竞争最活跃的地区。当全国其他地区的报业早已"讲和"的时候，闽南却仍然处在白热化中。省报、市报、县报在漳州、泉州、厦门之间，互相竞争、犬牙交错，你中有我、我中有你、错综复杂，而泉州就是其中的"主战场"。分析整个福建的报业竞争情况，可以清晰地得出这样的判断：报业竞争的重心现在已经下移到县市。

《海峡都市报》把泉州作为全省布局的一个重点。1998年，《海峡都市报·闽南版》创刊，希望用省报的资源优势，占领地市市场，刚开始时是"地方版"，与《海峡都市报》的"福州版"替换版面。2004年6月30日，获得独立刊号。

由此，《海峡都市报·闽南版》威胁到《泉州晚报》的地位。《泉州晚报》是泉州市委机关报，而机关报一般不可能做成都市报，于是，报社决定创办一份子报，就把《福建商报》的刊号接收过来进行改造。2000年《东南早报》创刊，主打闽南概念。刚开始时，在厦门、漳州的发行量都曾达到5、6万份。还专门成立了厦漳新闻部，在漳州设有记者站，厦门有一个专门的"部"，每天平均3个版面的报道量。

2012年8月12日，《厦门商报》更名为《海西晨报》，定位为面向海峡西岸地区市民的综合性都市报，泉州也在其定位范围内。这样，仅仅是都市类的报纸，在泉州就有四份。这么多的报纸争抢有限的报业资源，必然左冲右突，竞争的触角很快就延伸到所辖下县市。

泉州有鲤城、丰泽、洛江、泉港4个区，晋江市、石狮市、南安市3个县级市、惠安、安溪、永春、德化、金门（待统一）5个县和泉州经济技术开发区（国家级）、泉州台商投资区（国家级）。

这些县市中，《泉州晚报》创办了地方版《今日台商投资区》，由《泉州晚报》与当地政府合作创办。

另外，在泉州市，还有三张由福建日报报业集团与当地政府合作创办的县级报纸。1993年创刊的《石狮日报》，在2003年11月5日由石狮市委主管主办改为福建日报报业集团主管，石狮日报社主办；2006年4月19日，福建日报报业集团与当地政府又合作创办了《晋江经济报》；2011年11月1日，创办了《南安商报》。县市成了报业竞争的主战场。

视角扩及全国，也不仅仅是泉州，县市报纸的创办正如火如荼。从形式上看，大概有两种：一是地方版的形式，如《泉州晚报》的《今日台商投资区》，广东《东莞时报》的《虎门新闻》；佛山的《珠江时报》在佛山的南海、禅城两个区，多个镇街都合作创办区报也属于这种地方版性质。浙江的《南湖晚报》、温州的《温州晚报》等，都纷纷采用这种附加版面的形式，将触角延伸到更小的行政区划里，进一步挖掘细分市场的价值；另一种是独立报纸的形式，如上文提及《石狮日报》、《晋江经济报》。这两种形式的县市报的共同特点都是地市报，或省报集团与地方政府合作，如果没有地方政府的推动，这种县市报不可能成形。

城市、产业、报纸

现在，大部分拥有县市报的县市经济发展程度都较高，有些县市经济发展重心多元，如张家港、萧山；有些则有着一到两个龙头产业：浏阳是烟花鞭炮（花炮），永康是五金，义乌是小商品，诸暨是袜业、珍珠，寿光是蔬菜……

花炮是浏阳的传统产业，也是支柱产业，从20世纪80年代起繁盛至今，目前已形成了一个庞大的产业链。2009年花炮产业的总产值110.96亿元，其中内销额57.34亿元，出口22.98亿元，相关产业实现产值30.64亿元。浏阳花炮在国内和国外的市场占有率分别达到50%和57%。浏阳烟花燃放企业共承接各类焰火燃放1000多场，燃放总额达10亿余元，占国内燃放市场份额的70%以上。

未去浏阳调研之前，一直以为《浏阳日报》的花炮广告应该有很多，但拿到报纸一看，基本上没有花炮广告。《浏阳日报》的广告结构和其他地方的县市报没有太大的区别，仍然是以房产汽车为主，房产汽车40%，市直部门形象广告20%，文教卫、建材15%，商企广告20%。政府部门形象广告有一定份额，这也是一般县市报与都市报广告结构的不同之处。

在调研中发现，花炮企业是不做产品广告的，浏阳本地人根本不会去买花炮，一般是朋友送。浏阳花炮主要是外销，在本地媒体上广告做得很少，在其他地方做广告要比在本地做的多得多。报纸所承担的工作主要是宣传，加上为花炮企业做服务，报道花炮安全、科技、销售、提质、环保等问题，比如创办了"花炮周刊"，宣传报道花炮节等。

虽然花炮不能直接提供广告份额给《浏阳日报》，但花炮是富民产业，极大促进了浏阳市的就业与居民收入增长。浏阳花炮产业链为全市提供了30万个工作岗位，年发放社会工资约36亿元，占浏阳全年GDP的8.6%。浏阳有1000多家花炮企业，这些企业的老板加上中高层，以及公务员等，都是房产汽车的消费主力，花炮产业的发展间接为报纸提供了广告资源。

在上述的那些以某些产业为支柱的县市，县市报的发展也是如此。产业的发展实现了城市的繁荣，也为县市报提供了间接的广告资源。《浏阳日报》2012年广告收入达到2000万元，与湖南的各地市报相比，《浏阳日报》是单张报纸收入最高的报纸之一。

城镇化推进对于县市报的意义

北上广等大城市的城市化进程已告一段落，现有的资源也无法适应这些大城市的扩张，雾霾天气频发、交通拥堵、生活成本居高不下就是其中例证。2012年中央经济工作会议提出："积极稳妥推进城镇化，着力提高城镇化质量。城镇化是我国现代化建设的历史任务，也是扩大内需的最大潜力所在，要围绕提高城镇化质量，因势利导、趋利避害，积极引导城镇化健康发展。要构建科学合理的城市格局，大中小城市和小城镇、城市群要科学布局，与区域经济发展和产业布局紧密衔接，与资源环境承载能力相适应。要把有序推进农业转移人口市民化作为重要任务抓实抓好，要把生态文明理念和原则全面融入城镇化全过程，走集约、智能、绿色、低碳的新型城镇化道路。"

在这样的政策引领下，可以预见的是，未来中国城市化的重点在三四线城市进行，这块市场将会非常之大。从2012年、2013年都市报遭遇广告困境，报业发展面临瓶颈的形势来看，中国报业的未来也维系于此，县市报对于未来报业的格局意义非凡，现在也是如此。作为最贴近基层的报纸，县市报欣欣向荣的场景在报业整体境况下滑的局面下，显得那么抢眼。

第十二章

地铁报时代？

地铁报作为一种报纸改良或者说报纸进化的一个小分支，它承载不了如此巨大的责任和厚望。

本章核心观点：

地铁报能够从都市报中真正地脱离，实现分化

强化渠道概念而弱化纸媒概念

由传统报纸以内容定位读者变成以空间、时间确定读者群

地铁报在损害报纸的价值和竞争力

缺乏原创内容是地铁报的软肋

一个城市只能有一份地铁报

地铁报发展的时间窗口非常短暂

WiFi在地铁内的覆盖将给地铁报以致命打击

越来越多的人不读报纸，但是有人愿意不花钱看报吗？这是地铁报在移动阅读时代生存的基本逻辑。

从2008年起，地铁报承载了报业发展的很多希望，众多都市报第二子报都希望能转型为地铁报，从而实现真正的差异竞争。人们最为关注的是，在报业转型如此紧迫的当下，地铁报的市场空间与发展前景，以及其对报业转型的价值意义。

很多人认为：地铁报是"报纸开往春天的地铁"。春天总是那么令人向往，特别是在"报业寒冬"中。但实际上，地铁报作为一种报纸改良或者说报纸进化的一个小分支，它承载不了如此巨大的责任和厚望。它所能做的，是丰富报业转型的方式，使众多同质同城竞争的都市报找到一条稍微靠谱点的转型路径。目前来看，它应是未来中国报业大河的一个小小的支流，而绝不是全部。

第一节　地铁报也是新媒体

如何实现真正的"分众化"

在都市报"暴利"时代，几乎每个大城市都诞生了大量的都市报。在市场蛋糕被不断做大的时代，排位靠后的都市报即使竞争力不强或经营不善，也都能混口饭吃。但是在报业危机来临后，市场紧缩，这么多同城同质报纸的同存就成了问题。都市报渐渐意识到同城同质竞争的隐患，也试图在差异化办报上破局，向"分众"市场转型，但鲜有成功者，要么改来改去，还是舍不得习惯的办报套路和既有的市场份额，要么始终找不到理想的赢利和发展模式。

在一个竞争非常充分的市场里，要想胜出就必须加大投入或在细分市场中办出特色，但对都市报而言，再细分有一定难度，一旦综合性报纸发行量达到30万份以上，就很难实现细分。地铁报由于只在地铁中发行，乘坐地铁的人群特征明显，是以地铁为交通工具、有职业、收入稳定、购买力活跃的上班族。所以地铁报能够从都市报中真正地脱离，实现分化。

2013年，面对武汉同城存在四五家同质报纸竞争的现状，武汉的几家第二梯队都市报都在纷纷转型，其中，《武汉晨报》成为独家地铁报，独占地铁渠道，《楚天金报》定位为"经济生活"类报纸，《长江商报》则立志做一张完全的财经报纸。对比这三家报纸的转型，在我看来，或许只有《武汉晨报》的地铁报定位能够真正地区分出来，其他的思路，会如同以前一样，改着改着，又变回去了。很多转型为财经报纸又默默退回去的案例是前车之鉴。

都市报为什么转型为地铁报

大部分混得不好的都市报，特别是第二子报都想彻底转型，以跟都市报的第一梯队实现真正的差异化。转型为地铁报是较早的一种尝试。

天津的《城市快报》转型为地铁报的历程，可说是都市报向地铁报转型的一个缩影。

《城市快报》的前身是《天津青年报》，原来的主办单位是天津团市委。本世纪初，在第一代都市报到处征战、跑马圈地的背景下，2001年，《成都商报》斥资2000万元改造《天津青年报》，用都市报模式将《天津青年报》改造成一份近乎彻彻底底的都市报。但由于天津市场上已有《今晚报》、《每日新报》这两个成熟而又强大的先行者，加之经营不善，最终《成都商报》的影响悄然淡去，黯然离开天津。2002年5月，在各方面因素的作用下，天津日报报业集团并购了《天津青年报》。

　　津报集团并购青年报之后，很快就遇到了与同属一个集团下的《每日新报》同质竞争的问题。津报集团十报两刊，除两张都市报外，其余的报刊都各自覆盖不同的读者群，定位实现了差异化。但两张都市报如何错位竞争，成了这十几年津报集团的一个费解之题。

　　2004年3月，《天津青年报》正式更名为《城市快报》，编辑方针也由"新闻、新知、新生活"变为"快而且城市化"，主打早间市场。定位于"超市人群"阅读，即试图让目标读者的购买力稍强于《每日新报》。但事实上，这种差异并不明确。作为综合性日报，或者都市报，《城市快报》直接定位于超市人群的做法几乎无成功先例可循，在发行渠道上也并无特别推广。同时，从《城市快报》的办报实践看，一些活动企划如演唱会、订报抽奖与《每日新报》并无二致，并没有实现理想中的差异化。

　　《城市快报》董事长、总经理张熠介绍，那些年，《城市快报》做了很多努力和尝试，出午报、出早报，还与《每日新报》对过头条，试图在内容及读者上岔开定位，但很难很难。从2004年到2010年，整整7年时间，《城市快报》都是在夹缝中左冲右突，缺少亮点，没有成绩。

　　这种情况直到2010年才有了改变，2010年1月12日，天津日报报业集团与天津地下铁道运营有限公司签署了全面战略合作协议，《城市快报》实行股份制，津报集团占49%的股份，另外两家公司占51%的股份，《城市快报》成为天津地铁独家指定地铁报，《城市快报》开始在天津的地铁里免费发行，彻底转型为地铁报。①

　　实际上，中国内地除了北京之外，天津是地铁建设最早的城市之一，1984年就建成了地铁线路，但是直到2000年仍然只有一条线路。客流量很少，客流最高峰是国庆节，也仍然只有6万人次的客流。4年前，也就是2010年，天津地铁开始大规模建设，天津日报报业集团敏感地意识到地铁联网之后蕴含的巨大市场空间。地铁人群是收入中等偏上的人群，就是一个广告客户非常看重的人群。2010年，全国只有四张地铁报：《北京娱乐信报》、上海的《I时代》、

---

　　①　陈国权：《地铁报的转型价值及市场空间——以〈城市快报〉为例》，《中国记者》2014年第2期。

天津市地铁线网图

南京的《东方卫报》、广州的《羊城地铁报》。

但是，刚开始，《城市快报》进入地铁之后，发行量还非常小，换回来的广告还不够开销。张熠说："一直在坚持，终于挺过了最艰难的时期，直到2013年国庆节，天津的四条地铁线路才联成网络，日客流量达到了70万，现在的发行量已经不能够满足地铁乘客的需求。"《城市快报》基本完成了向地铁报的转型。

全国还有多家地铁报都与《城市快报》一样，有着同样的转型曲折经历。比如《北京娱乐信报》，2000年10月《北京娱乐信报》创刊后，北京报业市场的都市报陆续达到十余家，陷入同质化严重、无序竞争的状态，仅北京日报报业集团旗下的都市类报纸就有《北京晚报》、《北京晨报》、《竞报》、《北京娱乐信报》等，加上《京华时报》、《北京青年报》、《新京报》、《法制晚报》等，这么多报纸，已经超过北京市场的报纸容纳量，一些处在二三梯队的报纸在经营上面临很大困难。鉴于这些问题和艰难处境，《北京娱乐信报》刚开始也是左冲右突，试图与同城其他都市报拉开差距，但收效甚微。从2006年4月开始，《北京娱乐信报》就筹划向免费报转型，以摆脱当时的困境，实现差异化经营，并在2007年11月实现转型。

地铁报 "去纸媒化" 趋势

在纸媒出现颓势的大环境下，广告客户跟风急于"去纸媒化"，地铁报应该利用自身优势，强化渠道概念而弱化纸媒概念，打造出地铁报是新媒体的共识。

但是，由于地铁报与都市报的深厚渊源，总是使地铁报人潜意识里有都市报意识，这种意识有些时候是潜移默化的。

地铁报脱胎于都市报，与都市报的最大区别就在于由传统报纸以内容定位读者变为以空间、时间确定读者群。

空间价值决定了读者价值。地铁报在地铁封闭区域内发行，地铁作为报纸的发行渠道有一个优势，就是人群特征比较明显：以地铁为交通工具的、有职业、有稳定收入、购买力活跃的优质广告受众群体。但是要到达这个人群，地铁报还必须辅之以时间手段。早晨7—9点时间段，大部分乘客的目的就是上班。也就是说，在这个时间点上，地铁报才最有可能到达所希望的有职业、有收入、消费活跃的广告优质受众。因此几乎所有的地铁报都是集中在早上7—9点的上班时间段在地铁中派发。《北京娱乐信报》为达到确定读者的目的，每天早上7点前在天通苑等住宅区站的进站口设派送点，而在早上8—9点则在国贸等办公区站的出站口设派送点，以期更准确地切分出"上班族"。一些地铁报的精准发行甚至做得更精细，《I时代报》最初在上班族最密集的时间段7点半到9点半发放报纸，但是后来根据检测，发现这一时间段混入了很多老人、学生等非目标受众，于是就进行了调整，现在报纸的发放时间为7点45到8点45之间。①

地铁空间带来的优势还在于：只要地铁报愿意或者成本能够承受，在发行量上，地铁报可以轻而易举地达到或超过地面售卖报纸的数量，形成广告经营所必要的规模；也可根据成本核算或广告需要缩减发行量，增减弹性很好。

而且，地铁报免费赠送，能通过时间、空间自主选择读者；而收费报由于需要收费，只能被读者选择。从这个意义上看，地铁报的这种读者精准化和发

---

① 陈国权：《地铁报也是新媒体——从都市报到地铁报的运营模式之变》，《中国记者》2008年第9期。

行量弹性为地铁报摆脱传统收费报那种大投入、大发行量、吸引广告的粗放模式提供了可能。

地铁报的免费派发模式也与新媒体的免费共享模式相吻合，地铁报的读者与新媒体也高度吻合。地铁报的派发时间基本锁定每个工作日的上班早高峰期间，读者都是年轻的上班族，他们也是使用新媒体最普遍的人群。由于读者群属性高度一致，不用担心老人、孩子等其他人群看什么内容。因此，内容定位就比较精准，大多数地铁报的内容集中主打年轻上班族喜欢的时尚娱乐、吃喝玩乐、文艺小清新、热门八卦话题、网络热点等。

从这个角度看，地铁报的新媒体特征显著，关键是要按照新媒体的运作方式运营，摆脱都市报因子的影响与制约。

第二节　精耕细作地铁报

地铁报发行免费，完全依赖于广告收入，收入来源比较单一；而且由于免费报纸的性质，地铁报广告价格较低，收入规模较小。这样一来，地铁报就不能像以前暴利时代的都市报那样，挥霍青春，而应精耕细作，开源节流。

吃透地铁资源

报业转型要从经营报纸到经营资源，利用手头所掌握的资源。对于地铁报而言，运营好地铁资源至关重要。

现在全国所有的地铁，除了香港，日常运营都是亏损的，主要依靠财政补贴。因此，地铁公司的品牌宣传很少很少，而地铁报与地铁公司合作，可以帮地铁公司做宣传。比如，天津地铁标识很少，也不是很清楚，从哪条线转哪条线，乘客容易犯迷糊。《城市快报》就与地铁公司协商，做地铁向导小册子，不需要地铁公司的资金投入，只要地铁的渠道，把地铁公司需要乘客了解的内容印在小册子上。一张A4纸折了三折，纸的背面刊登房地产广告，第一次印了

5万份。《城市快报》从中就获得了赢利，广告商也非常看好这种宣传形式，广告商如果想进入地铁渠道，除了灯箱广告，别无他法，也只有地铁报才可以做这样的纸质广告。这样的多方得益的赢利机会是取之不尽，用之不竭的。

各地铁报采用了各类新颖的运营手段来经营地铁资源。上海《I时代报》2013年夏天做过一次营销推广活动，报纸被卷成一卷套上蛋筒套，这是与肯德基合作的"被蛋卷"推广活动；《武汉晨报》2013年年初，在地铁里由穿着财神服装的发行员向乘客派送报纸，进行报纸品牌推广；《新城快报》组织地铁单身男女自驾游进行相亲活动；沈阳《地铁第一时间》给所有读者颁发聘书，邀请读者成为报纸的"大笔杆子"；《都市热报》利用地铁沿线的广告客户资源，制作《地铁别册》，涵盖房地产、商城等广告内容，一次赢利数百万；苏州《城市早8点》制作苏州地铁指南，由古籍出版社出版，12元一本的售价，1万册迅速售罄……

"边边角角"的空间拓展

报纸早已不是"暴利"的行业，地铁报更是如此。

《城市快报》董事长、总经理张熠说："巨额利润时代已经一去不复返，我们能做的是，在原有的空间里保证下滑的最小幅度。"

《城市快报》一年营业额几千万，一个月纸张印务成本200万元，还有135个人的人力成本，60人的发行队伍，总共有不到80个地铁站，有的大站需要两个人，发行员上午6点到达地铁站，发报时间很短。因此人力成本还可以精简，但原来的都市报的人员不好遣散。《城市快报》想提高废报回收率，试图与回收公司合作，回收公司也想通过地铁报进入地铁渠道，但一直嫌回收率不够。成都、重庆的回收率达到了50%以上，但是天津地铁报的回收率只有2%，还是有一定空间的。"苍蝇也是肉，没有暴利，就只能不停地拓展边边角角的市场空间。"张熠说。

国外免费报纸多采用"自由取阅"方式发行，发行浪费现象也不严重，这主要在于已形成的良好社会氛围和较高受众素养。而国内有着完备的废旧物资回收体系，还有一批依靠收废旧报刊为生的小商贩，卖旧报刊等生活垃圾也是一些市民的收入来源之一。在这种情况下，如果发行监控不到位，那么大量投资可能只会打水漂。

2005年1月，《北京广播电视报》曾实行免费发行策略，但是由于没有实现有效发行监控，导致报纸大量流失，报社成本剧增，广告无法支持，于2005年4月7日不得不宣布恢复零售。

发行监管应该是地铁报的重中之重。《东方卫报》成立了一个10多人的发行监管部门，对发行渠道实行监管，避免浪费和无效发行。刷卡取报服务应该是个更智能的减少发行损耗的方式，一卡一报纸，不仅减少报纸派发人员工作量，还能有效避免资源浪费。《东方卫报》在南京地铁57个站点均设有发报点，一般分布在进站闸口内。固定发报箱，固定派发员，发报时间锁定在早高峰的上午6点半到10点半之间。

南京地铁全线也出现过恶意收报的情况。对此，《东方卫报》在地铁全线安排报纸派发员的同时，还专门成立了报纸回收队伍，把乘客看完的报纸整理后放回报箱再次派送。目前，地铁全线的派发员、收报员约有200人。

成都《新城快报》在地铁站内各个出口处专门设置了报纸回收车，读者在出站时能很方便地将读过的报纸放回去，这样其他没有读过报纸的乘客还可以继续阅读，形成良性的循环阅读，不仅提高报纸阅读率，还能实现环保效果。

《北京娱乐信报》也实行严格的签收制度，都市报发行队伍管着印、送、卖，但地铁报发行队伍只管派送，运输环节与发行环节有严密的签收制度，不会出现吃报现象。而且信报有监察队伍，一旦发现吃报现象，惩罚非常严厉。

成本控制意识

地铁报没有发行收入，以广告收入来维持报纸运行，但广告价格又远远低于都市报，这就大大地压低了赢利空间，从而对报纸的成本控制要求极严。这包括人力资源、采编业务、印刷发行等几个方面。

与都市报相比，地铁报采编人员大大精简，《羊城地铁报》只有12名编辑，每个人都可以做版，有熟练处理图片等专业技能。人少又精，节省了大量人力物力。而据介绍，整个《I时代报》只有10名记者、6名夜班编辑、4名副刊编辑，整个报社二十五六个人。

人员精简建立在采编业务简化基础之上。地铁报采编部门通常只有二三十人，因此，只能通过共享采编资源，节省采编成本。主要依靠通讯社和背后报业集团的供给，尽量减少记者数量。《I时代报》起步之初，在采编上主要依赖解放日报报业集团原有的资源，现在形成了"本地新闻基本上自采，外地新闻基本上购买"的特点，并且不设专门的摄影记者，新闻照片从公共平台上抓取。这种采编设置投资成本低，性价比较高。

另外在记者条线设置上也坚持经济原则，《I时代报》根据报纸定位设置条线，提倡"小编辑部，大网络"，与读者相关度低的条线不设，与读者相关度高的条线要专门人跑，时刻关注读者身边发生的事情，仅有1人跑文化娱乐条线，社会新闻也仅有2人，这与传统都市报有很大差异。

在发行上，一些地铁报采用不组建发行队伍，委托地铁公司代为派发的方式，以降低发行成本。《北京娱乐信报》委托地铁派发。《羊城地铁报》由"广州地铁商业发展有限公司"负责地铁发行，发行人员很少，广州2号线有17个站点，只有18名工作人员负责全线报纸的搬卸、运输、分发等工作，而且工作人员除了早上发报外，还有其他工作；《I时代报》一些发行人员由地铁员工兼职。此外，为省纸张成本，地铁报一般都采用廉价纸张。

地铁报可以根据地铁的客流量来决定报纸发行量，而且每天的发行量都不一样；传统纸媒就不可能做到这一点，都市报每天的发行量基本上都是一样的。《深圳都市报》做过数据统计：每周二，深圳地铁的客流量是一周中最少的，而周五的客流量最多。所以，《深圳都市报》周二的报纸发行量就会少于周五，这就是精准的成本控制。

第三节　地铁报能否成就报业未来

很多人对地铁报寄予厚望，"地铁报是报业开往春天的列车"，[①]全国地铁报联盟主席杨黎光说："我们要正视地铁报时代的到来。传统纸媒的消退，

---

① 李莹、喻国明：《开往报业春天的地铁报》，《中国报业》2008年第8期。

在未来20年里不再是耸人听闻的观点，现在已经有相当一部分传统纸媒难以为继，随后一定会出现传统纸媒的合并、兼并，甚至停刊，这个时代肯定会到来的。"①

我不赞同这个观点。地铁报根本无法承载报业的一个"时代"。

地铁报的内容困境

随着互联网的渐趋成熟，分众化将是各种传媒的发展趋势，不仅仅是网络，也包括纸质媒体。地铁报无论归属于纸媒，还是归属于新媒体，都需要遵循这个趋势。地铁报虽然渠道定位比较精准，但从内容上仍然是综合性报纸，在内容上并没有实现分众化，从框架来看依然是原先都市报的架构。这样的内容结构，对读者的吸引力并没有比都市报好多少。

地铁报的新闻价值需要重新审视。成都的《新城快报》2013年年底策划了一个相亲活动，仅仅4天时间，就有300多位读者报名，但主办方在与读者交流的时候，问读者喜欢报纸上什么内容，大部分读者都回答喜欢看活动报道，因为很有趣。但对于新闻，对于报纸重点推广的一些新闻版面——"锐读""沙发"等，读者都没有什么特别的印象。

地铁报的通勤性质决定了地铁报的受众群主要是上世纪80年代、90年代出生且受过高等教育的人群，有稳定的工作，有独立和较强的消费能力。而这部分人群获取信息的习惯现在已经越来越依赖于电脑、手机终端，而不是看报纸。这部分群体基本上都是网络用户，信息获取渠道多元而丰富，信息获取速度非常迅速，他们擅长于也习惯地通过网络或移动网络获得一切资讯。他们是正在抛弃付费看报纸习惯的群体。

但是，地铁报呢？传统报纸经过多年的积累和团队培养，拥有较强的内容原创能力，虽深受互联网的挤压，但是仍然能够保持一定比例的原创内容。而国内的地铁报由于规模普遍偏小，在严格控制成本的思路下，采编团队通常极其精简，原创内容比例很小，有很大一部分都是从网络上转载或者摘编，甚至

---

① 左志新：《积聚智慧力量 共创美好未来——访全国地铁报联盟主席杨黎光》，《传媒》2013年第11期。

抄袭，炒冷饭。这样的内容，对于那些早已经通过互联网或移动互联获得所有资讯的人群，又有多少吸引力呢？如何解决成本压力下的新闻内容与网络等新媒体同质化的问题？值得地铁报人继续思考，这个问题不解决，地铁报根本拯救不了报纸未来。

"便宜没好货"

地铁报不是便宜，而是压根就免费。免费的东西，如何让人们认可其价值呢？

除电视、广播等大众媒介以外，我们日常生活中接触到的信息服务、文化产品通常是收费的，而且所需费用常常和服务或产品的品质成正比。无形中，"便宜没好货，好货不便宜"的生活经验也被套用到媒介接受中。

报纸免费化过程中遇到的首要问题，就是如何打破人们旧观念的束缚：不仅仅要突破办报人的顾虑，还要打破读者的偏见，特别是要扭转广告商的思维定势，破除那种将免费报和劣质报画上等号的错误看法。

《羊城地铁报》总编辑黄楚慧说："目前地铁报经营商面临的最大困难是，我们不断想跟别人讲我们跟传统纸媒不一样，但是广告商做决定的时候还是会把我们跟其他纸媒放在一起。"[1]4A广告公司几乎很少在地铁报体系内投放广告，因为这类品牌广告的投放规则很清晰，必须是区域最大、最强的纸媒。而地铁报如果放在都市报体系中，排名都比较靠后，这就影响了地铁报品牌的树立。地铁报人们虽然坚持认为地铁报是新媒体，但是总在潜意识里把地铁报当成是都市报，将其放在都市报"方阵"中对比，这对于地铁报的"去纸媒化"并无益处。

就我国地铁报的发展现状而言，有些地铁报由于从开始就没有做好相关宣传工作，所以一直没有得到读者和广告商的充分尊重。虽然报纸发行取得了一定成绩，但是没有培养起忠实的读者群，没有树立起自己的品牌，发展后劲不足。所以，要让读者与广告客户了解到免费是一种革新，是一种细分化、薄利化的营销方式，而不是报纸品质低劣。

---

① 　《第五届全国地铁报联盟峰会嘉宾演讲摘要》，《传媒》2013年第11期。

潜在竞争威胁

地铁报都声称在当地地铁中是独家免费报，但是这种独家仅仅是形式上的独家，实际面临的直接与间接竞争远非想象的那样简单。

地铁报最大的优势便是渠道优势，但地铁渠道内的新闻竞争已经非常激烈，首先是地铁中其他数量众多的广告载体的竞争。如移动列车电视、液晶有线电视、地铁户外广告，尤其是一些免费杂志，因为地铁报与地铁公司的排他性协议只限于报纸，不包含杂志。从利益方面考虑，地铁公司欢迎免费杂志的出现，一些杂志也有此意向。

更让地铁报忧虑的竞争威胁来自移动终端、智能手机、掌上电脑，电子书等移动媒体，无与伦比的用户体验、内容优势、私密特征等优势，地铁报无法企及。

此外，潜在的另一家地铁报的同质竞争威胁也不容忽视。地铁发行首先必须取得特许经营权，各家地铁报与地铁公司获得特许经营权的方式大同小异。地铁报必须先交一大笔渠道占用费后，才能与地铁公司洽谈股份合作事宜，而且地铁公司必须分享利润的大部分。"渠道为王"在地铁报与地铁的关系上成为绝对真理。但地铁报实际上也认可这种合作关系，为此，地铁报必须支付地铁公司最多利益，否则无法获得特许经营权，竞争壁垒更是无从建立。

可是，一旦合作一方占有绝对强势，另一方的权益往往难以得到保障。地铁报苦心经营的竞争壁垒在面临双方的利益诉求矛盾时，很可能就会被打破，同质竞争的惨烈也会转移到地铁渠道中。地铁报与地铁公司的合作方式和关系潜藏着地铁报的同质竞争威胁。

地铁报对报纸的伤害

地铁报改变了部分受众的阅读习惯。通过CTR研究数据表明，免费模式彻底改变了45%阅读者的购买习惯，其中7%基本不会主动购买收费报纸，而2%将不再阅读收费报纸，这对传统报业带来了新的挑战。

地铁报抢占了传统报业最具市场价值的受众。荷兰的一项调查研究表明，当地免费报纸的读者55%—57%为35岁以下的年轻人，而付费报纸的读者中35

岁以下的只占34％。除了对年轻读者群体的抢占，由于地铁是上班族青睐的交通工具，他们是城市中最具购买力的群体，也是广告商所倚重的最具市场价值的受众，这种资源的流失对于传统报业威胁较大。

地铁报的廉价广告还挤占了传统报业的市场，拉低了广告商对于纸媒广告的预期。在全球报纸广告市场不断萎缩的趋势下，地铁报的廉价广告对于传统纸媒带来很大的打击。

这样的对传统纸媒有着那么大伤害的地铁报，怎可能实现让纸媒重生的梦想呢？

第四节　地铁报的市场空间

地下的面积还是不够

《东方卫报》的日发行量已经超过28万份，但每天清晨7点至9点，在地铁沿线各站只免费派送8万份左右，[①]早晨坐地铁的乘客90%以上人手一份，剩下的发行量基本上都是地面发行的。大部分的地铁报，都有很大一部分的发行是地面上的。《羊城地铁报》、《北京娱乐信报》、《城市快报》等等，也是如此。

地铁报不局限于地下发行，主要有以下几个原因：

一是转型之后的地铁报舍不得地面上的份额。很多地铁报都是由都市报转型而来，原来都市报的读者份额，食之还有点味道，弃之可惜，就继续坚持下去。《城市快报》还保留着对开大报的版式，这实际上并不适合地铁内阅读，主要原因在于《城市快报》在地面上还有一部分长期订户，忠诚度还比较高，

---

① 左志新：《积聚智慧力量　共创美好未来——访全国地铁报联盟主席杨黎光》，《传媒》2013年第11期。

而且是有偿订阅。广告公司不看地下数据，他们只看地上数据，也比较喜欢大报版面。因此，为了地面阅读与地面广告，《城市快报》仍然保持这种对开版面。

二是广告商并不看重免费概念的地铁报，认为不够档次，没有效果。4A广告公司几乎很少在地铁报上投放广告，品牌广告的投放规则很清晰，必须是区域最大、最强的纸媒。而地铁报如果放在都市报体系中，排名都比较靠后。

三是地铁的空间还不足以容纳一份纯粹意义的地铁报。特别是一些城市的地铁通车里程很短，客流量很小，地铁渠道不能满足地铁报需求，地铁报不得不追求地面阅读。面临地铁里程短，地铁报有两个选择：一是随地铁的发展而发展，地铁越长，报纸越强；但地铁建成扩展的速度并不是一蹴而就的，往往需要几年甚至是十几年的规划建设，地铁报的投入维持不到那么长时间；二是超越地铁，竞争地面。线路短只能带来有限的发行空间，如果只在这少量人群中做文章，报纸就做不大。因此，很多单一线路环境下的地铁报在创刊初期就不得不面向地面发行。并且，这种发行模式还会延续到地铁网络成形的时候，比如《东方卫报》，创刊初期，南京只有一条地铁线路，《东方卫报》不得不面向地面发行，还实施读者会员俱乐部制和数码刷卡取报系统。但现在，南京的地铁线路已经形成网络，《东方卫报》原有的地面份额依然保存，甚至还有拓展。地面投递范围覆盖了南京数百栋写字楼、市内一些小区、高校聚集区、科研院所、政府机关、大型企事业单位等，这些地方的定向投递量每天多达20万份左右。

还如在地铁里程较长、客流量较多的广州的《羊城地铁报》，也在推广地面发行。据介绍，《羊城地铁报》除在广州地铁区域内8条线120座站点定点发行外，还在天河、越秀等80多个高端写字楼，雅居乐、星河湾等30多个大型小区，以及银行营业厅、汽车4S店、东站免税店、南站贵宾厅等有400多个发行店。

但是，地面的发行方式也影响到地下的免费推广。《城市快报》在地面上零售价1元，在地铁中却是免费发行。这种不对称的发行方式直接影响了其知名度和发行量，影响地面的发行，最后，地面发行将可能变得名存实亡。

一个城市能容纳几份地铁报？

现在的报业很需要地铁报。

都市报经营直线下滑、面临生存危机，影响最严重的是一个城市中排位靠后的都市报，俗称"第二子报"。当市场空间开始迅速缩小时，一个城市的报业市场不可能容纳下多张都市报共存。大量的"第二子报"必须寻找新的生路，彻底转型。比如上海报业集团成立之后，旗下一下子就有了四张都市报：《新民晚报》、《新闻晨报》、《新闻晚报》、《东方早报》，《新闻晚报》1月1日停刊了，但是《东方早报》呢？原有的《I时代》、《新民晚报地铁报》呢？上海是否还能容纳得下三张地铁报？一个城市是否能够容纳得下多张地铁报？这是很多报业集团这几年一直在考虑的问题。

香港有四家地铁报，但是都划分了各自的区域，也都生存得非常好。但是内地的情况则不一定。

进入新世纪，中国的地铁建设驶入快车道。国际上普遍认为：19世纪是桥梁的世纪，20世纪是高层建筑的世纪，而21世纪则是地下空间的世纪。2005年起，中国便成为世界上最大的城市轨道交通建设市场，根据国家轨道交通中长期发展规划，预计到2020年，中国大陆将建成7000公里的地铁线路。[①]

截至2013年年底，中国内地开通地铁的城市有15个，在各城市地铁渠道内免费派送的地铁报有16家，上海地铁报有两份，其他城市的地铁报规模都较小，地铁报的规模也做不起来。地铁报的采编团队大多只有二三十人、报社总人数过百的很少。就收入而言，目前地铁报收入最高的《I时代报》约有1.4亿元的规模，《东方卫报》9000万元左右，其他的地铁报年收入多在一两千万至七八千万元。这样的体量，放在整个中国报业大生态中，几乎不值一提。

一方面，报业需要重视地铁报的市场潜力——所有开通地铁的城市皆是某一地域的经济中心，所在城市的经济实力相对雄厚。《东方卫报》创办次年即实现赢利、《都市热报》办刊当年即赢利、沈阳《地铁第一时间》2013年实现利润1000万元。但另一方面，地铁报虽然是地下的报纸，但它同时也在和地面上的报纸形成直接竞争，从内容、读者到广告，经济中心城市报业相对发达，

---

① 耿博文：《中国大陆地铁报发展探析》，渤海大学硕士毕业论文2012年。

竞争十分激烈。地铁报运作的市场空间决定了一个城市很难拥有超过一份的地铁报。

另外，一般报业集团与地铁公司签署的协议是排他性的，确定了一个城市只可能有一份地铁报。《东方卫报》创办之前就与南京地铁签署了15年地铁渠道独家发行权，由南京报业传媒集团和南京地铁合资1000万元成立公司进行运作，业务由报业集团开展，地铁公司派出财务总监进行监督。《城市快报》签署的排他性协议是无期限的，第二张地铁报出现的可能性很小。

按照国家发改委的规划，中国内地目前获批修建地铁的城市共有35个，一个地铁城市拥有一份地铁报应该算是"标配"，这应该没有问题。但地铁报的市场空间有限，无法想象未来发展不好的都市报都成为地铁报的场景。

地铁报发展的"时间窗口"

地铁报的发展有三个阶段。第一阶段是地铁网络还没有成形的城市的地铁报，如2013年的苏州，已经建成的1号线和2号线相加里程达到了50多公里，但还没有形成网络；如2010年之前的天津，只有一条地铁线路运行；如2009年前的南京，地铁总里程相加只有30多公里；还包括大部分已获批或在建地铁的城市：长春、大连、重庆、武汉、杭州、哈尔滨、西安、苏州、青岛、长沙、无锡、福州、东莞、宁波、济南、厦门、常州、郑州、南昌、南宁等，都属于第一阶段。处于第一个阶段的城市的地铁报，地铁还未形成网络，客流量很小，地铁报发展空间受限，处境艰难，很多地铁报为弥补发展空间受限的问题，还同时运营着地面的市场。

第二阶段是城市地铁网络已经成形。如香港、天津、南京，这是地铁报发展的黄金阶段。这些城市地铁已经形成网络，但人流量还不太多，地铁中还不太拥挤，乘客有适当的空间取报、读报。按照国内地铁的发展速度，那些获批修建地铁的城市很快就会迈向第二阶段。从这个角度看，中国地铁报的高峰似乎即将到来。

但是，地铁网络在进入第二阶段之后，很快就会步入第三阶段。比如现在的北京、上海、广州，地铁形成网络，地铁出行四通八达、方便准时，人流量就会越来越大，地铁就会越来越拥挤，特别是早晚高峰期。拥挤的地铁会给地铁报带来两个巨大的难题：一是地铁太拥挤，地铁报无法展开，也不方便被取阅，影响地铁报的阅读率；二是地铁太拥挤，地铁的经营者会优先考虑安全的问题，人潮涌动的北京地铁早高峰时，人被挤成了相片，在安全面前，什么都退居其次，经营者必然会限制地铁报的分发与取阅。《北京娱乐信报》现在受制于渠道费和发行费过高，经营负担很重，受限很严重。①

从这三个阶段的发展来看，留给地铁报的时间窗口非常有限，只有在第二阶段，地铁网络成形、但还不太拥挤的时候，地铁报才能够方便快速地发展。比如天津2014年、2015年在建的地铁线有三四条，天津地铁的饱和状态应该是在五年以后，短期内甚至永远不可能出现像北京地铁那样的拥挤程度。这个时间窗口还是比较漫长的。

地铁报还有一个时间窗口是现在的地铁还没有WiFi，无线网络还没有普及地铁沿线，人们使用移动终端阅读流量还是很费钱，不是很便利，地铁报还有一点发展空间。但这种情况不会长久，最多两三年之内，WiFi就可能遍布地铁全线，那个时候，地铁报的空间将更受限。

---

① 左志新：《积聚智慧力量 共创美好未来——访全国地铁报联盟主席杨黎光》，《传媒》2013年第11期。

第十三章

社区报:
成为社区的一部分

培育读者、培育广告、培育市场。当社区报成为社区建设、社区生活必不可少的一部分时,它的生存与繁荣就不再是问题了。

本章核心观点：

内容无法体现差别，只有区域定位才能拉开差距

需要重新审视社区报中新闻的价值

在广告模式之外，社区报还需要有其他稳定的收入来源

"社区党报"的运营模式可行而有效

社区报应该成为社区事务的重要社会组织

社区居民应成为报纸主角

社区报如一只只救命的小船，在"泰坦尼克号"倾斜时，将船上的人救下并渡出去，开辟一方新天地，并为报纸转型发展、跨越发展探索路径。①

从党报分化出的都市报，使报业重焕生机，为报业赢得了20年的高速发展期。如今，从都市报分化出的社区报，能否续写都市报的光辉岁月，重现报业的辉煌？

第一节　从都市报到社区报

"避其锋芒"的尝试

中国的社区报诞生于报业的第一次危机中，2004年前后，纸媒突然遭遇广告大滑坡。同时，持续多年的报业竞争使同城同质竞争成为常态，一些排位比较靠后的都市报多年挣扎也看不到翻身的希望与可能。在这样的情况下，社区报成为一些都市报实现差异化经营、重新捡拾竞争优势的一个希望。

---

① 王蓉、傅学德：《都市社区报布局初探——以安徽省首家社区报布点规划及运作模式为例》，《新闻知识》2013年第11期。

2004年《珠江时报》创刊时，定位为佛山市的都市报，也曾经梦想过做大做强，成为当地主流媒体。但是由于身处广佛同城特殊的地理位置，所以从创刊始，就面临《广州日报》、《南方都市报》的竞争。到了2007年，仍然无法突破，于是转而创办社区报。2009年10月28日，《珠江时报》的第一份社区报《桂城社区周刊》正式创刊，然后是2010年10月的第二份社区报《罗村社区周刊》，2011年7月的第三份社区报《狮山树本周报》，2013年3月第四份社区报《九江社区报》创刊。"在这片物竞天择的媒体森林中，如果我们无论如何努力，都没有办法长成'广日'和'南都'这样的参天大树去和他们竞争的话，那我们为什么不扎根到泥土里，去寻找芳香，获得营养？"①

彼时，报业已经有过一次社区报的失败尝试。2001年8月公开发行的社区报《南山日报》确立了打造"中国第一份城市社区报"的办报理念，通过订阅、零售和免费派发等方式，发行量达20万份左右，2003年却因各种原因而停刊。

都市报烙印下的败绩

社区报诞生于都市报，不可避免地一出生就带有都市报的深深烙印。都市报的原班人马，都市报的竞争环境，争夺与都市报一样的新闻资源、经营资源。即使一开始要做社区报，但做着做着，就又回到都市报的老路上去了，换汤不换药。2004年2月《巷报》在长春创刊，这一般被认为是中国第一张社区报。《巷报》从名字来看，就有社区报的样子，但却完全是原来都市报的运作模式。甚至还打出"立足长春市，面向东北三省广大城市和城镇社区"的"高大上"口号，是典型的区域都市报思路，用大众媒体的传播理念来经营社区报这种小众报纸，2005年4月《巷报》停刊。《巷报》创办之初确实试图以社区新闻为重点，整份报纸以短消息、大容量见长，还设置了国外社区报比较流行的气象新闻、讣闻等。但在后来的实际操作过程中，无论在内容上还是发行上，《巷报》都与一般都市报别无二致。

北京的社区报探索在全国来说比较早，形式也较多样，但是以失败案例居多。比如，2004年《华夏时报》定位为"中国第一份商圈社区报"，以各商

---

① 李国臣：《社区报：沟通你我 给力生活——珠江时报系列社区报理念与路径的探索与思考》，《新闻战线》2014年第1期。

贸中心工作的上班族为目标读者群，但办刊风格、运营方式完全是都市报的一套，经过多次改版后又做回了都市报。还有长沙的《东方新报》，也定位于社区报，2004年12月改版为社区报，在常规新闻版面之外，设置了多达16个版的社区读本，但也好景不长，2006年停刊。

社区报是面向区域的小众报纸，都市报则是面向整个城市的大众媒介。然而在实践中，很多报纸却总是打着社区报的旗号，最后却将其办成了都市报，实际上并没有针对特定的城市区域受众办报。由于对"社区"认识的模糊，不少社区新闻走的是大而全的路子，从而失去了锁定目标读者群的功能。这样的社区报跟都市报相比，很难做出差别，也毫无优势。

第二波社区报高潮

纷纷失败的社区报尝试，让观望的报人们对社区报失去了信心，转而把希望寄托于新媒体，但是新媒体这么多年也未见有稳定赢利的迹象，无奈之下，2007年后，有的报社又再度转向社区报寻找希望。

吸取了上次经验之后，第二波社区报的尝试总体上很不错，有些已经探寻出可行路径。一些社区报在很多方面摆脱了都市报模式的影响，已经找到了社区报的成功模式。

比如，上海的《新闻晨报》创办的《社区晨报》，《社区晨报》尽管2009年才开始社区报的探索，但市场效果好于之前许多报纸的社区报实践。他们与上海30多个街道合作创办了社区报，如《陆家嘴社区报》、《南京西路社区报》、《曹家渡社区报》、《静安寺社区报》等，已经覆盖了上海市3000多个小区。2011年，《社区晨报》广告营收超过1000万元，赢利100万元左右。2012年5月，经国家新闻出版总署批准，《社区晨报》正式发行。还有同处上海的《新民晚报社区版》，试刊于2006年年底。最初，《新民晚报社区版》在虹口、徐汇、浦东3个区，试办区域报纸。2008年报纸进行了改版，发行3张周报：《东区资讯》、《西区资讯》以及《浦东资讯》。2009年，3张周报改为周二至周五每日发行的早报，向高端住宅、商务楼等派送。2011年6月，变成了周四出版的周报。

第二节　社区报的"怪脾气"

中国的社区报源自于都市报，但是，社区报与都市报在定位角色、运营模式、传播规律等方面，都与都市报完全不同。社区报最容易陷入的误区是报人对都市报操作理念和模式的惯性依赖。这在前些年的社区报实践中，已经有非常惨痛的教训。社区报有自己的规律和原则，以都市报的眼光来看，这些规律和原则甚至有点"怪"，社区报的"脾气"，与传统都市报的海量信息、全程覆盖、大众传播等特征格格不入，甚至背道而驰。如果不了解社区报的这些"怪脾气"，不按照社区报的规律运作社区报，社区报的分化则不能成功。

小社区

社区报的发行区域到底多大合适，这是个非常费思量的事情。综观这么多曾出现过的社区报，多大的发行规模都有。有区域性的社区报，发行范围比一般都市报还要大。如2004年创办于长春的号称"中国第一张社区报"的《巷报》，虽提出"贴近生活，沟通舆情，倡导文明，服务百姓"的宗旨，却打出"立足长春市，面向东北三省"的口号，致力于"办好中国第一张全面市场化的社区报"。日均56个版，不仅是吉林省第一份分叠报纸，也是当时东北地区版数最多的报纸。如此巨大的发行范围，毫无社区特色可言，一年后即关张。

还有覆盖大城市的社区报。如2010年年初，经国家新闻出版总署批准，正式更名的《北京社区报》，其核心办报理念是办社区人"咱家的报"。特点主要体现于报道注重"家长里短"，与社区居民保持零距离。大量报道发生在社区生活中的原生态的新闻故事，让新闻回归社区。但是，它却是以整个北京市为社区，提出"以本市居民利益为本体，从本市视角解读大新闻，借助社区特色实现硬新闻到民生新闻的转换"，至今，仍然不温不火。成都的两份社区报《华西生活周报·社区版》和《成都商报·社区金版》均面向成都主城区发行，甚至可以说是以社区报名义做的一份另类都市报。这样一来，就导致两个问题：一是与都市报抢饭吃；二是从内容风格定位等都很容易都市报化，又踏回老路，发行区域没有差异不仅仅意味着发行定位雷同，也意味着内容也会日趋雷同。还给广告营销带来了不小困难，处于大广告商不认可、小商户又不愿在社区报上做广告的尴尬境地。一份社区报如果发行几十万份，覆盖全市，它与都市报还有区别吗？前几年各地都市报竞相推出社区新闻版面，效果多不理想，也是同一个道理。综合性报纸内容的定位很难拉开差距，只有区域的定位

《南京晨报》社区联系点新闻报道成果汇报会

才能够实现真正的差异化。

覆盖小城市的社区报。这大部分都是报业整顿之后幸存下来的县市报，如深圳的《宝安日报》是一个覆盖数百万人生活区域的社区报。

现在更具社区报特征的是各个都市报创办的，以大城市中的社区为发行区域的社区报，如《济南时报·龙泉物业社区报》。《南方都市报》出版的广州天河CBD新闻生活周刊《CBDTIMES》，深圳《口岸报》，《新民晚报》社区版的《曲阳社区》等。这些社区报的发行区域比较适当，也代表了未来社区报的发展方向。

传统大报追求扩大地域的"全覆盖"，而社区报则追求有限的社区范围内高密度覆盖。社区报有自身优势，它可以对区域内新闻信息进行精耕细作，强调"离你最近的新闻"，立足地方原创新闻，其新闻价值标准更强调"接近性"和"相关性"，强调归属感和认同感。本地新闻做足做深就会得到更多的独家新闻，与其他大报以及新媒体等形成差异，获得竞争优势。

因此，社区报最重要的特征是精准、集中，发行区域必须集中到一定范围内，才能够发挥社区报的作用，体现社区报模式的价值。在我看来，如果社区报的报道范围广而杂、受众群体过于庞大，这个群体没有共同的地域观念及对生活方式和本土文化的认同，很难打造受众在此地域的"共同体"观念。社区报只有有了地域群体的支撑，才能"落地"和发展，才能提供与社区百姓最贴近的新闻信息。因此，社区报应是一个范围不能太大的地域性报纸。所谓的"大社区"的概念并不适合于社区报。当然，"小社区"也不能是规模过于小的社区，必须是拥有能够支撑一份社区报资源的社区才行。

微利模式

"大投入，快产出"的思路并不符合社区报的特性，短期见效的浮躁心态更不利于社区报的成长。中国报业已经习惯了高利润，习惯了每个版面几十万的广告收入，习惯了人们在广告部外排队登广告的场面；但社区报的赢利模式与以往有了很大不同，从现实经验来看，社区报的广告销售很不理想，小商业广告主一投钱就想赶快见效，但社区报无法满足这样的广告效果需求。《法制晚报》副总编辑、《社区新闻报道指引》作者栗玉晨直言："社区广告不好拉，因为它直接要效果。虽然在都市报上登广告也要看效果，但很多商家就是进行品牌形象推广，并不追求直接的经济效益，但是社区小商户的目的和心态就不同。例如，一个餐厅老板花几百元登了个通栏广告，之后他马上就会计算卖多少饭才能挣回这笔花销，如果他做一次、两次广告后觉得客流量并没有太大变化，马上就会停。"

但是，对社区报而言，他们的广告对象就是所在社区的小商家，作为理想的消费终端，涉及社区周边的吃喝玩乐等日常消费，不太受经济大环境影响，靠薄利多销，利润依然能够保证。而且社区报是高度分众的媒体，其目标群体清晰且固定在一定地理范围之内，由于发行量小，它几乎是那些小规模的社区小商家唯一投放得起广告的载体。对社区报而言，首先要对广告的重要性有所认识，更重要的是广告价格必须在商户承受能力之内。如果社区报广告能给小商家带来更多的客户资源，商业成熟了，这些商家就会一步步成为报纸的忠实广告客户。尽管广告价格便宜，但小并不等同于无利可图，长尾模式的价值就

深圳《宝安日报》版面图

在于聚沙成塔。

深圳《宝安日报》的《食色周刊》吸引了社区内众多小商家参与。每期都会推出一些有特色的餐饮企业，不仅介绍其特色饮食，还积极打造饮食文化，受到大批小商家的欢迎，报纸成了社区读者的美食地图。不仅带来了广告收入，还丰富了报纸内容，为读者带来实实在在的服务。

新闻并不是最重要的

新闻并不是人们接触传媒的全部。人们与媒体接触的需求是多元的，看新闻绝对不是唯一目的，更多的是：娱乐、社交、表达、通讯、群体认同……新闻，甚至沦为最不经意的需求。这一点，在新媒体上表现得更淋漓尽致。

媒体也不仅仅只传播新闻，新媒体可能跟新闻一点关系都没有。QQ是新媒体，它的主要功能是即时通讯，弹出新闻页面只是它的辅助功能；百度是新媒体，它的主要功能是集纳，只是个信息搜索的平台；微博是新媒体，它主要满足的是人们表达的需求；购物网站是新媒体，它只提供购物平台，跟新闻一点关系都没有；社交网站是新媒体，它满足人们社交的希望，也跟新闻没有一点关系；婚恋网站也是新媒体，它是个网络媒婆，跟新闻没有关系。

社区报也不能过于重视新闻。新闻性是传统报纸的本质属性，正是由于新闻性的存在，才为传统报业构筑了专业、权威的公信力基础。但是，传统媒体上的新闻，却由于新媒体上无孔不入的免费新闻，正在被削弱价值。社区报中新闻的价值需要重新审视。北京一个非常火爆的社区网站——回龙观网甚至没有自采的新闻，只有网站的二级目录中有"资讯中心"一项，大都转载自当地的社区报《回龙观时讯》，后者是一份由回龙观地区政府主办的周报，但回龙观网做得风生水起，它主要做服务和活动。

《珠江时报》总编辑李国臣认为：低端社区报做新闻，中端社区报做服务，高端社区报做关系，《珠江时报》选择做关系。《珠江时报》的社区报记者，从来不以寻找和挖掘稀奇古怪的新闻为主要工作，他们每天最重要的任务，就是通过各种方式和渠道，与社区居民之间进行交流与互动。[①]

---

① 李国臣：《社区报：沟通你我 给力生活——珠江时报系列社区报理念与路径的探索与思考》，《新闻战线》2014年第1期。

社区报应避免都市报所坚守的新闻情结，转型到相互之间的价值关系链。这就需要社区报尽可能多地做活动。《华西社区报》的周末社区活动多种多样，比如社区亲子运动会、寻找身边最美邻居、都市白领相亲会、社区植树节、"华西年货"进社区、社区报千名读者送祝福、摄影记者为百个家庭免费拍全家福、最可爱宝宝评选、专家教你认识花、社区报送春联等等。多数活动会引进商家冠名、赞助，既推广报纸品牌，又有一定收入，还能通过活动搜集读者数据，了解用户购买力等基本情况，为今后广告商更精准地投放广告打下基础。这些活动，远比新闻更能扩大社区报的影响力。

第三节　广告模式之外的赢利点

从大部分社区报的经营状况来看，社区报的广告赢利模式走得很艰难。面向社区的小商户广告价格承受能力很低，而且要求广告有直接效果，单凭广告并不能全部支撑社区报的日常运营与未来发展。社区报在广告模式之外，还需要有其他较为稳定的收入来源。

赢利点：政府——"社区党报"？

现在，政府手中拥有大量的资源，而社区报则与政府有密切联系，政府是大部分社区报重要的服务或合作对象。中国社区报有的产生于党委机关报的转型，有的由报业集团或大报所办，或由社区机构所办。不论以哪种形式创办的，大都离不开政府的参与或支持。《宝安日报》原是宝安区委机关报，2007年虽然转型为社区报，但仍然提出要办"中国最活机关报"，联手政府，服务社区，这对《宝安日报》来说是一个明智的选择。

报业集团或大报办的社区报、社区版，其实大多数都是与目标社区的政府机构合作，以得到进入社区的机会和经济支持，弥补社区经营资源的不足，如文汇新民联合报业集团主办的《新民晚报社区版》，联手上海各社区共同创办了二十多份社区报。从2009年8月，《新闻晨报》就开始在上海部分区县内的街道试运作社区报项目，为不同社区量身定制个性化报纸。

2012年下半年起，《南方都市报》与当地政府合作，在深圳推出了免费社区报"鹏城通"系列，不到一年时间就已先后在深圳开办7份社区报，分别覆盖福田区、龙岗区、坪山新区、光明新区、宝安区、龙华新区以及南山区，覆盖深圳10区中的7区。逢周四或周五独立发行，每期8个版。

从形态上看，7份"鹏城通"的内容架构统一，每周一期，每期8版。每份"鹏城通"社区报的发行量基本保持在3万份左右。"鹏城通"社区报能够在不到一年时间里，形成现有规模，并保持相当程度的发行量，与当地政府的参与及推进有很大关系。据《南方都市报》深圳新闻部主任陈文定介绍：2012年《南方都市报》创办第一份社区报时，深圳一区政府以合作的形式，出资100万元扶持社区报在该区的落地。此后，这种合作模式被《南方都市报》深圳站在各区成功推广，目前"鹏城通"社区报覆盖的7个区，各区政府每年分别向社区报投入100—120万元。这部分政府资金是"鹏城通"的主要收入来源，加上一些小商业广告，"鹏城通"已经开始盈利，其利润率在30%左右，基本能与日常采编成本持平。

由于政府注资扶持，《南方都市报》以零经营投入运行社区报，但与此同时，报纸独立性也受到了一定程度的影响。在与政府合作之初双方就协商，"鹏城通"上不会报道区政府的负面新闻。不过双方也同时明确，《南方都市报》深圳版不受此影响，否则合作将终止。

另外，作为政府投资的直接体现，"鹏城通"每期的第二版为"区报"版，供政府宣传政务，每次选题与区政府讨论商定，其余版面由报社自行安排。"鹏城通"开辟"助理"、"圈圈"、"私字"等版面，分享各社区发生的大小事；另为节约成本，各报横向打通"运程"、"实用"等版面，即这些版面使用的素材完全一样。这一点，类似于上世纪90年代初的《广州日报》，头版给政府，其他的归市民。

从这个角度看，社区报类似于党报的运营模式，这是一种完全可行也已行之有效的社区报模式，或许就是未来社区报发展的主要路径。

赢利点：广告商——DM刊物？

一些报人对政府投资影响社区报办报方针心存芥蒂，转而投入资本的怀抱。《法制晚报》的社区报每月一期，16版全彩。3份均与广告公司联办，公司负责广告部分，《法制晚报》负责稿件采编。

与目前大多数社区报的办报模式不同，《广州日报》社区报的资金来源也并不是政府。2013年3月18日，广州日报集团旗下首批两份社区报：《大沥社区报》（周刊，逢周五出版）及《清远社区报》（日刊，周一至周五出版）正式创刊。大沥是佛山南海区的一个镇，毗邻广州西部的荔湾和白云区；清远是位于广州北部70—80公里的一个地级市，离广州车程一个多小时。这些原本地域偏远的小城镇随着近年来房地产开发的兴起，经济发展取得了长足进步。如清远在2007年入选全国综合实力百强城市，素有"广佛黄金走廊"之称的大沥地区生产总值也跨过了400亿元。

《广州日报》社区报走了一条完全市场化的道路：同广告商合作，即广告经营外包模式。所谓的广告外包模式，即报社在办报的小城镇寻找当地实力强的广告商，以每年固定的经营金额承包版面，所支付的金额作为社区报运作的主要资金来源，承担人员、采编内容等日常开支。该模式包括总承包以及多家广告商分包的模式。这种模式的主要特征在于：内容和经营高度市场化，用社区报团队的话来说就是"广告商指到哪儿，我们就打到哪儿"。

"从广报社区报筹备的第一天起，我们的目标就是做一张内容专业化、经营市场化，且能快速赢利的小城镇报纸。"大洋传媒总经理、社区报项目负责人吴国华说。《广州日报》在准备创办社区报之初，也考虑过学习上海《新民晚报》和《新闻晨报》社区报的"街道合作"模式。但考察下来发现，街道的预算有限，且一旦政府部门出资，难免会对报纸内容有要求，媒体的内容自主性将会受限。

另一方面，小城镇也不缺政府主导的报纸。以清远为例，当地有机关报《清远日报》，发行多数为单位订阅，从内容和经营上来说都难以满足市场需求。由于采用"淡化官方"色彩的市场化模式，《广州日报》将"少谈政治、多谈民生"设为社区报内容的特色。每一份社区报采用"广告外包保底"的低风险运作＋"每份赚点小钱"的低赢利目标的运作模式，在多个市场全面开花，试图通过规模效应实现赢利。

大洋传媒测算，每份社区报的发行量平均能达到3—4万份，若能成功开办10—20份，合计将有30—80万份的发行量。这在珠三角地区即相当于一个中大型报纸的规模。若按照1年持平，第2年能有100—200万元赢利的目标，运作两年后，社区报每年的总赢利可以高达4000万元。

第四节　如何培育社区报土壤

美国的社区报非常成功，但是如果照抄照搬美国社区报的经验来指导中国社区报的实践，那肯定会碰得头破血流。关键问题是，中国的社区、社区意识还不够成熟，社区居民缺乏社区归属感，还不足以支撑社区报的繁荣发展；在这样贫瘠的"土壤"上运作社区报，当务之急是尽快让社区报的土壤肥沃，在肥沃的土壤上面，才能生长出枝繁叶茂的社区报。

社区报的"土壤"非常贫瘠

从总体上看，中国的社区并没有适合社区报繁荣发展的土壤。

一是社区由行政区划产生，并没有明确的地理边界。城市中的很多社区实际上是指街道这一行政区划。而这样的社区，没有地理边界，很多社区是沿街道两侧形成的，如果再没有社区文化凝聚，根本不可能形成一个适合社区报成长的"真正"社区。

二是社区意识没有形成。现在的城市，由于房产价格的不等，城市人群被区分为不同的阶层，分布于不同的社区。通常居住在同一个社区的人在经济上实力相当，受教育程度相仿，生活方式相近，有着类似的审美情趣。从理论上讲，当这些人生活在一起形成社区时，在媒介消费上就有着共同的诉求，也构成了社区报可以准确定位的受众群。但是，虽然住在一起，社区意识却没有形成。人们基本不与邻居接触，生活很封闭，只是每天上班出门，回家后门一关，甚至不知道自己的邻居叫什么名字。像北京的天通苑、回龙观等大型社区中，大部分的居民都是将其当做"睡城"，下班回来晚上睡一觉，第二天天不亮又去上班了。缺少生活气息，就缺少新闻素材。又由于居民的消费活动范围差异，居民在社区外活动多，小区周边的商家广告效果也较差。这对社区报成长极为不利。

三是社区居民的归属感亟待增强。对社区事务关注的人群主要是赋闲在家的离退休老同志，其他人则不积极。事实上，社区已成为社会生活的支撑点、社会成员的集聚点、利益诉求的交汇点和矛盾纠纷的聚焦点。但"社会人"如何进一步转变成"社区人"，特别是争取就业年龄段居民对社区的认同和对社区事务的参与，把社区建设成为和谐之地，是社区管理者的使命和追求，也应是社区报追求的目标。

四是社区事务由行政组织主导，社会组织弱小。在社区中，行政组织和准行政组织力量强大，它们掌握了大部分的社区资源，基本主导了社区公共事务。而居民自治组织、NGO组织（非政府组织）、第三方中介组织等则显得十分弱小，不仅数量少，而且功能弱，即便是作为居民自治组织的居委会，其实仍处于政府机构附属的位置。在我看来，社区报应该成为社区事务的重要社会组织。

培育社区归属感

社区报是"服务于社区读者，强调其归属感和认同感"的报纸。对于社区报来说，当前面临的最大问题，在上市公司粤传媒年报中的一句话可窥见一斑："中国社区的建设成熟性和居民对社区认同感和归属感仍在完善之中，社区报销售及广告经营的渠道开拓和发展存在一定的经营风险和广告竞争压力。"社区归属感的培育对于社区报来说，最为重要。

1. 要贴近社区生活，建立居民公共空间。社区是"聚居在一定地域范围内的人们所组成的社会生活共同体"，社区居民关注社区信息，关注政府在社区建设中的作为，关注社区建设中那些与个人生活密切相关的信息。例如，近来社区发生了什么变化？社区的工作人员在做什么？居民需要了解社区各部门的职责，以便监督工作；需要对社区存在的问题进行反映，提出看法。这就必须发挥社区报的"黏合剂"作用。北京的《和平人家》社区报不仅贴近社区，贴近社区的"人"，更贴近社区的"家"。《百姓茶坊》、《左邻右里》、《百姓故事》、《健康生活》、《家庭烹调》，这些栏目都在营造社区氛围。

2. 要关注社区里的"人"。新闻价值和距离成反比，社区居民互相认识，他们对邻居的兴趣远大于远在天边的奥巴马、希拉里。你只要把居民的名字、脸印在报纸上，他们就会去读，而且会影响身边的一群人。比如，在报纸头版登一张学生集体照，这些学生可能来自这个社区或者是隔壁社区某个学校的某个班级，照片里面出现的学生就会读这份报纸，他的父母也会读，甚至包括祖父母、阿姨叔叔。

美国社区报上密密麻麻都是社区居民的照片，或抓拍或摆拍，但无一例外的是，下面的说明绝不是"们"，而是标注得清清楚楚的人名和年龄等细节信息。而且社区报编辑们知道"决不能拼错名字"，一旦拼错，最容易招来投诉电话。北京的《和平人家》社区报中有一个十分抢眼的栏目，叫做"和平榜样"。这是一个详细展示本社区居民"闪光点"、发挥榜样力量的栏目。这个"闪光点"既可以是一种奉献精神，也可以是一种技能或本领。这些上了报纸的人物都是社区的普通人，或者就是某个居民的左邻右舍，或者就是你我他，"邻居上报纸，感觉好亲切"，所以更有可读性。

3. 强化社区认同。安徽的《滨湖新闻》社区报创刊词中有这样一段话："我们，是滨湖人。有些词，只有我们能懂。有些事，只有我们能会心一笑。包河大道以西，合安高速以东。锦绣大道以南，南宁路以北。生活在这里的你我每一个，都是这26.3平方公里上22万分之一。"这段文字中，培养读者归属感的意味非常明确，而《滨湖新闻》开辟的《社区事》、《邻里事》等版面，与《华西社区报》的《社区热点》、《社区拍客》等版面一样，也都以培育居民的社区归属感为目的。

4. 组织各式各样的活动。当前，城市居民邻里关系确实淡漠，但这并不能说明居民没有交流的愿望，而是缺乏渠道或动力。社区报应该提供这样的平台和渠道，积极策划、参与、支持社区的活动，这也是社区报赢得社区居民归属感、忠诚度的有效手段。组织工作人员深入社区，举办各类丰富多彩的活动是社区报一项长期性常规工作，传播思想文化，在居民中产生长远影响力，建立社区报与居民间更紧密的关系。近年来，《宝安日报》先后成功地开展了"春风消费·宝安购物节""深圳西部汽车交易博览会""30名优品牌社区巡展""宝安区首届金融十佳金牌理财师、十佳金融理财产品评选""精彩记忆少儿英语单词大赛""宝安集体婚礼""宝安人必吃的100家酒楼评选"等多项活动营销。这些活动无一不体现了地域色彩，深受社区居民喜爱，更提高了社区居民的社区归属感。《南方都市报》的"鹏城通"社区报推出大型公益行动"邻家福"，立足构建和谐的邻里关系，增强社区归属感。在封面刊登包含两家或更多邻居家庭的温馨合影，并在封面和内文专版上报道每组"邻家福"的温情故事，还为每组见报的家庭送上邻家福裱装见报封面及礼包，并赠送全年"鹏城通"。

社区报从业者嵌入社区

由于社区新闻具有一定的隐蔽性、分散性和不可预见性，社区报的运作除了专业的编辑记者，还应该把媒体的部分采编让渡给社区居民，让他们真正感到这是一份"属于自己的报纸"。发动社区居民提供新闻线索、素材或直接供稿。

在美国，一位社区报发行人曾幸福地"抱怨"：从家到报社不到300米的距离是世界上最长的路，经常有居民拦住我，就某个版面的某篇报道、社论或读者来信提出反对或赞成意见。让社区组织和社区群众获得办报的发言权，是社区报培养社区意识、提高服务水平、获得发展的关键。可以说，社区报的新闻应是记者和居民一起完成的。社区报与读者之间，不应是线性、单向、被动，而是网状、双向、互动的。社区居民既是社区报信息的消费者，也是社区报信息的生产者。

目前一些都市报在创办社区报时的投入主要集中在印刷和发行上，为降低成本，采编队伍往往只有几个人；有的报纸还依靠主报的采编人员兼顾社区报的采编，并没有专职队伍。这些办报人并不长住社区，还存在人才短缺和人员流动性大的问题，这些都不利于社区报的发展。从国外社区报的经验看，社区报的经营者往往是社区居民，他们长期生活在同一个社区，与社区的利益紧密相连，能够取得社区居民的广泛信任和认同。

回龙观社区网也是个社区媒体，它的所有工作人员均是非新闻专业人士，员工大都是居住在回龙观的全职妈妈，参与网站管理靠的是能力和兴趣。可以说，网站运营方与网友在职业技能上没有显著差异，社会距离很小，自身也是社区事务的参与者，对社区活动、资讯有需求，因此对社区话题非常敏感。他们本身也是在"边做边学"，因此对社区居民的参与保持着开放性，部分业务是在社区居民的推动下完成。这种"不专业"使他们的网站更"亲民"，保护了读者热情。

社区报是社区人的报纸

社区传媒的第二特征是"群众性"，即采编发布具有开放性。为此，《新民晚报》社区报在一批社区单位和居民区建立了一支兼职报道员队伍，依托居民"摄影爱好者沙龙"建立起兼职新闻摄影者队伍，社区网报编辑部的四五位专职采编人员采取年轻社工轮岗挂职的方法配备，以此保证"办报人"的"草根"气息。可以说，"群众性"是社区传媒的活力之源。①

许多社区报积极培育社区记者队伍，使其成为社区报的潜在读者，并丰富报纸内容，使社区报更能嵌入社区生活。《华西社区报》的"要圆记者梦，拨打96111"的"100名社区通讯员征集活动"，就是其中一种典型做法。该报开辟的"我说社区身边事"栏目，试图让社区居民畅所欲言，少则三言两语，多则数千字，都可以在社区报上露脸，让社区居民过上一把记者瘾。此外，像合肥的《滨湖新闻》社区报开展的滨湖新区"红头车"爱心队招募、《郑州晚报·社区报》开展的"优秀市民记者"评选等活动，也都有意识地推进社区居民参与社区建设和社区报建设，促进社区居民间的交流。

北京《和平人家》社区报不仅在各个社区有兼职的通讯员，还在居民中聘请特邀通讯员，这些居民成为报纸的"眼睛"和"手"，用文字和照片记录下社区的新鲜事儿，提供贴近居民的新闻线索。

"媒介的发展历史表明，受众既是社会发展的产物，也是媒介及其内容

---

① 王纪远：《转型社会中的社区与社区传媒的使命——一位街道党工委书记的思考》，《新闻记者》2013年第7期。

的产物"，"是特定媒介供应模式的产物。"①都市报兴起前，哪有那么多市民读者？！当时肯定有人强调"市民看电视不看报"、"市民买白菜不买报"……都市报人不信这个邪，他们从两方面改革：大做吸引市民的新闻报道，大搞匪夷所思的发行促销，以智慧加蛮力硬是打开了一个市民读报市场。生产决定消费，是报纸创造了读者！②社区报也应如此，缺少读者就应该培育读者，缺少广告就应该培育广告，缺少市场就应该培育市场。当社区报成为社区建设、社区生活必不可少的一部分时，它的生存与繁荣就不再是问题了。

---

① 丹尼斯·麦奎尔：《受众分析》，中国人民大学出版社2006年，第2、35页。

② 张立伟：《城镇化与报纸双赢——二论赢在守护这张纸》，《中国记者》2014年第3期。

第十四章

行业报的资源中心观

排他性的资源是行业报在报业危机中继续生存的唯一,也是最得力的倚靠。在报业转型中,行业报必须树立起这种资源中心观。

本章核心观点：

"管办分离"是行业报置之死地而后生的机会

只有专业的、别人没有的东西，才能够"为王"

行业报最应该做的是内容细分，而不是受众细分

行业信息资源是行业报与综合性报纸的最大区别

新媒体是行业报实现新梦想的地方

在我国，行业报是指各行业主管部门主管主办的、区别于综合类和地方性报纸，以报道行业新闻、信息为主的专业性报纸。①

经过上个世纪80年代的繁荣，90年代中期，行业报已成为一个独立的报种，在中国报业体系中占据十分重要的位置。2012年行业报新闻宣传研讨会资料显示：全国共有行业报738家，占全国报纸种数的38%。由于行业报所拥有的排他性行业资源以及行业报的独特专业价值，在应对新媒体的竞争中，行业报完全有成为报业未来一个重要分支的潜力。

从获得的行业支撑与行业资源角度看，行业报与党报非常相似，所不同的是党报的背后是各级党委，而行业报的背后是行业，当然不同的还有行业报的行业支持并不如党委那般给力。加之行业报整顿之后，很多行业报都脱离了部委局，所能倚靠的只有行业，以及行业中的潜在报业资源。当然，在更多时候，这种报业资源是排他的，也是难以模仿的。②排他性的资源是行业报在报业危机中继续生存的唯一、也是最得力的倚靠。在报业转型中，行业报必须树立起这种资源中心观。

① 许凤泉：《新时期行业报的定位与发展初探》，《新闻理论》2005年第11期。
② 迈克尔·A·希特：《战略管理：概念与案例》，中国人民大学出版社2002年，第16页。

第一节　起起落落行业报

四次行业报整顿

从某种意义上说，行业报是经济类报纸。经济的发展，行业的繁荣，都会助推行业报的发展。上世纪80年代中期，改革开放的稳步实施和经济的高速增长，使社会对经济信息的需求增大，构成了经济类报纸的市场空间。行业部门领导舆论阵地的需求，行业信息发布、行业宣传和行业工作指导的需求，使行业报成为中国经济类报纸的主要存在方式。另外，我国报纸刊号实行审批制，当时的政策规定：每一个部委可以有一报一刊一个出版社，在地方，省市厅局一级也可以有刊号。由于刊号资源的稀缺性，因此几乎所有的部委和厅局都不会轻易放弃拥有一份自己的报纸的机会。在这些原因的共同作用下，行业报在很短时间内就被纷纷新创出来。

至1985年，全国已有行业报1600多家，约占当时全国报纸总数的70%以上。铁路、交通、石油、冶金、煤炭、机械、电子、化工、农业、林业、科技等部门主办的行业报纸开始形成系列，包括《中国化工报》、《纺织报》、《电力报》、《中国轻工报》等，主要是宣传报道各行各业的方针政策信息。

进入90年代后，随着各行各业的不断发展，行业报群再次扩大。从1991年到1993年，在全国新增加的报纸中，国务院各部委创办的行业报和各地新办的行业报就占了43%，这些新创办的报纸包括《中国特产报》、《中国电力报》等。到1993年，全国报纸种类中数量最多的是行业报，占报纸总数的40.7%。[①]

如此巨大的数量，加上行业报发展过程中出现的"散"、"滥"等问题。1992年在我国明确建立社会主义市场经济体制后，媒体主管部门开始对行业

[①] 孙燕君：《报业中国》，中国三峡出版社2002年，第269页。

报刊进行整顿，1994年到1998年第一次整顿，压缩了300多种报纸；1999年到2000年第二次整顿，又压缩了550种报纸。当时，正值国务院机构改革，被撤销的冶金、化工、机械等10个部主管的16种行业报变更主管单位，《中国汽车报》、《中国纺织报》等6个报社分别划归人民日报社和经济日报报业集团主管，其他9个报社分别由行业协会主管。唯有《中国物资报》离开了原来的行业，最后更名为《华夏时报》；2003年到2004年第三次整顿，实行"管办分离"，报社与党政部门实行人员分离、财务分离、发行分离，取消财政补贴，报纸发行不准部委发"红头文件"。经过三次报业整顿，大部分行业报已不再对上级主管部门"等、靠、要"，而是优胜劣汰，走出了一条独具特色的市场化发展道路。

2008年3月15日，十一届全国人大一次会议第五次全体会议批准了国务院机构改革方案。"大部制"方案的实施，使行业面向社会、服务人民的问题，在国家体制和制度的层面上确定了下来。各部委通过有效履行行业职能为经济社会发展服务的同时，也将公共服务体现在行业管理的内容中，这就为行业报进一步深化改革创新、完善和调整定位，奠定了坚实的基础。行业报作为行业新闻的主要承载者，自然要围绕行业的工作重心和工作重点，在宣传报道好中央的路线方针政策的同时，宣传报道行业管理部门的发展规划、行业政策，传递经济、市场、科技信息等，让社会了解和支持行业发展。

在这些理念的基础上，一些行业报已经发展比较成熟，特别是在应对新媒体的竞争中，一些行业报的发展思路、运作理念、应对危机的办法等，使其具有成为未来报业的重要分支的特性和潜力。

断奶：危机还是契机？

四次整顿对于行业报影响非常大，特别是"管办分离"这一条贯彻得最彻底，也给行业报带来最大危机。整顿前，大部分行业报都隶属于相关部委，办报经费由行政拨款，发行依靠部委办公厅的红头文件，基本上"衣食无忧"。但有关报业整顿的文件明确提出："中央党政部门与所办报刊实行管办分离"，包括"人员分离、财务分离、发行分离"。这样一来，大部分行业报经济上没了支持，发行、广告锐减，一些行业报就面临生存考验。

一些行业报的另外考验来自部委的撤销及合并。《中国化工报》、《中国纺织报》、《中国黄金报》都遭遇过这种情况，它们现在有些挂在行业协会名下，有些则隶属于某个报业集团，也同样面临"断奶"危机。

但是，所谓逆境造人。奇怪的是，行业报中较早面临困境的也恰是后来发展较为迅速的。1988年，《中国电子报》就因部委合并失去了作为机关报的地位，被迫走向市场，1993年虽然又恢复了机关报头衔，但激烈的竞争以及既有的市场意识已不允许其走回头路。1994年，《中国电子报》提出了以退为进、面向行业、面向市场的办报思路。而那时，大部分其他行业报还从未考虑过转型问题。

有时，危机就是发展的契机。《中国石油报》也是如此，1998年石油石化重组，中国石油改为集团公司，《中国石油报》受到的冲击很大，当时要求所有事业单位全部自负盈亏，每年减少20%的投入，五年实现真正的盈亏平衡。在这种形势下，《中国石油报》开始重组改制，以发展求生存，提出了6个转变的思路，最后顺利实现发展目标。

2003年后的"管办分离"对于行业报发展有着非常重要的作用。置之死地而后生，可以说，如果没有2003年的管办分离，就没有行业报现在的局面。原来的"等、靠、要"等思想在改革中被弱化，行业报面对危机积极调整定位，加快改革步伐。那些年，也是所有行业报改版、改革最频繁的几年，也是发展最有成效的时期。目前，各行业报在自身建设方面已有初步成果，应对市场的能力大大提高。

行业报冰火两重天

当然，与整个报纸的前途一样，不能一概而论地讨论行业报的生与死。报纸品类、内容、渠道、功能、定位、服务对象、发展层次、市场空间、媒介使命、社会功能都千差万别，对于一个复杂而多元的大产业，不可能一概而论地断言整个行业的生存或死亡。具体到行业报，也是如此，不同行业报的特性、发展程度、所依靠的行业的特点、发展模式、存在的问题等，几乎每一份行业报都截然不同。行业报的转型也应该分门别类、因报制宜。

根据中国报协行业报委员会会长吕华麟的调查分析：从报社管理机制和经

济状况分析，目前行业报大体上可分为以下三类，这个对行业报现状的划分是比较靠谱的，也便于实施对策：

第一类是已经实行市场化的管理体制。报社的劳动、人事、分配、社会保障以及财务制度已按照市场化管理，有一定的经济实力，在市场中有生存与发展的空间。目前，这类报纸数量较少，包括《中国化工报》、《中国汽车报》、《中国黄金报》等以及部分IT行业媒体。

第二类是正在进行管理机制改革。劳动、人事、分配、社会保障以及财务制度正在进行改革，经济上基本可以自立，但或多或少还需要主管单位在行政和经济上的扶持。这类报社占大多数，其中包括《中国审计报》等部委管理的报刊和《中国石油报》、《中国石化报》等大集团管理的报刊。

第三类是机关报性质的行业报。劳动、人事、分配、社会保障以及财务制度仍旧是行政管理办法，财政拨款，经济不能自立，如进入市场，难以生存。这类报社主要是社会公益性较强或比较小的行业媒体，如《中国气象报》、《中国测绘报》等。

当然，还有更多的原来省级厅局单位主管主办的行业报，后划转为当地党报集团主管主办，由于影响范围有限，业内资源有限，发展空间有限，前景很不明朗。

第二节　机关报—行业报—专业报

延伸行业空间

"行业"二字在给行业报丰富资源的同时，也带来很多限制，主要是市场空间方面。很多行业的特性和体量并不能支撑一份行业报的生存。比如黄金行业，黄金除了成色不同，品相等方面是没有任何区别的，因此黄金是不需要打广告的产品。比如纺织行业，纺织行业生产的是初级产品，各种布料也并不需要打广告。在这样的情况下，行业报必须拓展上下游产业链，把报纸内容从上游的科研、生产、加工延伸到中游的营销和下游的消费，拓宽报道面，延伸报业发展空间。这种行业拓展的做法成为大部分成功行业报的基础理念。

《中国黄金报》1990年创刊时，还属于国家黄金管理局的机关报，当时关注的主要是黄金从勘探到冶炼的环节，这个环节的从业人员当时只有20万人，每年大概70亿元的产值。后来黄金管理体制改革，国家黄金管理局不复存在，《中国黄金报》也就从机关报变为冶金协会的行业报。如果当时不从机关报的思维中脱胎出来，很快就会消亡。由此，《中国黄金报》的触角开始向上下游产业链延伸，向上延伸到矿权市场、设备制造；向下延伸到黄金的批发零售、珠宝首饰的消费，为矿业和珠宝首饰服务。并通过会议、会展等活动将这些环节连接起来，这样一来，行业报就成为一个焊点，连接起了整个产业链条，汇聚了200万人，也产生了巨大的广告、发行、新闻资源。

纵向贯通行业上下游产业已成为行业报的共识。《中国纺织报》定位于大纺织概念，从纺织的原材料一直到服装的消费终端，从报纸所设置的九个专版就可以看出纺织报基本上涵盖了行业的所有领域，棉、毛、丝、麻、化纤、染整、设备、流行、资讯。《中国冶金报》从冶金行业相关企业中寻找新的合作伙伴，如矿业、机械加工业、汽车制造业等行业的企业中寻找广告客户，使广告收入稳步上升……①

行业报走出行业

行业与社会紧密相连，拓展行业报的发展空间，某些与社会紧密相连的行业有必要走出行业，面向社会，面向行业产品的消费者。比如，《现代物流报》从表面上看，报纸服务的是物流企业，其实有很多相关行业也对物流行业很感兴趣。比如，银行业关心物流企业融资贷款，汽车业关注物流用车，装备制造业关注物流成本。所以，这些行业作为物流业的上下游，也是新闻富矿、

---

① 陈国权：《走什么样的道路——行业报五种成功的发展模式》，《中国记者》2008年第4期。

读者富矿、经营富矿。

《中国汽车报》的内容由只报道汽车生产改为沿着造（汽车）、卖（汽车）、买（汽车）、驾（汽车）、修（汽车）的产业链进行，由上游的汽车生产延伸到下游的汽车消费，创办了5种汽车杂志，面向社会上的汽车消费者。《中国石化报》瞄准报纸专业性与社会性的结合点，把报纸受众向社会拓宽，创办了面向油品销售者——司机的服务类报纸《车友报》，全国发行量高达72万份。

《人民铁道报》在服务铁路管理者的同时也把眼光投向铁路旅客，创办了《旅客报》。《中国纺织报》适应企业追求品牌的需求，策划了"中国纺织服装品牌影响力新闻调查"，联手国内外30多家专业媒体，每年发布社会调查结果，受到企业欢迎和地方政府支持。《中国黄金报》从只报道黄金生产延伸到黄金首饰，创办了《中国黄金珠宝》杂志，进入了珠宝消费市场。《中国化工报》从化工生产领域进入了农资流通市场，创办了《农资导报》。《中华合作时报》从农资行业向相关行业细分市场拓展，创办了《安全时讯》、《绿色果蔬》和《茶》周刊，打开了市场缺口，走出了困境。

《医药卫生报》是河南的一家地区性行业报，2012年7月1日创刊的《社区家庭医生周刊》，向郑州市居民免费发放，很快就得到了市场认可。目前，年广告收入也从200多万元上升到1000多万元。[①]

从行业报到专业报

从行业报角度看，行业报是某一个系统某一个行业创办的报纸，其报道范围仅限于本行业的工作性报道，一般会放弃社会性；它拥有的读者群狭窄，订户常常只限于本行业。而专业报一般也以某一个系统或行业为依托，但报道范围着眼于专业新闻而非工作报道，报道内容要求具有专业水准，语言风格和标题制作强调社会性，目的是让所有具有专业素养的读者都能感兴趣，故其读者群是相对固定而又开放的，远远超出一般的行业报。

在新形势下，行业报需要定位内容，而不是定位读者。许多行业报读者定

---

① 董文安：《打造行业报多媒体"生态系"》，《新闻战线》2013年第7期。

位于"本行业的广大干部职工",过于笼统、宽泛。如此行业报的定位与现在传媒分众化、接受碎片化的时代并不相匹配。一张报纸不可能"包打天下",不能期望一份报纸既有管理者看的内容,又要有广大职工看的内容。行业报应该定位于专业报纸,最应该做的是内容细分,而不是受众细分。提供专业的信息给"本行业的广大干部职工",而不是提供"本行业广大干部职工"需要的所有信息。提供给他们所需要的行业发展趋势、有关法规政策、国内外市场状况以及科研开发、产品供求等各类行业新闻和实用信息。①而这些信息,行业外的人也有需要,行业报借此就能拓展读者范围。

在媒介分化的观点下,未来传媒形态将进一步分化成更细的、独具特色和优势的传媒。随着社会分工越来越细,信息消费也越来越呈现出分化的态势,传播内容更专业化、对象化、阶层化。未来行业报的方向,既不是机关化,也不是大众化,而应该是专业化。在专业化的理念下,行业报的特色和优势将会越来越明显,其生命力也会得以保持和延续。

《现代物流报》本来就是面向物流行业的行业报,但是在市场运作中,他们发现,物流市场还应该继续细分,于是,按市场细分、服务客体的不同,报社调整了出版结构,分别运营《现代物流报/综合物流》、《现代物流报/钢铁物流》、《现代物流报/钢铁市场》三张面向全国发行的报纸。并隔周出版《现代物流报/钢铁炉料》,主要以自费订阅和定向发行为主。《现代物流报/综合物流》全面报道国内外物流业发展,《现代物流报/钢铁物流》定位于"新闻评论、深度专题报道",《现代物流报/钢铁市场》以"新闻、专题、市场行情、资讯"和各地方专版为主要内容,《现代物流报/钢铁炉料》主要服务于与钢铁生产相关的上游企业,包括矿石、生铁、废钢、铁合金、煤焦、耐火制品、碳素制品等。日前,自费订阅量大幅提升,影响力明显扩大。

从某种意义上看,行业报专业化之后,才可能实现纸媒这些年来梦寐以求的"内容为王",只有专业的、别人没有的东西,才能够"为王",这天经地义。

---

① 陈国权:《行业报改革与发展的关键问题》,《中国记者》2008年第4期。

服务行业与发展自身两不误

有些行业报，行业对其寄予厚望，特别是行业领导干部，往往对行业报在传递自己声音等方面有一些特别要求，这在某种程度上违背了新闻规律，影响了行业报的发展。但这种要求全然不遵从也是不现实的。

本世纪初，《中国石化报》也曾经讨论走市场化道路，成为一张真正的行业报纸。但实践表明，这条路行不通。一是主管单位绝对不允许；二是行业属性也限制了市场化的竞争能力。经过长期思考，《中国石化报》调整了工作思路和定位。认为：为这样一个企业集团服好务，不能局限地理解为给一个企业服务，而是在为能源化工的特殊读者的发展服务。因此，把报纸定位为石化集团公司机关报和行业经济报并重。报社使命有三：营造有利于中国石化改革发展稳定的良好舆论环境；以新闻和资讯促进中国石油石化业健康发展；向读者提供有价值的业界新闻和实用信息。

在媒体分工、版性定位、发行经营、队伍建设上进行了相应调整。《中国石化报》在内部实现了细分，既能服务于企业，又能实现自身发展。《中国石化报》1—4版主要突出党组机关报的特色，重点报道党和国家重大信息、总部机关和企业的重要新闻。增加《油气》、《环球》、《炼化市场》、《油品营销》、《工程物装》5个周刊，鲜明突出行业报特征，扩大视野，侧重行业性、权威性、前瞻性。《中国石化》杂志面向的是石油石化行业中高层管理者，行业性、集团性兼顾；《车友报》明确面向广大车友，以私家车主、爱车一族为主要读者对象，强调社会性、行业性；中国石化电视新闻以中国石化集团公司职工及其家属为受众对象，强调集团性；中国石化新闻网以石油石化行业员工和国内外关心石油石化行业的人士为传播对象，强调社会性、行业性；《中国石化手机报》主要面向中国石化集团公司中、高层领导干部，其报道内容以中国石化新闻、国内外行业新闻为主，兼顾重要时政新闻、社会新闻以及行业价格资讯。这样，中国石化报社成为一个媒介形态多样的传媒集团，不同的媒介服务于不同的对象，既服务石化行业，又发展自身。

第三节　树立行业报的资源中心观

吃干榨尽行业资源

行业报与其他各类报纸相比，在报纸定位、受众范围、报纸结构、内容选择、报道方式、管理体制以及经营方式等方面，有着诸多不同，但区别最明显的还是行业报赖以生存发展的资源与其他报纸不同，并由此导致其办报理念和经营模式不同。行业政策的支持、目标读者的集中、行业信息的专业属性、经销市场的结构、产业链条的联系、征订发行的自成体系等等，构成了行业报特有、独家的资源结构。有了这样独特的、不可替代的行业资源，行业报生存发展就有了先天优势，也为行业报深入开展资源开发利用、增值服务提供了广阔空间。

行业报大都根植于行业内部，拥有很多权威的行业独家新闻和深度报道，此外还有丰富的行业信息资源、读者资源和发行市场，因此，行业报媒体功能和社会地位不会轻易被取代，未来的发展还有一定空间。

更为重要的是行业对行业报的"给力"支撑，这样的支撑在别的报纸是没有的。2009年开始，中国石化集团公司就统一支付集团内部《中国石化报》和《中国石化》的订阅费用，报社开始以"集订分送"作为主要订阅发行方式，以提供优质舆论导向服务获得服务经费，以外部经营收入作为辅助，解决了报社生存发展的大问题。目前《中国石化报》发行量保持在13万份以上。对于一般的报纸，这样的支撑到哪里找呢？

行业资源利用的平台再造战略

行业报要开发利用好自身的资源，首要的是要树立资源中心观的办报理念。①报纸成为资源中心，由报纸派生出来的资源供其他平台使用。将行业报的赢利职能转移到其他平台上。

贯通上下游产业，这是行业报的纵向延伸，中心目标是打开产业链，接通上下游，把狭小的行业舞台变成巨大的市场空间。对于一家行业报来说，纵向延伸还仅仅是一个点的延伸，形成的是一条线。报纸的版面空间、赢利空间有限，一条线所获得的收入再多也不能超过报纸的承受能力。因此当行业报纵向延伸到一定程度，也必须再横向拓展，以形成多点支撑的赢利局面，也就形成了行业报的赢利网。这样行业报才能够最大限度地实现价值增值。

以发展的眼光看，未来行业报的利润增长点将发生改变，来自报纸广告和发行的直接收入占报社收入的比重将逐年下降，而依托报纸所产生资源而再造的其他平台的增值服务收入，将取代传统收入成为主要收入来源。行业报所带来的内容增值服务范围相当广泛，包括数据库服务、顾问咨询服务、会展服务、商务代理服务、人力资源培训服务等等。

构建行业信息资源平台

行业信息对于业内人士而言是必需的，行业报可以很好地利用这个信息渠道，提高专业信息的覆盖能力。通过整合信息资源、系统归类、梳理分析，建立行业数据库，面向行业内人士直接销售专业实用信息，或有目的地通过信息渠道为客户查询商业信息，再次加工利用信息。也可以使更多未被刊登的行业信息产生经济效益，提高信息的附加值，服务行业发展。

行业报的信息资源服务平台可以包括行业发展政策法规的解释，专家对行业的分析，新技术、新材料、新工艺推广应用方面的资讯，商品价格和职业信息，销售指南和产业界联系目录，业界名流及其经营管理之道等，然后根据不同类别会员的需要提供个性化服务。

各行各业都有自己的专属数据资源，这是相对独有的优势资源，如何驾驭它、发挥它的强大效用，是行业报可以利用的重要资源。行业数据对于业内人

---

① 林江：《从行业报向行业信息服务提供商转变——对行业报转型问题的几点思考》，《传媒》2007年第4期。

士而言是必需的，行业报可以很好地利用这个信息渠道，提高专业信息的覆盖能力。通过整合数据资源、系统归类、梳理分析，建立自己的行业数据库，面向行业内人士直接销售专业实用信息，或有目的地通过信息渠道为客户查询商业数据，使信息能够得到二次甚至多次利用。也可以使更多未被刊登的行业数据产生经济效益，提高信息的附加值，服务于行业发展。

比如《中国黄金报》掌握的核心数据不仅是报纸出版的相关数据，还包括多年来黄金市场的变化数据分析和国内每月黄金生产量的数据，这些数据非常准确，精确到全国的各个矿。这些数据如何发挥它的潜在价值，关键是要提升数据加工能力。

行业报还可以提供专业信息咨询服务。行业报的专业性一般都比较突出，采编人员多有行业背景，了解行业的发展趋势，熟悉行业政策、技术与市场走向。没有谁能比他们更加关注行业发展，也没有谁能比他们对行业本身更加具有自己独特且深刻的理解。以行业报的专业优势提高内容的深度，辅以灵活生动的行文风格，不仅会受到行业内读者的欢迎，也有助于吸引更多的社会读者。《中国纺织报》强调专业性，形成了报社在纺织行业的核心竞争力。大庆市是个面临资源枯竭问题的城市，资源枯竭后城市如何转型，大庆市试图建立一个纺织工业园，就由《中国纺织报》来论证这个项目，牵头组织行业内专家考察、研究、论证。

新媒体：行业报实现新梦想的地方

在综合性报纸新闻网站"十年不成"的背景下，行业报拥有行业的优势和专业的特点，反倒闯出了一条新路。专业权威的独家新闻、丰厚的行业资源、稳定的受众群，是行业报网站较之综合性新闻网站的优势所在。而行业报网站还与母体一样，拥有良好的品牌认知度、丰富的新闻资源、成熟的行业报发行和推广渠道，而这些是商业性新闻网站所不具备的。从这个角度看，行业报运作新媒体比一般的综合性报纸更有优势。

中国黄金报社创办了《中国黄金珠宝》期刊，作为报社组合媒体优势、深度开拓珠宝首饰市场的方式。还办有中国黄金网（www.gold.org.cn），作为报社深度开拓贵金属信息服务市场的数字化平台。积极发展基于手机接收平台的数字媒体业务。2003年年初，建立"全球贵金属实时行情手机短信平台"，在全球贵金属交易时段提供"24×7"的即时价格行情、全天实盘评论和国际政治、财经快讯，受到客户欢迎；此后又推出第二代升级产品——WAP，可与客户实施双向互动；与SP运营商合作，推出面向消费者的首饰和黄金投资信息手机资讯服务；并正在开发行业电子商务B2B平台。"新媒体是行业报实现新的梦想的地方。"《中国黄金报》原社长张炳南说，"它可以帮助我们留住别人即将从纸质媒介里抢走的市场份额；也可以帮助我们的客户发现他们潜在的信息需求。"

《中国税务报》的中国税务网提供了一个平台，平台上有海量的资讯、权威解读，帮助企业更合理地纳税，作为征税人也能从这个网站获得一些关于法律法规的政策解释，在征税过程中能更好地把握尺度。这个平台实行会员收费制，为不同会员提供个性化服务，进行差别收费。最高一级的会员每年收费8万多元，享受财务、税务顾问等全方位服务；最低的每年收费几百元，提供一般性信息服务。中国税务网开办以来，第一年收入400多万元，第二年300多万元，第三年是600多万。总收入里面，会员收入占网站总收入的三分之二，网络广告也能有三四十万元，还有一些培训活动，比如针对新税收政策的出台举办培训班。

而有些行业还拥有庞大而稳定的受众，这也是行业报运作新媒体的有利条件和基础。中国石化报社创建"中国石化团购网"，开辟了行业报新媒体经营的新模式，在第三届中国报业创新峰会上，荣膺"中国报业创新奖"。是由中国石化报社主办的会员制购物平台，整合全国百万石化员工的分散购买力，建立"厂商直销联盟"；2007年，与一汽大众合作，为石化员工购买一汽大众汽车6202台，为石化员工节省购车费1241万元，为报社创收120万元。"中国石化团购网"创办一年多，就与一汽大众、海尔、太平洋保险等知名厂商合作，实现销售额8亿元，达到了既为行业员工服务，又为企业服务，增加了报社收入。

延伸阅读：行业报拥有哪些资源？①

对行业报而言，其基本优势是自身所拥有的资源，主要包括政府资源、行业资源、关联资源和媒介资源。

政府资源主要包括权威信息（如宏观政策信息、审批管理信息、政府统计数据）和政府行政权力的多种形式的"衍生工具"两大类。政府资源使其能够优先发布行业相关的政府政策、公告和国家宏观政策信息、管理信息、权威统计数据等，先天具有独家发布内容的优势，能保证信息内容的权威性和独特性，从而确立行业报道的"垄断"地位。

行业资源主要指行业内的生产商、供货商、经销商和客户等。

关联资源主要指关联行业的资金、客户关系、信息渠道、管理团队、运作经验等。行业报的行业资源和关联资源是行业报深入拓展行业产业链的上下游服务和深入介入到行业以及相关产业的各个领域的根本依靠。

媒介资源主要指媒体自身具备的具有市场价值的有形或无形资源，包括刊号、品牌、管理以及已有的人力物力财力等。媒介资源是行业报打造自身产品品牌的重要保障。

---

① 林江：《从行业报向行业信息服务提供商转变——对行业报转型问题的思考》，《传媒》2007年第4期。

第十五章

变革中的报纸

未来报纸变革的核心在于：避免珍贵的报业"资源"的跑冒滴漏，做到颗粒归仓。这也是报业转型新战略的核心特征。

未来的报纸将是"小众媒体"

只有迎合分化市场，专注于某一分化领域，才能成为一个细分领域的领先者

要将特色做到极致

报纸应明确自己的影响范围，不能再徒劳地坚守之前的"疆域"

强化自身特色直到坚不可摧

厚报造成传播噪音，降低广告效果

未来报纸的特征就是"精确打击"，不要浪费

转型后的报纸应该在生产逻辑上发生了根本性变化。信息匮乏时代，跑马圈地的要求、加大覆盖面是传媒的竞争铁律；而在信息充盈时代，获得竞争优势的要求、实施精确打击将是传媒竞争的铁律。未来的报纸需要继续存在下去，就必须避免珍贵的报业"资源"的跑冒滴漏，做到颗粒归仓。

第一节　分化的报纸

现存的绝大部分报纸都是面向各种年龄阶段、各种层次、各种群体的大众媒体，在新媒体的游戏规则下，这种情况将得到改变，未来的报纸将是"小众媒体"，分化将是未来报纸的重要特征。

新媒体时代分化趋势加剧

1990年，美国未来学家阿尔温·托夫勒在《权力的转移》中预言："面向社会公众的信息传播渠道数量倍增，而新闻传播媒介的服务对象逐步从广泛的整体大众，分化为各具特殊兴趣和利益的群体。"现在，托夫勒的预言分化早已经成为现实。它体现出三个特征：一是人们兴趣和需求的多元化；社会地位、角色、所处的环境、收入层次、学历水平，等等因素决定了人们兴趣和需求的多元。二是媒介形态的多样化，各种不同的媒介形态层出不穷，以满足不同的需求；特别是建构在互联网平台基础上的新兴媒体，每天都有不同的形态问世，这不是一句过分夸张的话。三是媒介形态内部的分化。同一种媒介形态内部的分化如火如荼，单是新闻网站一个形态，短短十来年，就分化成种类繁多、数也数不清的分支。新媒体加速了传媒分化的趋势。

很多人认为数字时代的特征是"融合"，但我认为这是完全错误的。数字时代的特征仍然是"分化"，而且，进入数字时代后，分化的趋势还更明显了。

以互联网为平台，短短十年时间，诞生了数以万计的新媒体种类，比有媒介历史以来诞生的媒介种类都要多，几乎能满足人们所有的需求。种类实在是太繁多了，人们都找不到自己想要的东西。本世纪初，为了检索方便，还诞生了专门的上网索引网站，比如：hao123网址之家、2345网址导航、369网址之家、酷酷123网址之家……

在这些网址之家上，可以非常清楚地感受到互联网细分化的这种趋势。光是垂直网站就有房地产网站、分类广告网站、汽车网站、电脑网站、旅游网站，等等；从提供服务角度看，有社区网站、BBS论坛、搜索引擎、视频网站、交友网站、征婚网站、即时通讯工具、购物网站、团购网站；以功能来分类，有微博、博客、新闻网站、社交网站等。不胜枚举，很多东西都是近两年才出现的新产品。而且这种分化的趋势还在继续。比如以淘宝为代表的购物网站，现在已经分化出了很多种类。以购物种类来划分，就有专门卖包的"麦包包"，致力于婴儿用品的"红孩子"，主攻女装的"麦考林购物"，卖家电的"京东商城"，做书籍网购的当当网、卓越网。

以下是在网址之家里找到的，光是服装服饰网站就有这么多：

玛萨玛索男装网、时尚起义服饰、D1优尚网、乐淘网上鞋城、好乐买品牌鞋城、VANCL网上商城、聚尚名品折扣、V+名品折扣区、上品折扣特卖会、名鞋库折扣鞋城、唯品会名牌折扣、欧莱诺服饰、西街运动特卖、ihush品牌特卖、奥迅运动服饰城、九大道品牌折扣、酷运动运动城、名品打折网、麦包包、太平鸟购物网、有货、优个网、邦购网上商城、拍鞋网官方商城、Justyle服装、美国骆驼鞋、如此网户外装备、奕尚网名牌服饰、Gap中国官网……

从它们的名称可以看出，它们都致力于某一个细分领域。这是市场的选择，也是市场竞争的结果。新媒体竞争环境下，只有迎合分化市场，专注于某一分化领域，成为一个细分领域的领先者，才能获得人们的青睐。越专注，说明你越专业，人们才会信任你。

在日常生活中，除了专卖店，也应该有大型超市、综合商场。在生活中，甚至不能想象有那么多的专卖店。人们更愿意去的是综合性商场。因为逛街需要走着逛，大部分像我这样的男人，对于一站全有的综合性商场都心存恐惧，但那如果都是专卖店，逛街该是多么可怕的一件事情。得一家家地走，看妻子或女朋友一件一件地试。

但是在网络上，一切都变得不同。网络的易检索特性、转换方便，加上满足人们检索需求的网址之家的出现，使"专卖店"成为主流，"综合性商场"反倒成了边缘产品。即使有，存在的数量极其有限，非到规模已经发展到一定程度才行，比如新浪、搜狐、网易、腾讯那几家门户网站。

而且，网络的无疆界特性，为细分市场提供了庞大的客户基础，在现实中，有些过于小的细分领域，由于区域限制，是不足以支撑起一个能赢利的市场的。但是在网络上，再细小的领域，都有足够大的人群支撑。

因此，与其他媒介产品比较，互联网产品细分趋势更明显，发生得也更迅速，短短几年，谁能数得清到底有多少种产品，有多少种赢利模式。但是确定无疑的是，大部分能生存下来、满足人们需求的都是定位非常清晰、市场细分明确、专注领域十分狭小的产品种类。

报纸的分化之路

在新兴媒体如此分化的裹挟下，报纸的分化也成为必然抉择。在新媒体上，网站可以分化成钓鱼频道，甚至继续分众化为海钓、河钓、湖钓、夜钓频道；但是，就很难有足够的市场支撑一份《钓鱼》报纸。

当然，上述这种情况仅仅是指内容的分化。报纸的内容分化之路走得非常艰难，除了财经报纸和一些小众专业报纸踏出了一些路径之外，报纸的内容分化成功的案例屈指可数。曾经的北京报业市场上，一些都市报在面对同质竞争时，都希望能够实现差异化。于是，《北京娱乐信报》要做"娱乐"；《竞报》要做"视觉",也就是图片;《华夏时报》则提出了谁都看不懂的"人道就是力量"。它们,都没有成功。

报纸的读者分化道路也饱经磨难。2000年后,几乎所有的都市报都开始自诩"主流、高端、大气",除了"上档次"没说,都说自己定位于"有点钱、有点权、有点闲"的三有人群,但本质上仍然都是都市报。这么多年过去了,针对读者的分众化除了忽悠广告商外,基本上从来没有实现过。

分化,不仅仅是指内容的细分、读者的细分,我们的思路应该更开阔一些;分化,还应该包括渠道的分化、赢利模式的分化,甚至包括分发方式的分化,等等。地铁报属于渠道的细分,《北京娱乐信报》变成了地铁报,尝试渠道分化,它获得了生存和发展的机遇;免费报又属于分发方式的细分;社区报是区域的细分;《人民铁道》报属于行业的细分。2012年9月6日,河南日报报业集团创办了免费报纸《今日加油》周报,是一份生活服务类报纸,首期发行20万份。在省会郑州和其他城市的加油站向车主免费赠阅。每期《今日加油》通过郑州市区各加油站,连续直投6天,每天9到12小时,直达所有轿车车主手中。由于锁定了有车族这个群体,强制性、高传阅,每期广告的有效期长达10天以上。发行和广告都实现了精准化,得到市场青睐。按照这一思路,2013年《大河报》又创办《大河快读》,每周两期,在郑州市的快速公交站台上免费发放,同样获得了成功。[①]这些,都是报纸分化的结果,它们已经成功了。

报纸未来的分化之路还将进一步,细分细分再细分将是报纸未来发展的主要趋势。河北日报报业集团旗下的《糖烟酒周刊》本来就不是大众传媒,读者对象已经比较明确,满足的需求也明确,就是面向这三个行业的经销商,满足经销商的经销需求。但是后来,他们认为这样的定位还不够细分,于是又从《糖烟酒周刊》中分离出来三本杂志,分别是《糖烟酒周刊·酒类》、《糖烟酒周刊·食品》、《糖烟酒周刊·烟草》,更精准面向三个行业,避免版面浪费与资源浪费。

《河北农民报》也是如此,本来就是个面向三农的专业报纸。《河北农民

---

① 朱夏炎:《让报业走进春天里》,《传媒评论》2014年第1期。

报》主要满足三种需求：一是农民对农技的需求，养殖技术、生产技术，这就需要报纸加强这些方面的内容；二是打官司告状的需求，这就得报纸高举舆论监督大旗；三是情感倾诉的需求，满足的是农村留守妇女的情感。分别对应的专刊就是："种养宝典"、"民事关注"、"红男绿女"。这三个板块代表着农村农民的三种基本诉求，在很大程度上是不兼容的。不同读者的阅读习惯也截然不同，比如留守妇女对农资信息就不需要；而大农场主、合作社则更喜欢阅读广告。广告有时占版60%多，留守妇女不喜欢，打官司告状的农民也不喜欢，都会抱怨广告太多了，只有合作社等方面喜欢。所以，从市场细分角度，农民报还应该继续细分。2014年，《河北农民报》的《天子农资》开始独立发行，这是更细分的一张报纸。

第二节　特色化的报纸

将特色做到极致

报人们都希望能够回到从前，那个只有报纸、电视、广播的时代，报纸的竞争对手只有其他报纸，而且是同个城市的不多的几家。

今天，情况已经变得完全不同，报纸所直面的竞争对手，已经从只有同城几家报纸，拓展到如今的数也数不清的各种媒体。它们的介质、功能、模式都不一样，但是竞争的资源是一样的——受众关注、经营利润；竞争手段也是大同小异——信息传播。更让报纸崩溃的是，它们的战斗力还超强。

在竞争对手不多的寡头垄断时代，最好的媒介形态应该是综合性的，"读了我这张报，你就不用读其他的报"。而在竞争对手众多的充分竞争时代，你跟别人有什么不同，也就是报纸的特色，将成为吸引读者的必备特性，也是报纸继续存活的重要特性。

而且，要将这种特色做到极致。

美国的三张特色报纸①

1.《纽约客》——讽刺幽默与文艺范

《纽约客》为美国纽豪斯家族属下的康德·纳斯特出版公司主办。1925年2月，哈罗德·罗斯推出了第一期《纽约客》杂志。创刊号上出现了一个带高礼帽夹单片眼镜的卡通绅士形象，从此这个叫尤斯塔斯·蒂里的人物成了《纽约客》日后的象征。

《纽约客》前主编罗伯特·曼考夫的名言"幽默戳穿神话并解放我们"奠定了杂志基调。

从创刊之日起，漫画就成为《纽约客》的一个重要特色，其中表现出来的那种冷嘲热讽风格在美国家喻户晓。有人甚至评价，《纽约客》依靠自己的影响，使卡通第一次成为一种艺术。直到现在，仍保留着用漫画做封面的传统，而每期杂志里都会点缀有《纽约客》独特风格的单格漫画。漫画已经成为杂志内容中不可缺少的一部分，也是《纽约客》保有竞争力的关键要素之一。

《纽约客》在美国知识精英中极受推崇，成为纽约大都会的文化标志之一。根据美国发行量审计局统计，《纽约客》杂志近几年的发行量一直稳定地保持在100万份左右，2012年单期销售量上涨了1.2个百分点，名列美国新闻类杂志的前五名。20世纪90年代以来，《纽约客》也开始利用新媒体，读者可以通过杂志网站看到部分内容，或购买杂志和漫画。

2.《国家地理》——图片冲击

《国家地理》是美国国家地理学会的官方杂志，成立于1888年，创办人之一是电话的发明者贝尔。起初，它是一本学术性很强的不定期刊物，读者仅限于美国国家地理学会的会员。1899年，第一位全职主编吉尔伯特·格罗夫纳来到《国家地理》，任职前后长达55年，把一本严肃的学术刊物，转变成了面向大众的地理科普杂志。

《国家地理》最大的特色是其摄影图片的高质量，数年来坚持的千分之一的选片率保证了这种品质。《国家地理》要求图片产生巨大的视觉冲击效果，同时也需要有相当的信息量，并且追求科学严谨。《国家地理》杂志对摄影师要求严

---

① 张旸：《极致：美国纸媒生存铁律》，《南方传媒研究》2012年第4期。

苦，一个摄影师每年平均拍摄150个专题故事，行程超过100万英里。每一天，都会有数十个分布在世界各地的摄影师为《国家地理》拍摄照片。《国家地理》的专职摄影师比较少，只有十几个人，而更多的是签约摄影师，合作时间可以是短期或长期。《国家地理》的选题通常是由杂志编辑部完成的，然后编辑们会选择他们认为适合的摄影师来完成，并给摄影师提供相应的资料和准备。

《国家地理》杂志已经成为了摄影作品的一种标准，几乎全球的摄影师们都以能在《国家地理》杂志上刊登自己的摄影作品为摄影生涯的极大荣誉。

3.《消费者报告》——购物者最可靠的参考

《消费者报告》杂志由美国消费者联盟在1936年出版。美国消费者联盟是一个独立的非盈利组织，成立于1936年，总部设在纽约，是国际消费者联合会的发起组织之一。现在已有每期700多万份的发行量（包括电子版发行量），成为美国前几名的付费杂志。

《消费者报告》是美国人购物时的头号参考资料，其公布的比较检验结果对消费者的购买决定有巨大影响力，企业也会因为产品被其推荐而感到荣幸。《消费者报告》如此受欢迎取决于内容的可信、专业、无偏见和权威性。杂志每月公布各种各样的产品的比较检验结果，范围从汽车、家用电器、摄像机、平板电脑等高科技设备，到食品、清洁用品等日常生活用品，以及电子商务、社交等各类网站。它的文章不仅告诉你产品的品牌、设计、功能、安全性等购物者需要了解的东西，还告诉你装运、退货、顾客服务等附加信息。经检验发现的不安全、不完善或显然不能履行广告中所说的作用的产品，该杂志判定其为不受欢迎的产品。

为显示《消费者报告》的公正性，这份杂志坚持不刊登广告，收入的来源主要是《消费者报告》的销售所得、网站付费内容和其他一些服务的收入。除了检验、研究、评定产品质量和服务以外，杂志还报道可疑的经商活动、不安全的产品设计、不适当的标签及有损健康的医疗。

强化特色到坚不可摧

以上三个例子，都是美国报纸将特色发挥到极致的典型。只要将特色发挥到极致，读者就会在茫茫"报海"中记住你，特色成为特定的符号，偶尔看过一眼，便再也不会忘记。

新媒体对于报纸而言并不具有颠覆性的冲击，但它会确定报纸的服务和影响范围，对于每一个报种来说，更是如此。报纸应该正视自己的短处以及优势所在，明确自己的影响范围，不能徒劳地坚守新媒体到来之前的疆域。现在，报纸的疆域应该有所变化，在某些领域收缩，而在某些领域加强，也就是特色，直至特色强化到坚不可摧。

第二节　更薄的报纸

报纸广告的衰退已是必然，新兴媒体兴起，并由此带来的读者信息消费心理的变化。在此前提下，厚报只能让报纸入不敷出。网络时代的读者不需要厚报。报纸"一报在手，什么都有"的特点在善于使用互联网的人看来简直不值一提，网络的海量信息与易检索性使厚报的多元信息优势黯然失色。现在，如果报纸还试图以"什么都有"的厚报来应对与网络的竞争，那就是拿自己的短处和别人的长处作比较。未来存活下来的报纸，必将是薄报。

曾经的厚报时代

厚报开始于都市报繁荣的初期。随着新闻策划、社会新闻、舆论监督、专刊等都市报崭新的运作范式的出现，都市报的内容开始极大丰富。头版、本地要闻、国内要闻、社会新闻、昨夜今晨、街坊邻居、关注视点、国际要闻、房产专刊、汽车专刊等，这些都是都市报的必备。加之广告投放的剧增，都市报很快就成为了名副其实的"厚报"。

1997年7月1日，《广州日报》出版香港回归特刊对开97版，这一举动赢得了众多追捧者。那个年代不像现在网络那么发达，当读者拿着一份全面展示香港的历史、现状的厚报时，那种新鲜感、厚重感油然而生。广州街头出现了抢购《广州日报》的特殊景象，没有买到的还跑到报社门口围观不走，《广州日报》不得不连续加印应急。97版的厚报策划所带来的震撼，实际上是一次非常成功的品牌传播活动。在这之前，《广州日报》就已把偶尔的厚报变为常态，有了这一次的品牌推介活动，再加上出早报等措施，《广州日报》迈进了黄金时代。《南方都市报》2004年3月31日推出了创造国内"吉尼斯纪录"的最厚报纸，总计304个版。此后，《南方都市报》还曾一天出过近1000个版，广告达到4000多万元，创造了中国厚报和报纸广告日营收的最高纪录。

厚报开始成为大部分报纸的经营策略首选。50版以上已成为当前报纸的常态，超过100版甚至200版的报纸纷纷出现。如果根据四开报纸≥44版、对开报纸≥20版的标准来衡量，全国大部分综合性报纸都是厚报，甚至包括党报。与厚报伴生的是与报纸成本相差悬殊的低定价。几十个版的报纸，手提着都有点分量，却只卖5角钱，比把报纸当废纸卖还便宜。

为什么出现厚报

1. 在互联网还没有发展起来时，薄报无法满足读者对信息的追求。在人们对信息需求多元化的状态下，又没有多元化的信息提供渠道，供不应求。"一报在手，什么都有"的厚报模式自然受到读者欢迎。

2. 厚报满足不同人群的信息需求。都市报受众是多层次的，厚报使不同的受众各有所获。社会转型期，随着多元的思想和观念的出现，多元化读者群形成，读者身份的差异越来越大，不同受众注重报纸是否能最大程度上满足自己的需求。有的喜欢看国内时政新闻，有的喜欢看国际版、体育版、文化娱乐版，有的则喜欢看评论，而这种需求往往通过报纸版面的增加实现。当然这样的后果便是厚厚的一叠报纸，读者感兴趣的只有一小部分，其他的都是"信息垃圾"，读者对待它们就像对待垃圾一样扫到一边。这是一种浪费，浪费报纸成本，也浪费读者注意力资源。

3. 厚报能较好地解决做新闻与经营广告的矛盾。在4至8个版的年代，广告多了、新闻版面少了，不仅读者有意见，编辑部的采编人员和上级管理部门也有意见，还发生了因广告排期太长把广告客户气走了的现象。对付广告投放多、占版率高的最好方法就是扩版，报纸版面随广告量而增减，这是都市报版面运作的基本准则。

广告已经无力支撑厚报

厚报已经持续了多年，支持低价厚报模式的是大量广告。目前，国内报纸每个印张的印刷成本在0.17至0.20元之间，如果以低点计算，一份4开56版的报纸是7个印张，印刷成本是1.19元，再加发行成本是报纸售价的36%左右，这样56版报纸的实际印刷、发行成本是1.5元左右。但这份报纸在市场上的售价只有0.5元左右。曾经，杭州、南京的报业竞争激烈时，甚至出现了报纸从印刷厂里出来就直接拉进废品收购站的情况，100版的报纸重约0.5公斤，折合废品收购价为0.65元，而报纸售价只有0.5元。巨大的印刷成本与售卖价格之间的倒挂差额，让报纸不堪重负，但又迫于竞争对手的扩版压力，只能硬着头皮加厚。巨大的亏空必须有广告的强力支撑才能维持。

但近两年来，报纸广告已经连续下降。继2012年报业广告下降7.5%之后，2013年报业广告又下降8.1%。可以预期的是，报纸广告的下滑在今后几年还将继续，特别是都市报。在这样的广告形势下，报业，已经无法继续支撑报纸特别是都市报的这种厚报模式了。

信息接受碎片化的形势

在我看来，碎片化有三层含义：一是信息渠道碎片化。人们接受信息的渠道多样，不会像以往那样仅仅依赖一种或两种媒介。在选择渠道多元的情况下，以往依靠某一个媒介的强势覆盖而"号令天下"的时代已经一去不复返了，不要指望人们只会使用某一种媒介获取信息。在这样的情况下，厚报的典型诉求"一报在手，什么都有"更变得意义不大。

二是读者信息需求碎片化。读者信息需求碎片化影响厚报有效信息到达率，稀释广告效果。[①]在厚报时代，人们的读报习惯随着报纸的变厚发生改变：首先，报纸阅读方式由精读改为泛读，因为报纸太厚，信息量太大，人们已经很难再像往常一样进行报纸内容的精读了；读者自己对报纸内容进行了细分，会在一大沓的报纸中寻找自己感兴趣的内容看，而直接忽略掉其他的内容。

---

① 陈国权：《再论厚报的不合时宜》，《中国报业》2008年第9期。

三是信息接收方式碎片化。读者时间被分散为一个个小碎片：在地铁中、公交车上、等车的间隙、排队时……没有一个完整的时间留来专门接受信息。这样的信息接受方式也在消蚀厚报意义。

在网络时代，特别是现在的移动互联时代，厚报的缺陷越来越凸显在读者面前。就单个读者看来，一张厚厚的报纸，只有一小部分是有用的信息，其他都是垃圾。读者在消费某一类信息时，不得不跳进信息的大海中，耗去大量的精力和时间，去寻找感兴趣的东西，而不是像网络那样可以轻松百度一下。

从表面上，媒体版面的增加与广告版面的增加为广告主提供了更为宽广的展现平台，然而令人眼花缭乱的版面与应接不暇的信息充斥着广告所处的媒介环境，造成巨大的传播噪音，使广告的传播效果迅速下降。例如，在24个版的报纸投放一个二分之一版广告，有60%的读者阅读了广告。但当报纸扩版至48版时，读者注意力被翻了一倍的信息量所分散，同样是二分之一版的广告可能只吸引40%的读者。报纸信息到达率和报纸广告效果是报纸生存的关键因素，并与报纸厚度形成鲜明的反比关系。与其不惜血本单纯凭借扩版、做厚报吸引读者，还不如利用资源把内容做得更精确、更有个性、更具权威。充分发挥自己的长处，而不是拼命弥补自己的短处。

移动互联时代的读者不需要厚报

"一报在手，什么都有"在上个世纪90年代具有积极的意义与作用，它满足了当时社会多元化的信息需求，也满足了广告急速增长的版面需求。

然而，时过境迁，网络等新媒体异军突起，年轻一代越来越倚重于互联网等新兴媒体获得资讯。在上个世纪末，中国人民大学舆论研究所一项调查显示，互联网对报纸读者的影响不足2%，冲击和影响几乎可以忽略不计。但是，到了2004年，一项针对北京市场的调查显示，阅读报纸的人群中，35岁以下的年轻读者已经有11.6%的人由过去的经常阅读报纸转变为现在的几乎不读报纸——他们已习惯于从互联网上获取新闻及相关信息。

到了近几年，对于报纸来说，情况更是糟糕。截至2013年12月，我国网民规模达6.18亿，全年共计新增网民5358万人。互联网普及率为45.8%，较2012年底提升3.7个百分点，整体网民规模增速保持放缓的态势。更为严重的是：与此同时，手机网民继续保持增长态势，规模达到5亿，年增长率为19.1%，手机继续保持第一大上网终端的地位。2013年中国新增网民中使用手机上网的比例高达73.3%，远高于其他设备上网的网民比例。[①]

读者并不满意报纸版面无限扩张。报纸版面越来越多，但是读者每天读报时间却没有增加。曾经，中国人民大学舆论研究所对上海报业市场的调查显示，人们的读报时间有明显下滑的趋势，2001年人均读报时间为63分钟，2003年为62.5分钟。调查还显示，读者希望以0.5元买到的一份4开报纸的最佳版面量为32版。调查还表明，认为报纸版面越多越好的读者人数和认为报纸最佳版面量应该是16版的一样多；而且越是文化程度高、收入水平高的读者，越希望报纸"薄"一些。

从整个媒体产业的发展以及人们的信息需求心理变化的角度分析，低价厚报模式已变得不合时宜，厚报变薄就是适应媒体新环境的一种对策。[②]

报纸变薄已成趋势

面对读者对薄报的需求，有些报纸做了巧妙的处理。《广州日报》很厚很厚，读者肯定没有时间读得完，为此，《广州日报》为读者提供了多种选择。2013年改版之后，如果读者没时间，报纸做了第一纸，就是第一版，封二、封三、封四。把第一纸抽出来，基本上读者就知道一天的大事了。"一叠报纸变一张"的尝试，在读者看来，可以在海量信息的情况下实现"信息孤岛"的效果，这是一种变通的变薄方式。

大部分的报纸采用的是彻底减版的方式，虽然减版这事一般都不会对外公布，但我们还是能够从一些数据中窥得报纸变薄的趋势。据中国报协最近对全国76家报社2013年上半年用纸量的统计数据来看，76家报社2012年上半年用纸量为81.071万吨，2013年上半年为75.6684万吨，减少了5.4026万吨，同比下降6.6%。[③]这主要是报纸发行量下滑及报纸减版所致。

---

① 中国互联网络信息中心（CNNIC）：《第33次中国互联网络发展状况统计报告》，2014年1月16日。

② 陈国权：《厚报不合时宜 变薄已成趋势》，《中国报业》2006年第1期。

③ 范海波：《中国报协2013年新闻纸市场信息交流会综述》，《中国报业》2013年第10期。

2012年以来，在广告大幅下滑以及报社节约成本诉求的共同作用下，大部分的报纸都大幅减版。前几年，《北京青年报》工作日对开一百个版是常态，但是2012年年底以来，报纸版面逐渐下降到工作日对开七八十个版面，休息日甚至只有二十个版面。报纸减版的趋势已经越发明显，现在市面上绝大部分的都市报都在减版。

报纸变薄是为了新媒体时代的读者更好地选择、更容易地选择，而不是减少信息量。报纸应通过对海量信息进行过滤、编辑，把受众真正需要的信息呈现出来，让读者花最少的时间看到最需要得到的信息。《新华每日电讯》的口号就是"厚报时代的薄报精英"，坚持为读者做信息选择，面对新华社几千名记者采写的丰富的稿源，《新华每日电讯》的处置策略就是狠砍、精编，对没有新闻价值的稿件坚决舍弃。可读性不断提高，有效阅读率持续上升，发行量随之逐年大幅上升。[1]

未来报纸的这些特征，我们能明确地看出，都指向精确打击，而不是面上的覆盖，转型后的报纸应该在生产逻辑上发生了根本性的变化。信息匮乏时代，跑马圈地的要求、加大覆盖面是传媒的竞争铁律；而在信息充盈时代，获得竞争优势的要求、实施精确打击将是传媒竞争的铁律。未来的报纸需要继续存在下去，就必须避免珍贵的"资源"的跑冒滴漏，做到颗粒归仓。

技术的进步也都是朝着不要浪费的方向前行。如武器的进步，从以前的马克沁机关枪、喀秋莎火箭炮等以杀伤范围取胜武器的流行，到现在的激光制导导弹等精确制导武器。不要浪费的根本就是精确打击。未来报纸的核心特征就是精确打击，不要浪费。薄报、特色化、分化都是如此。

---

① 赵树旺、田朝晖：《做厚报时代的薄报精英》，《新闻战线》2013年第3期。

后记：从批判者到建设者

写完《新媒体拯救报业？》后，有读者说："再来一本"，"这本写得不好！"因为，他们除了希望知道报业转型错在哪里，更希望知道对的路子该怎么走。

要回答读者的质问、满足读者的要求，我就不能仅仅做一名报业的"观察者"，更应该做报业"思考者"；不能仅仅做报业"批判者"，更应该成为报业"建设者"。

过去的两年多时间，我在工作中进行过不下十次的专题调研，奔赴各地采访报人们的焦虑、困惑、思路、观点，在各种会议、座谈、讲座中抛出观点供批判争鸣，做报业转型规划方案时与报人们一起沟通交换意见和判断。我不放过任何一个与同行们探讨报业转型的机会：会议、采访、调研、方案、规划、稿件、电话、邮件，甚至爆发在微博中的争论。本书中大部分没有注释的案例与数字皆来自于以上这些调研。

这些日子，工作之余，每到夜深人静，我的写作思索工作就开始了。书桌的窗外，正对着远处的一个叫时代庐峰的小区。没有雾霾的夜晚，时代庐峰高楼上星星点点的灯光渐次亮起，就像我脑中蹦出的思路与观点一样，一个一个渐次清晰。在思考与写作中获得的极大的成就感与对读者有交代的"责任感",持续激励着我写下这二十多万字。

在此期间,我有幸成为清华大学新闻与传播学院传媒经济学方向的博士研究生,跟随崔保国老师研习传媒经济理论,探讨报业转型的方向,思考未来媒体的进路。崔老师洞若观火的指导令我受益匪浅。

与我的硕士生导师张立伟老师的讨论也是如此,张老师远在成都,我们只能在电话里沟通交流。为某些问题向张老师请教常常打爆电话,还常有争论发生;当然,更多的是观点共鸣之后爆发的笑声。

应该感谢的是我所供职的新华社新闻研究所、《中国记者》杂志,同事们每次编前会的热烈探讨,调研计划及采访提纲的制定与一次次修改,即使是编稿闲暇串门时也会常常沟通交流业务……都常常令我爆出思想的小火花。在这样一个业务氛围、学术氛围浓厚的地方,我才有如此多的机会能够深入地调研交流学习思考。感谢研究所领导雷中原、朱国圣、刘光牛,他们对我工作上的指导与帮助如良师益友般;特别感谢文璐总编辑,她在业务上的经验与学术上的洞见常常令我们折服;感谢唐润华老师,从有思路起,就一直与唐老师汇报进度,交流心得,从他那里得到的鼓励与赞赏使我倍添自信;还有我的兄弟姐妹长伟、陈芳、张垒、益畅、铮璇。从这个角度说,这本书所有的成绩属于我们这个集体,纰漏与瑕疵则归因于我自己。

其实,这本书,最应该感谢的还是近几年报业波澜壮阔而又内容丰富的转型实践。最近几年更是新招迭出,《报业转型新战略》交稿后几个月,在出版之前,又应编辑的要求更新数据和案例。我发现,每个月、几乎每一周都有转型的创新举措被业界实践与讨论。

很多事情,实践者往往比观察者考虑得更周全、更成熟;因为他们会用实践或经验来验证他们的想法可行或是不可行。他们对于报业转型所做的探索必定有一条或多条是报业未来真正的"活路"。本书只是总结、提炼,再加上建立在以往规律基础上的一点点对未来的展望与思考。

与《新媒体拯救报业?》一样,《报业转型新战略》只关注方向,而不是具体的路径。作为一名一直将报业作为研究旨趣的专业核心期刊的编辑,虽然能比大部分学者更有机会、更有时间深入报业内部观察调研,更能了解报业实际；也能比大部分实践者眼界开阔一些，对实践的成功与失败也更能有一种超脱的眼光与批判的态度。但仅此而已。我对自己的弱项也有充分把握：观察者由于不能够有切身体验而少了些许对现实无奈的理解；我的研究也缺少理论家的高深、理性、严谨。

对自己要有一个准确的定位，对于一名研究者更是如此。因此，我的研究定位在提供方向，而不是具体的路径和实际操作。这样，既能避免由于不能够亲身参与而缺失的对实操的把握，也能够避免缺乏理论高度深度导致的浅表化、肤浅感。

当然，"建设者"决不能排斥独立观点与思考，与《新媒体拯救报业？》一样，《报业转型新战略》的价值更在于独立的思考与务实批判的精神。

衷心地希望，这次"建设者"的角色定位与努力能够得到质问者们的认可；衷心地希望本书能够使关注报业转型方向、关注报业与报纸未来的人们的问题得到解答。

有任何疑问或不同意见，请致信24687113@sina.com，欢迎继续交流探讨拍砖。

2014年1月于雾霾中的北京

主要参考书目

阿尔文·托夫勒：《权力的转移》，新华出版社1996年。

达尔文：《物种起源》，北京大学出版社2005年。

丹尼斯·麦奎尔：《受众分析》，中国人民大学出版社2006年。

迈克尔·A·希特：《战略管理：概念与案例》，中国人民大学出版社2002年。

迈克尔·波特：《竞争战略》，华夏出版社2005年。

迈克尔·波特：《竞争优势》，华夏出版社2005年。

菲利普·迈耶：《正在消失的报纸》，新华出版社2007年。

克莱顿·克里斯坦森：《创新者的窘境》，中信出版社2010年。

乔纳森·A·尼等：《被诅咒的巨头》，中信出版社2013年。

保罗·莱文森：《手机：挡不住的呼唤》，中国人民大学出版社2004年。

阿尔·里斯、杰克·特劳特：《营销战》，中国财政经济出版社2002年。

阿尔·里斯、杰克·特劳特：《定位》，中国财政经济出版社2002年。

阿尔·里斯、劳拉艾·里斯：《品牌之源》，上海人民出版社2005年。

江泽民：《论"三个代表"》，中央文献出版社2001年。

新华社新闻研究所国际传播研究室：《国际知名媒体转型之路》（内部资料）2013年。

崔保国：《中国传媒产业发展报告》（2003年—2014年），社科文献出版社。

张立伟：《传媒竞争：法则与工具》，清华大学出版社2007年。

喻国明：《传媒新视界》，新华出版社2011年。

傅绍万：《破译报业腾飞的密码》，红旗出版社2012年。

李鹏：《媒聚变：媒介融合背景下报纸转型研究》，北京大学出版社2012年。

胡思勇：《党报的未来　媒介经济学的视角》，中国社会科学出版社2012年。

陈国权：《新媒体拯救报业？》，南方日报出版社2012年。

孙燕君：《报业中国》，中国三峡出版社2002年。

席文举：《敲门发行学》，中国社会科学出版社2000年。

范东升等：《拯救报纸》，南方日报出版社2011年。

王正鹏：《报纸突围：数字时代传统媒体变身记》，中山大学出版社2012年。

陈凯：《走进美国社区报》，南方日报出版社2011年。

曾建雄等：《报业集团核心竞争力研究》，安徽大学出版社2013年。

粟玉晨：《社区新闻报道指引》，新华出版社2010年。

詹新惠：《党报集团资本运营研究》，中国传媒大学出版社2009年。

王卫明：《党报定位与功能新论》，江西人民出版社2009年。

朗劲松：《中国新闻政策体系研究》，新华出版社2003年。

梁衡：《新闻原理的思考》，人民出版社1996年。

温治铭：《报业集团经营管理概论》，南方日报出版社2004年。

李磊明：《党报理论宣传新论》，浙江大学出版社2012年。

王武录：《王武录自选集》，北京广播学院出版社2004年。

《第十一届全国县域经济基本竞争力与县域科学发展评价报告》，2011年8月20日。

《新闻记者》选编：《中国传媒业的观察家和思想者》，文汇出版社2013年。